M. Adler
Ethnopsychoanalyse

Ethno-psychoanalyse

Das Unbewußte in Wissenschaft und Kultur

Matthias Adler

Mit einem Geleitwort von
Sven Olaf Hoffmann

Schattauer Stuttgart – New York 1993

Autor:
Dr. M. Adler
Kaiser-Friedrich-Ring 53
65185 Wiesbaden

Die Deutsche Bibliothek – CIP-Einheitsaufnahme

Adler, Matthias:
Ethnopsychoanalyse : das Unbewusste in Wissenschaft und Kultur / Matthias Adler. – Stuttgart ; New York : Schattauer, 1993
ISBN 3-7945-1507-2

Printed in Germany

Umschlag
Idee: Wulf Betram
Gestaltung: Bernd Burkart

Druck und Einband: Allgäuer Zeitungsverlag, Kotterner Straße 64, 87435 Kempten, Germany

ISBN 3-7945-1507-2

Gewidmet meinem Sohn,
meiner Lebensgefährtin
und beider –
meist – freundlicher Geduld

Geleitwort

Der Verfasser dieser Studie, *Matthias Adler,* ist ein vielschichtiger Mann. Jahrelang hielt ich ihn, der Mitglied einer meiner Balint-Gruppen war, für einen ernsthaften, kompetenten und sozial engagierten Praktischen Arzt in einem nicht eben feinen Mainzer Wohnviertel. Das ist *Matthias Adler* gewiß auch. Im Laufe der Jahre überraschte er mich dann durch erstaunlich gute Kenntnisse der psychoanalytischen Theorie sowie der Ethnologie, die er in einer für ihn ebenfalls charakteristischen Bescheidenheit einbrachte. Schließlich kam ans Tageslicht, daß er auch studierter – und mittlerweile auch promovierter – Ethnologe ist, der an einer Studie über die ältere und neuere Ethnopsychoanalyse arbeitete, was ihm meine persönliche Wertschätzung und mein Interesse dann endgültig sicherte. Irgendwo hatte in meinem Hinterkopf immer noch ein Traum geschwebt, daß man die Geschichte so oder so ähnlich hätte anpacken müssen, wenn man noch jünger wäre, und *Matthias Adler* hatte diesen Traum einfach realisiert.

Nachdem mir dann die fertige Studie vorlag, war ich noch mehr überzeugt. Psychoanalytiker sind gewöhnlich unkritische Menschen – wenn sie nicht gerade übereinander herfallen – und als Wissenschaftler deswegen und wegen ihrer Freude an der Spekulation eher bedenklich. *Matthias Adler* ist weder Psychoanalytiker noch kritiklos noch spekulativ. Er hat eine Faible für die Psychoanalyse, ist von der Nützlichkeit ihrer Kerntheorie überzeugt und behält gleichzeitig eine kritische Distanz zum Gegenstand seiner Untersuchung, die an Freuds „Diktat der Vernunft" erinnert, von dem dieser einmal sprach. Die Studie vereint Kenntnisreichtum auf der einen sowie stringentes methodisches Vorgehen auf der anderen Seite.

Matthias Adler versteht es, komplexe Sachverhalte übersichtlich darzustellen, zu analysieren und zu kritisieren. Und er verfügt über einen ausgeprägten Sinn, die wesentlichen Gehalte seines Themas herauszuarbeiten und unprätentiös darzustellen. Das bewirkt natürlich, daß sich dieses Buch nicht so gefällig liest wie „flotter geschriebene" Darstellungen des gleichen Gegenstands, aber der Qualität kommt diese Nüchternheit mehr als zugute.

Matthias Adler ist schließlich nicht nur Theoretiker, sondern er hat seine divergierenden Interessen auch praktisch für sich zur Deckung gebracht. Die Gesundheitssysteme von Benin und Ruanda in Afrika kennt er aus eigener Tätigkeit oder von Studienreisen. In seiner Praxis dürfen Ausländer sicher sein, auf einen Arzt zu treffen, der sich nicht nur bemüht, ihren Problemen gerecht zu werden, sondern der auch von ihrem Anderssein viel versteht.

Stammte ich aus der Dritten Welt, hätte ich gesundheitliche Probleme und wohnte ich in oder um Mainz, ich ginge ohne zu zögern zu Herrn Dr. med. Dr. phil. *Matthias Adler* in der Mainzer Neustadt, um ihm zu erklären, wo es mich drückt. Man ist aber sicher auch als Deutscher bei ihm ärztlich in guten Händen.

Mainz, Herbst 1993 *S. O. Hoffmann*

Danksagung

Danken möchte ich an dieser Stelle meinen Lehrern, die entscheidend am Zustandekommen dieser Arbeit beteiligt waren: Professor K. H. Kohl, Leiter des ethnologischen Instituts, sowie Professor S. O. Hoffmann, Direktor der Psychosomatischen Universitätsklinik, beide Mainz.

Professor Kohl hat mich durch eines seiner Seminare auf die Thematik aufmerksam gemacht und mein diesbezügliches Interesse geweckt. Ohne seine gründliche und wohlwollend-engagierte Betreuung hätte die Arbeit nicht die vorliegende Form gefunden. Professor Hoffmann danke ich für die abschließende Lektüre und besonders für sein freundliches Geleitwort. In seiner Balint-Gruppe habe ich vieles über die Dynamik unbewußter Prozesse in dem ach so wissenschaftlich anmutenden „Medizinbetrieb“ erfahren – Dinge, die mir, wenn überhaupt, bislang eher theoretisch bekannt waren.

Beide haben mich auf diesem Grenzgebiet – Ethnologie, Medizin und Psychoanalyse – viele Zusammenhänge besser sehen und verstehen lassen. Hierdurch und insbesondere in der Synthese, die die vorliegende Arbeit darstellt, haben sich persönliche Fragen und Konflikte, wie sie aus meiner eigenen Biographie resultieren, einer Lösung und Klärung näherbringen lassen.

Nicht zuletzt danken möchte ich Professor G. Grohs, ebenfalls Universität Mainz, der mir in seiner Person sowie mit den von ihm vertretenen Positionen die Möglichkeit und Attraktivität einer humanen und von einer ethischen Grundhaltung getragenen, sozialpolitisch engagierten Soziologie aufgezeigt hat.

Sehr gefreut habe ich mich, daß mein Werk beim Schattauer-Verlag auf großes Interesse stieß und schließlich in diesem Haus erscheinen konnte. Für die gute und reibungslose Zusammenarbeit mit den Mitarbeiterinnen und Mitarbeitern des Verlags, in erster Linie Frau von Busch-Hartwig und Herrn Dipl.-Psych. Dr. med. Bertram, die das Lektorat besorgt haben, möchte ich mich ebenfalls ausdrücklich bedanken.

M. Adler

Inhalt

Einleitung

Generelles Thema der vorliegenden Arbeit ist die Frage nach der Möglichkeit einer (tiefen-) psychologisch ausgerichteten Anthropologie bzw. Ethnologie.

Begründet werden kann die Notwendigkeit einer psychologische Sachverhalte einbeziehenden Ethnologie und, darüber hinausgehend, einer solchen Kulturtheorie mit der grundsätzlichen und zeitlosen Tatsache des Interdependenzverhältnisses von Kultur und Individuum (bzw. Gruppe); ebenso sind natürlich alle Interaktionen von Individuen untereinander durch psychische **und** kulturelle Faktoren beeinflußt.
Hiermit lassen sich möglicherweise neue Antworten finden auf alte, für die Ethnologie zentrale Fragen; beispielsweise:
Wie ist der Prozeß, durch den Kulturen "sich" perpetuieren, im Kontakt miteinander und durch geschichtliche Abläufe "sich" verändern, jeweils verbunden mit dem Leben, dem Tätigsein ("Verhalten"), den rationalen und nicht-rationalen Haltungen resp. psychischen Mechanismen ihrer Mitglieder; in welchem Zusammenhang stehen Herrschaft, gesellschaftliche Verhältnisse und Widersprüche mit dem "Inneren" der "Träger" einer Kultur, gerade in Abhängigkeit von der besonderen historischen Situation im Verlauf der "vom Menschen gemachten" Geschichte...

Dieses Problemfeld versucht die Arbeit über die theoriegeschichtliche Darstellung entsprechend bedeutsamer paradigmatischer Ansätze zu erhellen.
Überwiegend sind dies Versuche zur Integration **tiefenpsychologischer bzw. psychoanalytischer** (und damit z.T. **charakterologisch/persönlichkeits-orientierter**) Theorien in die Ethnologie. Sie sollen speziell die im **Unbewußten** der Psyche ablaufenden emotionalen und motivationalen Prozesse aufdecken[1] und damit für die Ethnologie zusätzliche Erkenntniswege (im obigen Sinn) eröffnen.

Es wird in Kapitel I zu zeigen sein, daß die Aufnahme psychoanalytischer Theorie (-fragmente) in die amerikanische Kulturanthropologie ("Cultural Anthropology") zu der Entwicklung einer wichtigen Subdisziplin dieser Wissenschaft, der "Kultur- und Persönlichkeitsforschung", ("Culture and Personality"), geführt hat; "Culture and Personality" ist gleichzeitig das traditionelle Kernstück der amerikanischen "Psychological Anthropology". Am Ende dieses Teils werden dann in einer zusammenfassenden Kritik Gründe für das Scheitern dieses Ansatzes genannt.

---

1 Mit der Betonung **unbewußter** Prozesse ist gleichzeitig die Abgrenzung zu einer Psychologie der Wahrnehmung, bewußten Verarbeitung und auch ebensolcher Entscheidungsfindungen gegeben. Letztere Phänomene sind Gegenstand einer kognitiv ausgerichteten Psychologie und haben z.T. Eingang gefunden in ethnologische Handlungstheorie und kognitive Anthropologie (Renner 1983).

Zur näheren Klassifikation von "psychologischer Anthropologie", "Ethnopsychologie" usw. vgl. Beuchelt (1983).

In Kapitel II soll "Ethnopsychoanalyse" als methodologischer und inhaltlicher Neuansatz vorgestellt werden, wie er überwiegend von einigen europäischen Wissenschaftlern* entwickelt wurde; durch eine stärkere Gewichtung der Psychoanalyse sowie die Einbeziehung der diachronen Perspektive gelingt es dieser Richtung, zu differenzierteren Aussagen zu kommen und die immanent angelegten "Fallstricke", in denen sich die Kultur- und Persönlichkeitsforschung verfangen hatte, zu umgehen.
Kapitel III beinhaltet die abschließende Gegenüberstellung wichtiger Thesen aus Kultur- und Persönlichkeitsforschung einerseits und Ethnopsychoanalyse andererseits. Angedeutet zur Darstellung kommen hier auch solche Entwicklungen, wie sie - nach Abflauen der Kultur- und Persönlichkeitsforschung - in der "Psychological Anthropology" der USA sich in den letzten Jahren abgezeichnet haben.

Auf einer allgemeineren Ebene können die genannten Bemühungen, tiefenpsychologisch-psychoanalytische Theorien und Ethnologie zu einer neuen, interdisziplinären Wissenschaft zu vereinigen, mit all ihren Widersprüchen und Fehlschlägen, aber auch z.T. weitreichenden Erkenntnismöglichkeiten, als exemplarisch angesehen werden für den Versuch einer Synthese von Psychoanalyse und Sozialwissenschaften; nicht zuletzt ist der Versuch einer derartigen Synthese eine mögliche Konsequenz aus der zunehmend deutlicher werdenden Erkenntnis, in welch starkem Ausmaß die gesellschaftliche Eingebundenheit des Wissenschaftlers (vgl. z.B. die Thesen Karl Mannheims oder der "kritischen Schule"), ja sogar seine subjektiven Positionen im engeren Sinne, seine Gefühle von Angst, Verunsicherung, einschließlich der Bemühungen um deren Bewältigung den wissenschaftlichen Erkenntnisgang und seine Ergebnisse bestimmen können (Georges Devereux). So kommen erkenntnistheoretische und methodologische Fragestellungen, wie sie sich in paradigmatischer Weise in der psychologisch ausgerichteten Ethnologie gestellt haben, letztlich aber für alle Sozialwissenschaften von großer Bedeutung sind, in diesem Zusammenhang zur Sprache und werden - nach meiner Ansicht - einer Lösung näher gebracht.
Entsprechend wird es in den jeweils darstellenden Bereichen dieser Arbeit auch immer wieder um Motivgeschichte, um die persönliche Motivation der betreffenden Wissenschaftler sich handeln, wenn sie sich ihren Themen zuwenden:
Zentral ist hier die Frage nach der "Relativität" gesellschaftlicher Strukturen; die Suche nach anderen (als den neuzeitlich-industrialisierten) Sozial-Organisationen, die möglicherweise das "bessere Leben" für ihre Angehörigen bereithalten (M. Mead, R. Benedict) (wenn auch deren durchschnittliche Lebenserwartung meist kürzer ist!).[2] Immanent bedeutet dies ja auch Kritik an der bestehenden Moderne und ihrer Tendenz, "Entfremdung", "Anomie" zu produzieren (G. Devereux). Somit

---

* Vgl.: "Anmerkung zum Sprachgebrauch", S. 193.

2 So formuliert der - ansonsten in seinem Denken recht pessimistische - Róheim: "Die Aranda sind glücklich" (Róheim, zit. nach Hauschild 1981, S. 160); vgl. auch den (als Frage gemeinten) Titel einer Untersuchung von Gladwin und Sarason: "Truk: Man in Paradise" (1953).

könnte das Auffinden solcher (positiven) Verhältnisse emotional und argumentativ Handhabe sein in der Auseinandersetzung mit den Vertretern und der Ideologie einer Fortschrittsgläubigkeit, die die zunehmende Unterwerfung aller gesellschaftlichen wie geographischen Bereiche unter die Belange und Gesetzmäßigkeiten der (industrialisierten) Metropole betreibt und dabei die humanen wie ökologischen Folgekosten in Abrede stellt (P. Parin, H. Bosse, E. Heinemann). Eine psychologisch orientierte und speziell unbewußte Prozesse miteinbeziehende Ethnologie würde hier - durch den Vergleich der Verhältnisse in verschiedenen Kulturen - immer wiederkehrende und sich in neuen Varianten zusammensetzende Mechanismen der Ausübung und Aufrechterhaltung gesellschaftlicher Herrschaft **"in den Köpfen"** der Menschen liefern (M. Erdheim, C. Rodriguez-Rabanal); dies nicht zuletzt im Hinblick auf die Kritik an dem genannten transnationalen "Modernisierungsprozeß" (M. Erdheim, H. Bosse) - möglicherweise verbunden mit der Aussicht, (verborgen-) widerständige Gruppierungen und deren gesellschaftliche Wirkweisen ausfindig zu machen (H. Bosse; M. Nadig und andere feministisch orientierte Autorinnen).

Desgleichen läßt mich meine persönliche Biographie, die mich zum Studium von Ethnologie, Soziologie und Medizin geführt hat, immer wieder nach einer Synthese von Sozialwissenschaften und Psychoanalyse - als einer aus der Medizin hervorgegangenen und gleichzeitig kulturkritischen Disziplin - Ausschau halten. Doch auch stärker politisch ausgerichtete Beweggründe, ähnlich den oben genannten, hatten auf die Wahl des Themas einen entscheidenden Einfluß.

Die Arbeit hat über weite Passagen eher exemplarische als erschöpfende Struktur: Es sollen wissenschaftsgeschichtliche **Entwicklungslinien** aufgezeigt, nicht bzw. nicht vorrangig in lexikalischer Weise lückenlose Darstellungen angestrebt werden. Dies deshalb, weil zum einen die - zeitlich ältere - "psychological anthropology" bzw. "Kultur- und Persönlichkeitsforschung" bisher in Deutschland als theoretische Forschungsrichtung nur von wenigen Autoren rezipiert wurde, zudem aber auch die "Ethnopsychoanalyse" zum gegenwärtigen Zeitpunkt gerade erst über ihren Außenseiterstatus hinauszukommen beginnt: So erscheint ein **Überblick** über eine solche, wenig bekannte ethnologische Disziplin, wie sie die psychologisch bzw. psychoanalytisch orientierte Ethnologie darstellt, eher erforderlich als eine Abhandlung, die sich in der Fülle des Materials verlöre und schließlich dazu führte, "vor lauter Bäumen den Wald nicht mehr zu sehen".
Wenn dem Leser einzelne Passagen uninteressant oder trotz der hier eröffneten Absicht zu ausführlich oder speziell erscheinen, steht ihm die Möglichkeit offen, sich mit Hilfe der Zusammenfassungen und Résumés am Ende der jeweiligen Kapitel über das behandelte Thema kundig zu machen.
Darüber hinaus habe ich mich bemüht, die einzelnen Kapitel weitgehend in sich abgeschlossen zu verfassen, so daß auch die ausgewählte Lektüre **eines** Kapitels möglich sein sollte, ohne dem Verständnis des entsprechenden Sachverhalts abträglich zu sein.

Prolog

"Ich sagte Ihnen, die Psychoanalyse begann als eine Therapie, aber nicht als Therapie wollte ich sie Ihrem Interesse empfehlen, sondern wegen der Aufschlüsse, die sie uns gibt über das, was dem Menschen am nächsten geht, sein eigenes Wesen und wegen der Zusammenhänge, die sie zwischen den verschiedensten seiner Betätigungen aufdeckt." (Freud 1933, S. 584f., zit. nach Erdheim 1988, S. 229)

I. Die "Kultur- und Persönlichkeitsforschung" (engl.: "Culture and Personality")

Definition. Allgemeines zur Entstehung. Boas und Freud

"Culture and Personality" - meist als Synonym gebraucht für "Psychological Anthropology" (Honigmann 1975, S. 602; Williams 1975, S. 4)[3] - bezeichnet im allgemeinen die psychologisch orientierte Richtung der Anthropologie, die sich ab etwa den 20er Jahren dieses Jahrhunderts insbesondere in den USA konstituiert hat. Nach Beuchelt (1988a) geht die Bezeichnung "Culture and Personality" auf Sapir zurück, der sie als erster verwandte.
Honigmann, einer der Repräsentanten der jüngeren Generation dieser Schule, gibt folgende Definition:

> *"Psychologische Anthropologie, so wie ich sie verstehe, bedient sich der Konzepte und Theorien der Psychologie (und auch Psychiatrie) bei der Untersuchung der bedeutsamen Rolle, die nach ihrer Auffassung dem Individuum bei der Schaffung, Gestaltung und Aufrechterhaltung von Kultur und sozialer Struktur zukommt. Aus der entgegengesetzten Perspektive untersucht sie die Auswirkungen der Kultur und Sozialstruktur auf die Erfahrungen der Individuen, einschließlich ihrer Verhaltensweisen und geistigen Gesundheit." (Honigmann 1975, S. 601)***

Eine andere Perspektive gibt Jahoda:

> *"Ihr Ziel [d.h. der Kultur- und Persönlichkeitsforschung] ... war, Erklärungen darüber abzugeben, was - auf der Ebene der Persönlichkeit - als intrakulturell Ähnliches und was als interkulturell Verschiedenes in Erscheinung trat." (Jahoda 1982, S. 81; Ergänzung M.A.)*

Erste Anregungen, psychologische Aspekte in ethnologische Forschungen einzubeziehen, finden sich schon bei Franz Boas (Girtler 1979, S. 247; Jahoda 1982, S. 26f.).

---

3 Von manchen Autoren wird gefordert, "Culture and Personality" als nur einen, wenn auch zentralen Bestandteil innerhalb der komplexeren Disziplin der "Psychological Anthropology" anzusehen (beispielsweise: Hsu 1961, S. 6ff. oder Bock 1980, S. 57-59).

** vgl. Anmerkung zur Übersetzung fremdsprachiger Zitate, S. 193

Boas wird im allgemeinen als der (Gründer-) "Vater der amerikanischen Ethnologie", der (amerikanischen) Kulturanthropologie angesehen (Beuchelt 1974, S. 229; Stagl 1988). Er selbst hat sich psychologischen Fragestellungen nicht zugewandt. Seine Studien sind empirisch-kulturhistorisch ausgerichtet (vgl. S. 11), und mit seiner entschieden anti-evolutionistischen Kulturauffassung gibt er den theoretischen Rahmen vor für die zunehmend bedeutsame These des "kulturellen Relativismus" der Kulturanthropologie (Rudolph 1968).[4]
Aus der Boas-Schule nun gingen **die** Wissenschaftler hervor, deren Arbeiten einen ersten essentiellen Bestandteil der Kultur- und Persönlichkeitsforschung bildeten. Unter anderen waren dies E. Sapir, M. Mead, R. Benedict, C. DuBois, R. Linton.
Innerhalb der (amerikanischen) Kulturanthropologie kann die Kultur- und Persönlichkeitsforschung somit als eine spezielle Subdisziplin angesehen werden (Girtler 1979, S. 247; Streck 1987, S. 122). Kulturrelativistische Auffassungen bilden die ideengeschichtliche Basis in den Arbeiten der meisten ihrer Repräsentanten.

Einen entscheidenden Impuls für das Zustandekommen der neuen Forschungsrichtung erhielten die Amerikaner durch die Bekanntschaft mit tiefenpsychologisch-psychoanalytischen Theorien: In Europa hatte ab etwa Beginn des 20. Jahrhunderts Freud, anfänglich in Zusammenarbeit mit seinen Schülern (und späteren Kontrahenten) Adler und Jung, eine Theorie entwickelt, die - ausgehend von der Behandlung psychisch kranker Individuen - den Anspruch erhob, ein universales Erklärungsmodell zu liefern in bezug auf 1. die seelisch-geistige Entwicklung des Individuums, einschließlich der daraus resultierenden psychischen "Strukturen" und "Mechanismen" und 2. die Genese von Gesellschaft(ung), Kultur und "Zivilisation".

> *"In den frühen dreißiger Jahren wurde in vielen Bereichen der Anthropologie ein Einbruch der Psychodynamik beobachtet. Er führte dazu, daß ein bis dahin vernachlässigter Teil beim Studium des Menschen in den Mittelpunkt rückte, nämlich der Mensch selbst." (Kardiner und Preble 1961/1974, S. 228).*[5]

---

4 Vgl. Berg (1990), der die geistesgeschichtlichen Wurzeln des Boas'schen Denkens in der deutschen Philosophie, speziell in den Werken Herders, aufzeigt.

5 In diesem Zitat wird schon angedeutet, daß die Einbeziehung psychodynamischer Aspekte in die Kulturanthropologie, die diese eben von einer Kulturwissenschaft zur Kultur- und **Persönlichkeits**-Forschung werden läßt, überwiegend zur Erhellung des letztgenannten Gegenstands, der "Persönlichkeit", dienen sollte. Leider wird "Persönlichkeit" von der Kultur- und Persönlichkeitsforschung in keiner Weise einheitlich aufgefaßt (Beuchelt 1974, S. 347f.; vgl. auch Barnouw 1973, S. 7f.). Hier steht die Kultur- und Persönlichkeitsforschung jedoch nicht allein, wenn man bedenkt, daß Allport (1937) für die **allgemeine Psychologie** schon ca. 50 Definitionsversuche für "Persönlichkeit" aufführt - offensichtlich ist "Persönlichkeit" ein ähnlich schillerndes Abstraktum wie "Kultur" (vgl. hierzu die bekannte Auflistung von Definitionen von Kroeber und Kluckhohn 1952/63).

Speziell unter Psychoanalytikern - und dies ist hier von besonderer Relevanz - scheint das Konzept "Persönlichkeit" aber ebenfalls umstritten: Hoffmann, der "Persönlichkeit" (in etwa) mit "Charakter" gleichsetzt (1979/ 1984, S. 15), zeigt in einer umfassenden Abhandlung die Heterogenität der Theorien

Mit der Machtergreifung der Faschisten waren neben Freud viele andere, meist jüdisch-stämmige Tiefenpsychologen und Psychoanalytiker aus Deutschland und Österreich nach England und insbesondere in die USA emigriert. Einige unter ihnen modifizierten Teile der psychoanalytischen Theorie und ermöglichten somit ihre Aufnahme in weite Bereiche der amerikanischen Sozialwissenschaften, darunter auch die Ethnologie (Schoene 1966, S. 4; Hauschild 1981, S. 162).

Hier sollen nun kursorisch einige zentrale Thesen des Freud' schen Denkens aufgeführt werden; dies mit dem Ziel, im folgenden zeigen zu können, welche dieser Thesen von der Kultur- und Persönlichkeitsforschung aufgenommen wurden und somit für ihre Entwicklung von Bedeutung gewesen sind, bzw. - im Gegensatz dazu - zu verdeutlichen, in welchen Punkten sich die neue Schule von dem originär Freud'schen Denken unterscheiden sollte.[6]

In bezug auf die individuelle psychische Entwicklung kam Freud zu folgenden Einschätzungen:

1. Angeborene, biologisch determinierte Triebkräfte sind der Motor des menschlichen Organismus. Von ausschlaggebender Bedeutung ist, neben dem Nahrungstrieb, der Sexualtrieb (Triebmodell).
2. Die psychische Entwicklung des Menschen durchläuft, ähnlich der somatischen und parallel zu ihr, festgelegte Phasen; die Abfolge dieser Phasen sowie ihre relative und ungefähre Dauer ist universell (Phasenmodell von oraler, analer, phallisch-ödipaler, Latenz- und schließlich genitaler Periode).[7]

---

zur Genese und "Beschaffenheit" des Abstraktums "Charakter" seit Freud; sogar bei Freud fänden sich zwei verschiedenartige Charakterkonzeptionen: zum einen sei Charakter gekennzeichnet durch "relative Konsistenz und zeitliche Stabilität", zum anderen stehe Charakter synonym für den jeweiligen dynamischen Prozeß, wie er sich als Ausdruck und Resultat konflikthafter triebbezogener Mechanismen im Individuum ergibt (Hoffmann 1984, S. 23).

Wie im weiteren Verlauf der Arbeit noch deutlich werden wird, kommt die Auffassung der meisten Vertreter der Kultur- und Persönlichkeitsforschung dem erstgenannten Konzept der tendenziell stabilen "Charakterstruktur" (Hoffmann 1984, S. 23) am nächsten.

(Letztgenannte Modellvorstellung wird - innerhalb einer allgemeiner gefaßten Psychologie - auch unter dem Oberbegriff des "Eigenschaftsansatzes" bzw. des "typologischen Ansatzes" subsumiert: z.B. Häcker 1988, S. 532).

6 Darüber hinaus war ein Auswahlkriterium die Relevanz, die die dargestellten Thesen für die inhaltliche Ausrichtung der später zu behandelnden ethnopsychoanalytischen Ansätze haben sollten. Natürlich erhebe ich hier keinen Anspruch auf vollständige und optimale Darstellung des Freud'schen Gedankenguts - psychoanalytisch versiertere Leserinnen und Leser mögen mir dies nachsehen.

7 Von manchen Psychoanalytikern wird die phallisch-ödipale Phase auch als erster Abschnitt der genitalen Phase angesehen, dem, nach Ablauf der Latenzperiode, die zweite, im engeren Sinne genitale Phase folgt. Diese etwas widersprüchliche Kategorisierung scheint jedoch schon im Freud'schen Werk angelegt (vgl. LaPlanche und Pontalis 1967/1982, S. 167-168).

3. Die entscheidenden Reifungsvorgänge des Individuums finden während der Kindheit bis etwa zum Beginn der Latenzphase mit 6-7 Jahren statt. In dieser Zeit wird der Grundstein dafür gelegt, in welcher speziellen Art und Weise die Psyche des Einzelnen (im Sinne von "Charakter", aufzufassen als "Summe" der typischen psychodynamischen Mechanismen) im folgenden sich konstituiert. Eine wichtige Rolle spielen hier sog. "traumatische", d.h. psychisch verletzende Erlebnisse (Traumatheorie).[8]
4. Die Bedürfnisse/Triebe des Individuums geraten häufig in Konflikt mit den Erwartungen und Zwängen, mit denen die Gesellschaft das Individuum konfrontiert (Konfliktmodell).
5. Die genannten Zwänge und Anforderungen, die von außen auf den Einzelnen einwirken, können von diesem verinnerlicht ("internalisiert") und als eigene erlebt werden.
6. Eine Möglichkeit für das Individuum, derartige Konflikte (s. 4. und 5.) zu "lösen", besteht im Unbewußtmachen/Verdrängen des Triebes. Hierbei bleibt die aufgestaute "libidinöse" Energie erhalten bzw. muß auf andere Art als die primär intendierte zur Abfuhr gebracht werden (Energiemodell, Vorstellung von deren Erhaltung).
7. Der Aufbau der Psyche kann **modellhaft** in drei "Instanzen" gegliedert werden: "Es", "Ich" und "Über-Ich":
   Im Es sind die triebhaften, "animalischen" Anteile des Menschen repräsentiert (z.T. auch als Resultat von Verdrängungsprozessen). Seine "Inhalte" sind überwiegend unbewußt.
   Das Ich bedeutet diejenigen Persönlichkeitsanteile, die dem Menschen am stärksten bewußt sind; hier sind Prozesse der rationalen Entscheidungsfindung, Selbstkontrolle, die Verbindung zur Realität lokalisiert. Auch finden sich Selbst-Gefühl und Selbst-Bewußtsein (im wörtlichen Sinne) im Ich. Es "koordiniert" die "Aktivität" der psychischen "Instanzen" untereinander sowie mit der Außenwelt. Dennoch sind Konflikte häufig (s.o.).
   Über-Ich ist die "Instanz" des (moralischen) Gewissens, des Zensors. Hier werden die von außen kommenden ethischen Anforderungen, Verbote usw. "internalisiert".
   Die "Instanzenlehre" wird - neben der Unterscheidung der Arten psychischer "Inhalte" (s. 9.) - auch als "Topik" bezeichnet.
8. Das Resultat nicht optimaler Lösungsversuche (s. 6.) kann psychische Krankheit (z.T. auch körperlicher Störung) sein (Neurosenmodell).

---

8 Ursprünglich hatte Freud unter Traumata körperlich oder psychisch verletzende **reale** Ereignisse verstanden. Im weiteren Verlauf der Theoriebildung rückte er jedoch hiervon ab und erweiterte den Traumabegriff auf (allgemein) psychisch problematische Erlebnisse und Konstellationen, denen das Kleinkind ausgesetzt ist (vgl. LaPlanche und Pontalis 1982, S. 513-518).

9. Viele Handlungen, Haltungen und gefühlsmäßige Reaktionen sind - zumindest partiell - unbewußt bedingt (s. auch 3.). Aus dieser Annahme resultiert die "Topik" von bewußten, vorbewußten und unbewußten "Inhalten".
10. Einen zentralen Konflikt, dessen Wurzel in der frühen Kindheitsgeschichte (speziell: der "phallischen" Phase) liegt, beinhaltet die "ödipale Situation": Das Kind begehrt den gegengeschlechtlichen Elternteil (im klassischen Fall der Sohn die Mutter); die (reale wie intrapsychisch repräsentierte) Anwesenheit des überlegenen gleichgeschlechtlichen Elternteils verhindert die (auch nur durchgängig phantasierte) Verwirklichung des Triebwunsches.

(vgl. Neel 1974; Laplanche und Pontalis 1967/1982; Mertens 1983).

Freuds Aussagen zur Kulturtheorie sind überwiegend in seinem Buch "Totem und Tabu" (1913a) sowie in seinen Spätwerken "Die Zukunft einer Illusion" (1927) und "Das Unbehagen in der Kultur" (1930) enthalten; hier der Versuch, das von ihm entwickelte Kulturmodell darzustellen:

1. Eine originäre Rolle ebenfalls für die Kulturentstehung spielt der Ödipuskonflikt: So habe sich in prähistorischer Zeit der Mord am Urvater durch die die Frauen begehrenden Söhne tatsächlich zugetragen; die "Ahnung" um die Freveltat sei in der genetischen Ausstattung jedes Menschen vorhanden und werde mit Durchlaufen der "ödipalen" (phallischen) Phase vom Individuum als Konflikt reaktualisiert (Schoene 1966 bezeichnet diese These als den "phylogenetischen Universalismus" Freuds).
2. Die kulturelle Entwicklung der "Gattung Mensch" ist ein getreues Abbild des Verlaufs der psychophysischen Reifung des Einzelnen (Ontogenese = Phylogenese, in Anlehnung an das "Haeckel'sche Grundgesetz": Haeckel 1868).
3. Der (unter 1.) geschilderte "Menschheitskonflikt" aus den Komponenten Triebwunsch (nach Inzest) und verbietendem Prinzip führt nun - in Zusammenhang mit dem latent vorhandenen Wissen um die (prä)historische Tat und das resultierende Scheitern dieses Lösungsversuchs - zur zunehmenden Triebunterdrückung beim Einzelnen und Umleitung aufgestauter Triebenergie auf kulturschaffendes Handeln.
4. Kulturentwicklung folgt somit einem streng evolutionistischen Prinzip, wobei die Höhe des erreichten Kulturniveaus dem Ausmaß an Triebverdrängung entspricht.

Neben anderen ist eine zentrale Konsequenz aus diesen Thesen die von Freud postulierte Annahme "Einige(r) Übereinstimmungen im Seelenleben der Wilden und der Neurotiker" (Freud 1913b).

Trotz der Bedeutung psychoanalytischer Theorieelemente für die Entstehung der Kultur- und Persönlichkeitsforschung, die zudem in sehr unterschiedlichem Ausmaß Eingang in die verschiedenen Richtungen gefunden haben, bleibt die Kultur- und Persönlichkeitsforschung ein "Kind" der (amerikanischen) Kulturanthropologie. Dies insbesondere im Hinblick auf die Übernahme der Grundthese des "kulturellen Relativismus", die den evolutionistischen Vorstellungen Freuds diametral entgegengesetzt ist. Auch das Freud'sche Postulat, die individuellen Triebe seien die entscheidenden, nur noch auf Biologisches reduzierbaren Bewegkräfte für die Ausgestaltung der menschlichen Existenz, wird von der Kultur- und Persönlichkeitsforschung - ganz in der Tradition der zunehmend am kulturellen **Milieu** orientierten Kulturanthropologie - nicht übernommen. Andererseits geht der Kultur- und Persönlichkeitsforschung in der Hinwendung zu psychologischen Fragestellungen die historische Perspektive, wie sie gerade von Boas in seine Arbeiten einbezogen wird, verloren.

Es soll im folgenden der Versuch unternommen werden, eine repräsentative Auswahl aus der Kultur- und Persönlichkeitsforschung zu geben. Keinesfalls kann dies eine erschöpfende Darstellung der Theoriegeschichte bedeuten; vielmehr sollen - z.T. unter Rückbezug auf entsprechend relevante psychoanalytische Thesen - konzeptionelle Schwächen herausgearbeitet werden, wie sie meiner Ansicht nach bei einem Großteil dieser einzelnen Strömungen nachweisbar sind.
In etwa bezeichnet die hier vorgenommene Gliederung auch die chronologische Position der dargestellten "Schulen".

Behandelt werden:

1. die "konfigurationalistische" Richtung, die insgesamt noch sehr stark der (traditionellen) Kulturanthropologie verhaftet ist und eher global-psychologische, kaum im eigentlichen Sinn psychoanalytische Elemente in ihre Theorie aufgenommen hat
2. der Ansatz von Kardiner, Linton, DuBois u.a., in deren Mittelpunkt die Annahme einer durch primäre Institutionen geprägten "Basispersönlichkeit" steht
3. Studien zum "Nationalcharakter" - ein Versuch, das Kardiner'sche Modell auf komplexe und großräumige, "neuzeitliche" Staatengebilde zu übertragen
4. schließlich die "Whiting-Schule" mit ihren transkulturellen Untersuchungen zu Fragen der kindlichen Sozialisation

Während die drei erstgenannten Richtungen als exemplarisch für "holistisch-idiographisches" Vorgehen angesehen werden können, sind die Arbeiten der "Whiting-Schule" ein Beispiel für "nomothetische" Ausrichtung:
Als "holistisch/idiographisch" werden solche Studien bezeichnet, die Kultur und/oder Persönlichkeit als umfassendes Ganzes, in ihrer Totalität und gleichzeitig Einmaligkeit zu begreifen und darzustellen versuchen.

"Nomothetisch" werden genannt jene Ansätze, die sich - innerhalb des Interdependenzverhältnisses von Kultur und Persönlichkeit - um die Erhellung von Teilaspekten bemühen, u.a. mit dem Ziel, einzelne unsichere Voraussetzungen, Fragen und Widersprüchlichkeiten, die sich aus den (zeitlich eher vorangehenden) idiographischen Arbeiten ergeben hatten, aufzugreifen und - meist mit Hilfe statistisch-interkultureller Vergleichsverfahren - zu klären (Spindler 1978, S. 31-32; Stagl 1981, S. 128; Müller 1981, S. 196; ursprünglich Windelband 1924: vgl. Anm. 56).

Nach der Vorstellung der einzelnen "Schulen" werden in der Zusammenfassung sowie der sich anschließenden Kritik die Thesen der Kultur- und Persönlichkeitsforschung systematisch zu diskutieren sein (Kap. I., 5.). Das zum Ende dieses Kapitels verfaßte Résumé wird den Resultaten dieser Diskussion Rechnung tragen und ist speziell in Hinblick auf Kap. II, "Ethnopsychoanalyse", konzipiert.

1. Die "Konfigurationalisten": E. Sapir, R. Benedict. Frühe Arbeiten von M. Mead

> *"Der 'Konfigurationalismus', das Auffinden hervorstechender kultureller Charakteristika und ihre Darbietung in einer vertrauten psychologischen Ausdrucksweise, war der Vorläufer einer Annäherung von historischem Partikularismus und Psychoanalyse." (Harris 1968, S. 407)*[9]

Die "Konfigurationalisten" machen sich die Vorstellung einer weitgehenden "Entsprechung" ("Isomorphismus") von Kulturcharakter und individueller Persönlichkeit zu eigen: so betont Sapir die Gleichartigkeit von "gedanklichen Formationen", "Ideenkomplexen" (beim Einzelnen) einerseits und "Kulturellen Mustern" ("cultural patterns")[10] andererseits (Girtler 1979, S. 246).

> *"Je intensiver man sich in eine Kultur hineindenkt, um so mehr scheint sie die Merkmale einer Persönlichkeitsstruktur anzunehmen ... Es gibt keinen Grund, warum der Kulturtheoretiker vor einem Konzept zurückschrecken sollte, das Persönlichkeit als jeweils [kulturell] unterschiedliche Gestalt von Erfahrungen begreift, welche immer dazu tendiert, sich zu einer psychologisch bedeutsamen Einheit zu formieren und welche schließlich jenen [psycho-] kulturellen Mikrokosmos darstellt, dem gegenüber die offizielle [Makro-] Kultur kaum mehr ist als ein vergrößertes Abbild. (Sapir 1949, S. 201 - 203; Ergänzung M.A.)*

Entscheidende Anregungen nun beziehen die "Konfigurationalisten" - insbesondere Sapir und Benedict - aus Elementen der Gestaltpsychologie ("Gestalt" engl.: "confi-

---

9 Mit "historischem Partikularismus" ist die traditionelle, von Boas vertretene Richtung der Kulturanthropologie gemeint, die eine empirisch-kulturhistorische, ganzheitliche Betrachtungsweise des **Einzelfalls** favorisiert.

10 Zur Einführung des Begriffes "pattern" in die Ethnologie durch Sapir vgl. Beuchelt (1974, S. 291) mit Bezug auf Sapirs "The unconscious patterning of behavior in society" (1927).

Eine bemerkenswerte Definition von "pattern" - "configuration" - "ethos" anhand einer hierarchischen Strukturierung gibt Kluckhohn: "Patterns" seien hierbei direkt beobachtbare Standards und Akte; dagegen stellten "'configurations' noch weiterreichendere Muster dar, die von seiten der Beobachter als eine Voraussetzung angesehen würden, um strukturelle Ähnlichkeiten in einer Reihe verschiedener kontextueller Gegebenheiten zu bezeichnen.". "Ethos" nun bedeute das oberste Prinzip, die "Idee" einer Kultur (Kluckhohn 1943, S. 221).

guration") sowie aus Teilen der Jung'schen Theorie[11], speziell Benedict auch aus den Konzepten Nietzsches, Spenglers und Diltheys (Bock 1980, S. 62).
Benedict zitiert eine zentrale These der Gestaltpsychologie:

> *"Das Ganze determiniert seine Teile - nicht nur ihre Beziehungen zueinander, sondern ihre tatsächlichen Eigenschaften." (Benedict 1934 / 1946a, S.47)*

Unbewußt verläuft der Akt, innerhalb dessen sich eine Gruppe von Individuen die ihr eigene, wesenhafte Kulturform aus der Palette der Möglichkeiten auswählt. (Benedict spricht hier von den "unconscious canons of choice ...": 1946a, S. 42).
Die einmal gewählte Kultur(form) wird nun von ihren "Trägern" ständig von neuem verwirklicht; gleichzeitig ist dem Einzelnen sein kulturgebundenes Handeln nicht bewußt:

> *"Es hat den Anschein, als ob wir in unserem Handeln um so sicherer sind, je weniger uns die Muster bewußt werden, unter deren Kontrolle wir stehen." (Sapir 1949, S. 549)*

Wenn nun Sapir und Benedict in ihren kulturtheoretischen Aussagen auch weitgehend übereinstimmen, bleibt doch festzuhalten, daß Sapirs Arbeitsschwerpunkt eher im linguistisch-theoretischen als im eigentlich anthropologischen Bereich anzusiedeln ist. Benedict hingegen[12], mehr noch ihre Schülerin Mead, sind als Anthropologinnen im engeren Sinne berühmt geworden; beider Werke gehören inzwischen zu den am häufigsten zitierten Klassikern der ethnologischen Literatur.
Im folgenden soll nun auf die frühen, überwiegend "konfigurationalistischen" Arbeiten von Benedict und Mead eingegangen werden.

Spezifisch für Benedicts Vorgehen ist das Bemühen, Kulturen - unter Voraussetzung ihrer inneren Homogenität - in ihrem übergeordneten Charakter ("patterns" oder "configurations"; vgl. Anm. 10) zu erfassen. Eine zentrale Rolle für ihre - häu-

---

11 Zum Einfluß Jung'scher Thesen auf Sapirs Denken vgl. Sapir (1949, S. 560-563): Hier beispielsweise setzt er die "extrovertierte" Eskimo- und nordamerikanische Indianerkultur in Kontrast zur "introvertierten" Hindukultur.

12 Eine differenziertere Würdigung Sapirs gibt Koepping (1990). In seinem Aufsatz behandelt er auch ausführlich das persönliche Verhältnis zwischen Sapir und Benedict, beschreibt aber, daß Sapirs theoretische Auffassungen sich im weiteren Verlauf seines Lebens verändert und damit stärker von denen Benedicts unterschieden hätten. Insgesamt wurden nach der Einschätzung Koeppings die anthropologischen Fallstudien Sapirs bisher zu wenig rezipiert.

Andererseits ist erstaunlich, daß Benedict gar nicht in dem Maße feldforscherisch tätig war, wie dies häufig angenommen wird (vgl. Geertz 1988/1990). Geertz möchte Benedicts Arbeiten denn auch eher in der philosophisch-literarischen Tradition eines Voltaire, Montesquieu oder auch Jonathan Swift verstanden wissen (ebda.).

fig dichotomisch strukturierten - kategorialen Zuschreibungen bildet das bei Nietzsche entlehnte Gegensatzpaar von "dionysisch" und "apollinisch" (Nietzsche 1871): "Dionysisch" werden Gesellschaften genannt, deren Mitglieder gekennzeichnet sind durch ihren Drang nach rauschhaftem Erleben, Ausagieren tiefster, z.T. aggressiver Triebwünsche usw. Diese Kulturen, nach Benedicts Auffassung die Mehrzahl der nordamerikanischen Indianerstämme,

> *"schätzten jegliche Art gewaltsamer Erfahrung, jegliche Möglichkeit, wodurch menschliche Wesen in die Lage versetzt werden, ihre alltäglichen und gewöhnlichen Empfindungen hinter sich zu lassen." (Benedict 1946a, S. 73)*

"Apollinisch" bezeichnet den eher maßvollen, geordneten, durchweg rational strukturierten Lebensstil; am Kollektiv orientiertes ("soziales") Denken und Handeln wird gefördert, und individuelle Profilierungen sind verpönt: "Ein Mann muß jeden Anschein von Führerschaft tunlichst vermeiden" (Benedict 1946a, S. 91). Prototyp sei die Kultur der Pueblo-Indianer.

Auch Mead ist bemüht, charakteristische Eigenschaften der von ihr untersuchten Kulturen herauszustellen. Diese Merkmale beziehen sich nunmehr auf einzelne, allerdings zentrale Bereiche des gesellschaftlichen Lebens: Kindheitsentwicklung, Pubertätsprozesse, Art und Differenzierung von Geschlechterrollen.
"Coming of Age in Samoa", das sich mit der Adoleszenz junger Mädchen befaßt, ist das Ergebnis ihrer Dissertation bei Boas. Im Vorwort schreibt Boas sehr aufschlußreich, er habe ihr folgenden Auftrag gegeben: Mead solle herausfinden, in welcher Weise "... Persönlichkeit auf Kultur **reagiert**" (1928/1949, S.VII; Hervorh.g M.A.). Entscheidend gegenüber Benedict erscheint hier die Wende, von der eher bildhaften, Leitmotiv-bezogenen und statischen Auffassung den Schritt zu einer dynamischeren Betrachtungsweise der Persönlichkeitsentstehung zu vollziehen. Im Vordergrund steht jetzt der - vom jeweiligen kulturellen Milieu abhängige - Sozialisations**prozeß**; in (sehr freier) Anlehnung an die psychoanalytische Sozialisations- und "Trauma"-Theorie werden Praktiken der Kinderaufzucht, speziell: frühkindliche Erfahrungen und Prägungen - als **die** (bei Mead dann gesellschaftstypischen) Mechanismen hervorgehoben, durch welche die Nachwuchsgeneration ihre kulturadäquate Formung erhält. Die besondere Art des Umgangs mit den Kindern legt, unter Vermittlung kulturrelevanter Inhalte, den Grundstein für eine gleichgerichtete Persönlichkeitsentwicklung. Diesem Prozeß wendet sich Mead in "Growing up in New Guinea" (1930/1953a) zu; sie umschreibt solche "Enkulturationsmechanismen" als:

> *"Die Art und Weise, wie menschliche Babies, die in diese ... Gemeinschaften geboren werden, schrittweise die Traditionen, die Verbote, die Werte der Älteren übernehmen, um dann zu*

> *den aktiven Trägern der Manus-Kultur zu werden." (Mead 1953a, S.13)*

Speziell in diesem Werk möchte sie zeigen, daß das "primitive Denken" - "Animismus", magische Vorstellungen, "prälogische" Weltkonstruktion - bei den **Kindern** der Manus (Neuguinea) kaum präsent ist; hingegen scheinen die **Erwachsenen** in der Vorstellung eines von übernatürlichen Vorgängen durchsetzten Universums gefangen und sind dementsprechend ständig mit religiösen, magischen und spirituellen (Abwehr-) Handlungen beschäftigt:

> *"Aus diesem Material kann geschlossen werden, daß das Bestreben, das Universum zu personalisieren, nicht dem kindlichen Denken an sich entspringt, dem Kinde aber von seiner Gesellschaft in vielen Fällen anerzogen wird." (Mead 1953a, S. 13)*

Diese These Meads richtet sich deutlich gegen die evolutionistische Vorstellung eines "primitiven Denkens", wonach die psychomentalen Prozesse von Kindern und "Wilden" in weiten Bereichen identisch sein sollen (z.B. Freud 1913b oder auch Lévy-Bruhl 1922). Ähnlich wie Mead hatte auch schon Boas argumentiert (1911). Eine ausführliche Diskussion speziell dieser (Boas-) Mead'schen These gibt Honigmann (1976, S. 170), unter Berücksichtigung auch neuerer entwicklungspsychologischer Positionen (vgl. auch Bosse 1979/1984, S. 69).
Bezogen auf spezielle **Rollendifferenzierungen**, so die nach der Geschlechterzugehörigkeit, formuliert Mead:

> *"Die Unterschiede zwischen Individuen ... verschiedener Kulturen ebenso wie die Unterschiede zwischen Individuen einer Kultur müssen beinahe ausschließlich auf unterschiedliche Prägungsvorgänge, besonders während der frühen Kindheit, zurückgeführt werden, und die Art und Weise dieser Prägungsvorgänge ist von der Kultur bestimmt." (Mead 1935/1963, S. 280)*

Sehr gut deutlich wird an allen genannten Zitaten Meads ausgesprochen **kulturrelativistische** Position und insbesondere auch deren inhaltliche Nähe zum **kulturellen Determinismus**.
Die letztere Auffassung des "kulturellen Determinismus" zieht sich als zentrale These durch die gesamte weitere Kultur- und Persönlichkeitsforschung (vgl. S. 59).

Zusammenfassend kann gesagt werden, daß die "Konfigurationalisten", insbesondere Mead, die im Boas'schen Denken angelegten Thesen weiter ausbauen und zu einer psychologisch orientierten allgemeinen Kulturtheorie zusammenführen. Zwar ist Boas selbst in seinen Arbeiten empirisch und am Einzelfall ("partikularistisch") ausgerichtet (Müller 1981, S. 213, S. 216; vgl. Anm. 9); wenn er jedoch immer wieder in anti-evolutionistischer Absicht die Gleichwertigkeit menschlicher Kulturen oder die prinzipielle Gleichartigkeit der menschlichen Psyche - auch bezüglich der historischen Dimension - postuliert (z.B. 1911), so muß fast zwangsläufig - um die gefundenen, scheinbar großen Unterschiede zu erklären - ein kulturdeterministisches Modell der Persönlichkeitsentwicklung resultieren:

> *"Wir sind gezwungen zu glauben, daß die menschliche Natur in nahezu unvorstellbarem Ausmaß formbar ist; sie richtet sich, auch in ihrer Verschiedenartigkeit, strikt nach den jeweiligen und verschiedenen kulturellen Bedingungen." (Mead 1963, S. 280)*

Nichtkomplexe Gesellschaften werden der "Übersichtlichkeit" halber als Demonstrationsobjekte ausgewählt:

> *"Die ganze Problematik der typischen Denk- und Verhaltensweisen des Individuums, wie sie sich unter dem Einfluß von Tradition und Brauch herausbilden, kann am besten ... durch die Untersuchung einfacher strukturierter Gesellschaftsordnungen ... verstanden werden." (Benedict 1946a, S. 50-51)*

Dies ist die offizielle Erklärung (die zudem den kulturellen Determinismus schon gar nicht mehr in Frage stellt); in der Hinwendung zu den genannten "einfachen Gesellschaften" ("simpler peoples", i.O.) sind jedoch ebenso als Motive eine Art "exotistischer Verklärung" (Brauner 1986, S. 12) bzw. des "nicht-identifikatorischen Eurozentrismus" (Kohl 1987, S. 140) zu vermuten: Die Ergebnisse und gefundenen Gesetzmäßigkeiten **sollen** kritisch auf die eigene Gesellschaft zurückgewendet werden; mit Bezug auf Mead schreibt Jahoda:

> *"Sie war nicht nur eine Vorkämpferin der Frauenbewegung, sondern sie sah, auf einer allgemeineren Ebene, als eines ihrer Ziele, mit Hilfe anthropologischer Erkenntnisse soziale Veränderungen in ihrem Heimatland in Gang zu bringen." (Jahoda 1982, S. 82)*

In diesem Sinne ist die vereinfachende und stark generalisierende Darstellung der untersuchten "Naturgesellschaften" auch als Ausdruck der humanistischen und kulturkritischen Intentionen (der eigenen Gesellschaft gegenüber) zu werten - womit sich die Autorinnen ja in bester ethnologischer Tradition befinden (vgl. Kohl 1981).

Das genannte Bemühen um Homogenität und Regelhaftigkeit in der ethnographischen Darstellung[13] hat natürlich seinen Preis: "Regelwidrige" Sachverhalte werden nicht wahrgenommen oder nicht beschrieben: so z.B. bei Benedict, die alkoholische Exzesse bei den "apollinischen" Pueblo-Indianern nicht erwähnt (Hoebel 1954)[14]. Dort, wo einmal "unpassende" Fakten aufgeführt sind, werden sie bei der Theoriebildung einfach nicht mehr berücksichtigt oder aber, mit dem Hinweis auf ihren Ausnahme- oder "devianten" Charakter, abgetan.

> *"Die Anormalen sind jene, die von den Institutionen ihrer Gesellschaft nicht gestützt werden. Sie sind die Ausnahmen, die nicht umstandslos die traditionellen Formen ihrer Kultur übernommen haben." (Benedict 1946a, S. 238)*

Dies, obwohl eine statistische (oder andere) Evaluierung nicht stattfindet (Thurnwald 1936).
Regelhaft ist, was die Anthropologin - aufgrund ihrer Beobachtungen und der Angaben ihrer Informant/en/innen - als solches erklärt: Die Strategie sei, "erst die Regeln aufzudecken, dann zu überprüfen, ob diese Regeln gebrochen werden ..." (Barnouw 1973, S. 143).
Es ergibt sich hierbei das Problem, inwiefern offen "deviantes" Verhalten nicht möglicherweise sogar grundlegende, bei anderen Mitgliedern der Kultur verdeckt oder unbewußt gebliebene psychische Strukturen und Mechanismen offenbart (vgl. hierzu die Zitierung Devereux' auf S. 82 der vorliegenden Arbeit); neuere Arbeiten in der Kultur- und Persönlichkeitsforschung versuchen ja gerade, in der Erfassung "abweichenden" Verhaltens einen realistischeren Zugang zu der untersuchten Kultur zu eröffnen (beispielsweise Edgerton 1978, Bourguignon 1978 oder auch Boyer, Boyer und de Vos 1987).
Andererseits wird die Frage nach der Repräsentativität der Angaben der Informanten (bzw. deren Position in der Gesellschaft) nicht gestellt. Hierzu schreibt Linton:

> *"Der Beobachter, der in einer fremden Kultur lebt, kann nahe und freundliche Beziehungen nur zu einer kleinen Zahl von Individuen aufbauen. Welche diese Individuen sind, hängt ab sowohl von den beteiligten Persönlichkeiten als auch von den Interessen auf beiden Seiten. Die einzigen Einheimischen, die ein Untersucher wirklich kennenlernt, werden jene sein, zu welchen er 'einen Draht findet'. Schlußfolgerungen, die auf einer derartigen Auswahl basieren, dürften kaum auf die Gruppe als Ganzes übertragbar sein." (Linton 1945/1952, S. 26)*

---

13 bzw. schon bei der Wahrnehmung der Kultur durch die fremde Ethnologin!

14 Sehr kritisch zu Benedicts Beschreibung der Pueblo äußert sich schon Li An-Che nach seiner "restudy" (1937).

Ähnlich formuliert Barnouw speziell in bezug auf Mead und ihre Kontaktleute:

> *"Das tägliche Zusammentreffen mit diesen Mädchen, sei es auch während einiger Monate, muß nicht notwendigerweise die emotionalen Spannungen aufgedeckt haben. Wir haben keine Berichte über Rorschach- oder TAT ["Thematic Apperception"] Tests über sie, denn diese Studien wurden in einer Zeit durchgeführt, als solche Tests noch nicht populär waren." (Barnouw 1973, S. 131; Ergänzung M.A.)*[15]

In etwa argumentiert auch Freeman in seiner "Widerlegung" von Meads Samoa-Forschung im Sinne der obengenannten Zitate. Er ist zudem der Ansicht, daß Meads "stimmiges" Samoa-Bild unter anderem darauf zurückzuführen sei, daß ihre Informantinnen Mead bewußt "einen Bären aufgebunden" hätten (Freemann 1983, S. 319).

Eine weitere Kritik müssen sich alle genannten "konfigurationalistischen" Studien gefallen lassen: Nur unzureichend werden historische Prozesse des soziokulturellen Wandels, hier: der Einfluß der Kolonialisierung auf die untersuchten Gesellschaften, berücksichtigt (Kohl 1987, S. 141). Mit Bezug auf Mead argwöhnt schon ihr (zweiter) Ehemann Fortune, daß die beschriebene Friedfertigkeit der Arapesh und das (nach westlichen Kriterien) weibliche ökonomische und Sozialverhalten der Männer möglicherweise eher als die Folge der kolonialen "Befriedung" zu werten ist, denn als traditionell kulturimmanentes Phänomen (Fortune 1939, S. 28).

Allen "Konfigurationalisten" ist somit ein tendenziell konfliktfreies Gesellschaftsbild zu eigen; hat "Kultur" bei Sapir und Benedict noch weitgehend statischen Charakter, wendet sich Mead verstärkt Fragen des Enkulturations**prozesses** zu. Doch auch ihrer Konzeption liegt die Vorstellung der unilinearen Übereinstimmung von Kulturcharakter und individuellem Reifungsvorgang zugrunde:

> *"Kultur und Persönlichkeit werden auf gleiche Weise [innerlich] integriert." (Bock 1980, S. 87; Ergänzung M.A.)*

Zwei Motive scheinen für das Zustandekommen solch homogener Sichtweisen entscheidend zu sein:

Einerseits soll die These des kulturellen Relativismus (und Determinismus) ihre Bestätigung erfahren; andererseits soll ja die eigene Gesellschaft kritisch an den anderen Lebensformen gemessen werden. Für beide Zwecke scheint das Auffinden der "ganz anderen Verhältnisse" - wobei in der ausschließlichen Andersartigkeit diese Verhältnisse dann "zusammenlaufen" und zunehmend homogener werden - am

---

15 Ob nun allerdings **Tests** die Lösung bringen, sei dahingestellt; vgl. dazu die Ausführungen zur Problematik von projektiven Testverfahren in der fremden Kultur in Kap. I, 5.

dienlichsten. (Nicht zuletzt gehört hierher auch die Auslassung der historischen Perspektive; würde man die realen kolonialen und Abhängigkeitsverhältnisse in die Betrachtung mit einbeziehen, ließe sich die Fiktion von der gänzlichen Andersartigkeit dieser Gesellschaften so nicht mehr aufrechterhalten: Kohl 1987, S. 141).
Solch verzerrte Wahrnehmung führt schon Li An-Che in seiner "re-study" über die Zuni - eine Gruppe der von Benedict beschriebenen Pueblo-Kultur - u.a. auf die Eigenheiten der Person des Anthropologen (bzw. der Anthropologin) sowie auf die jeweilige spezielle, zudem häufig nicht genügend reflektierte Forschungskonzeption (und damit natürlich die subjektive Motivationslage) zurück (Li An-Che 1937 u. Benedict 1934/1946a). Dies bedeutet nicht, daß alle gewonnenen Resultate aufgrund solcher "bias" wertlos seien, wie Freeman (1983) uns dies in seiner "Widerlegung" Meads glauben machen möchte (Holmes 1987; vgl. S. 109 der vorliegenden Arbeit).

2. Basis- und Modalpersönlichkeit

Ab Ende der 30er Jahre hielten an der Columbia University der neofreudianische Psychoanalytiker und Psychiater[16] Kardiner und der Anthropologe Linton während eines längeren Zeitraums fachübergreifende Seminare ab, die das Interdependenzverhältnis von Kultur und Persönlichkeit zum Thema hatten und unter der Ankündigung "Psychologische Analysen einfacher Kulturen" ("Psychological analysis of primitive cultures") angeboten wurden. Linton lieferte das ethnologische Material, und Kardiner gab entsprechende tiefenpsychologische Interpretationen. Aus ihrer Zusammenarbeit entwickelten beide neue theoretische Grundlagen zur Problematik: diese finden sich, gemeinsam mit den ethnologischen "Belegen", in den für die Kultur- und Persönlichkeitsforschung grundlegenden Werken: "The Individual and his Society" (Kardiner 1939) und "The Psychological Frontiers of Society" (Kardiner 1945).
Während zur Abfassung der ersten Veröffentlichung überwiegend schon vorhandene (z.T. von Linton unter anderer Fragestellung erhobene und später rekonstruierte) Daten herangezogen wurden, gingen in das 1945 erschienene Werk die Ergebnisse einer "Teststudie" ein, die von Cora DuBois mit dem Ziel durchgeführt worden war, die Linton-Kardiner'schen Hypothesen "im Feld" auf ihre Gültigkeit zu überprüfen (DuBois 1944/1961).
Kennzeichnend für Kardiner ist der Anspruch, die als zu deskriptiv und äußerlich starr eingeschätzte Position der "Konfigurationalisten" zu erweitern durch eine Betrachtungsweise, die die Mechanismen der **gegenseitigen Beeinflussung** der zentralen Phänomene "Kultur" und "Persönlichkeit" transparent macht (Bock 1980, S. 87). Entscheidend für die Prägung des einzelnen Individuums sind hier die von Kardiner als "primär" bezeichneten Institutionen:

> *"Familien - und Bezugsgruppenstruktur, hauptsächlich vorkommende Disziplinierungsmaßnahmen, Füttern, Abstillen, typische Muster der Versorgung oder aber Vernachlässigung der Kinder, Sauberkeitstraining, Sexualtabus, Haushaltsor-*

---

16 zu "neo-freudianisch" vgl. "Exkurs" II.

Die in Deutschland übliche Trennung der (im engeren Sinne) psychiatrischen von den psychoanalytischen Institutionen ist in den USA deutlich weniger ausgeprägt; diese "Integration" der Psychoanalyse in die US-amerikanische Psychiatrie ist jedoch anscheinend überwiegend auf Kosten des theoretischen Gehalts der Psychoanalyse vor sich gegangen: So beklagt Freud in einem Brief an eine Freundin (1939):

> *"Eine Bemerkung Ihrerseits, die Psychoanalyse habe sich in den USA eher in die Breite als in die Tiefe entwickelt, hat mich, zumal es wahr ist, ausgesprochen betroffen gemacht. Ich bin keinesfalls glücklich, wenn ich sehe, daß die Analyse zu nichts anderem als zur Handlangerin der Psychiatrie geworden ist". (Freud, zit. n. Leupold Löwenthal 1984, S.115)*

ganisation, ... Subsistenztechniken usw." (Kardiner 1939, S. 471)

Doch erkennt Kardiner den konflikthaften Dualismus von kulturspezifischer Prägung einerseits und triebbezogener individueller Motivation andererseits:

"Das Individuum steht genau in der Mitte zwischen den Institutionen, die seine Anpassung an die Außenwelt formen und leiten, und seinen biologischen Bedürfnissen, die nach Befriedigung verlangen." (Kardiner 1939, S. 17)

Diejenigen bio-psychischen Bedürfnisse, die infolge der Anpassung an die Realität der primären Institutionen nicht zur Erfüllung kommen (bzw. durch diese überhaupt erst entstehen), werden in der Schaffung ("Projektion", s.u.) und durch die Existenz der sog. "sekundären" Institutionen befriedigt. Sekundäre Institutionen sind:

"... Tabusysteme, Religionen, Riten, Märchen und Mythen sowie Denkstile." (Kardiner 1939, S. 471)

In psychodynamischer Hinsicht sind sie als Projektionssysteme aufzufassen - in Anlehnung an die in Freuds Werk "Die Zukunft einer Illusion" (Freud 1927) formulierte These einer strukturellen Übereinstimmung von typischen Kindheitserfahrungen in der Begegnung mit den Eltern und den Eigenschaften der von Erwachsenen geschaffenen religiösen ("Projektions"-) Systeme (Kardiner und Preble 1974, S. 241).

Hier scheint deutlich zu werden, daß auch Kardiner das Verhältnis von Kultur und Individuum als konflikthaft begreift. Gegenüber Freud verkehrt er jedoch die Präferenzen: nicht mehr die jeweilige Triebdynamik (im Rahmen der psychosexuellen Stadientheorie) ist die kausale Instanz für die soziale und Persönlichkeitsentwicklung des Individuums; vielmehr wird **Kultur** (zumindest in ihren als primäre Institutionen bezeichneten, "handfesteren" Anteilen) zur determinierenden Konstante, **Persönlichkeit** zur Variable; erst die **sekundären** Institutionen werden dann als Resultat verhinderter Triebabfuhr begriffen: an dieser Stelle ähnelt Kardiners Modell dann der Freud'schen Konstruktion zur Kulturentstehung. Insgesamt gesehen hat jedoch **Persönlichkeit** eher die Funktion einer Mittlerrolle, eines Transmissionsriemens zwischen zwei feststehenden kulturellen "Sphären" unterschiedlicher Rangordnung. Damit gibt Kardiner - trotz Anerkennung eines gewissen Spannungsverhältnisses zwischen den Anforderungen der Kultur und den Bedürfnissen des Individuums - der kulturellen Dimension die eindeutige Priorität.

Die durch Anpassung ("adaption") an ähnliche primäre Institutionen resultierenden, überwiegend ähnlichen Persönlichkeitszüge der Mitglieder einer Gesellschaft bedingen das Konstrukt der "Basispersönlichkeit" ("Basic Personality").

> *"Die für jede Gesellschaft typische Basispersönlichkeit ist jene Persönlichkeitskonfiguration, die von der großen Mehrheit der Mitglieder der Gesellschaft als ein Ergebnis der frühen Erfahrungen, die sie gemeinsam gemacht haben, geteilt wird." (Kardiner 1945, S. VIII)*[17]

In "The People of Alor" (1961) nun berichtet Cora DuBois von ihrem Feldforschungsaufenthalt auf Alor. Ihr Werk soll im folgenden Exkurs resumiert und einer exemplarischen Kritik unterzogen werden.

Exkurs I:

Cora DuBois: "Die Leute von Alor" oder: "Ängstlich, argwöhnisch und mißtrauisch" (Kardiner in seiner Einschätzung der Basispersönlichkeit auf Alor)

DuBois führte ihre Studie in Atimelang durch, einer kleinen Siedlung auf der Insel Alor in Indonesien. Ihr Aufenthalt in Atimelang betrug 18 Monate (von 1938 bis 1939).

DuBois hatte sich entschlossen, zuerst Holländisch, dann Malaiisch und schließlich die einheimische Sprache zu erlernen, die von ihr als "Abui" bezeichnet wurde (vgl. DuBois 1961, S. X). Anfänglich arbeitete sie mit Dolmetscher, der das "Abui" ihrer Informanten in das für sie verständlichere Malaiisch übersetzte; mit der Zeit habe sie jedoch "Abui" genügend gut beherrscht, so daß sie ihre Aufzeichnungen direkt in Englisch vornehmen konnte und die Übersetzungen ihres Dolmetschers nur noch zu Kontrollzwecken verwendete.

Die verschiedenen Vorgehensweisen, die sie **nebeneinander** benutzte, sind für DuBois' Studie charakteristisch und lassen diese zu einem herausragenden Novum innerhalb der bisherigen Kultur- und Persönlichkeitsforschung werden.

---

17 Die Vorstellung von einer (kulturspezifischen) Basispersönlichkeit hat eine lange Tradition in der europäischen Geistesgeschichte. Bock (1980) verweist beispielsweise auf Theophrastus (ca. 300 v. Chr.), Tacitus, Thukydides sowie viele modernere, z.T. eher belletristische Werke. Lukasczyk zeigt in seinem Aufsatz mit dem bezeichnenden Titel "Vom Volkscharakter zur Modalpersönlichkeit" (1958) eine Wurzel solcher Konzepte wie "Basispersönlichkeit", "Modalpersönlichkeit", "Nationalcharakter" (vgl. Kap. I., 2. im weiteren, sowie Kap. I., 3. der vorliegenden Arbeit) für den deutschsprachigen Raum bei Herder, in dessen Gefolge auch bei den Völkerpsychologen Lazarus, Steinthal und Wundt (Lazarus und Steinthal 1860; Wundt 1900); vgl. hierzu auch Berg (1990, S. 68).

Neben der Verfassung einer traditionellen Ethnographie über Atimelang, die DuBois durch "teilnehmende Beobachtung" erstellte, zeichnete sie acht ausführliche Autobiographien (incl. ausgewählter Traumberichte der jeweiligen Erzähler/-innen) auf. Zudem führte sie mit einigen Bewohnern projektive Tests durch: Rorschach-Test mit 37, Wort-Assoziationstest mit 36 Probanden. Daneben brachte sie den Porteus-Maze-Test bei 55 Personen zur Anwendung[18] und forderte des weiteren Kinder auf, Zeichnungen zu bestimmten Themen anzufertigen. Das gesammelte Material legte sie nach ihrer Rückkehr verschiedenen Spezialisten zur Auswertung vor. Während ihres Aufenthalts behandelte sie außerdem kleinere Wunden, Infektionskrankheiten usw. und gab Medikamente an die Bewohner aus. Dies sollte der Intensivierung des Kontakts mit den Einheimischen dienen: "Desweiteren diente eine tägliche 'Sprechstunde' dazu, mich mit den Menschen bekannt zu machen, und, wichtiger noch, diese mit mir bekannt zu machen." (DuBois 1961, S. XI).

Nach ihrer Rückkehr interpretierte Kardiner die Lebensgeschichten und die allgemeinen ethnographischen Daten unter der besonderen Berücksichtigung von Erziehungspraktiken und der Eltern-Kind-Beziehungen. Unabhängig von ihm befaßte sich Oberholzer, ein Schweizer Psychiater und Rorschach-Experte, mit den Rorschach-Protokollen. Porteus interpretierte die nach ihm benannten Tests, und Frau Schmidl-Waehner, eine Psychoanalytikerin mit Erfahrung in der Therapie psychisch kranker Kinder, wertete die Kinderzeichnungen aus.
Keine(r) der an der Ausarbeitung der Tests Beteiligten hatte Kenntnis über die von den jeweils anderen getroffenen Einschätzungen und Schlußfolgerungen: Ein solches "blindes" Vorgehen sollte die Wahrscheinlichkeit erhöhen, zu "korrekten" Aussagen zu gelangen; einerseits würde man mit der genannten Methodik überprüfen können, ob die (postulierte) Basispersönlichkeitsstruktur sich mit Hilfe eines jeden der beschriebenen Verfahren, auf unabhängigen Wegen sozusagen, auffinden lasse. Daneben könnte das angenommene Kausalverhältnis: spezifisch kulturelles Milieu führt über typische Erziehungspraktiken und Erfahrungssituationen zu korrespondierenden Erwachsenenpersönlichkeiten - bestätigt oder aber verworfen werden.

---

[18] Projektive Tests sind freie, nicht skalierte Verfahren, die versuchen, tiefenpsychologische Mechanismen bei den Untersuchten aufzudecken. Ihre Durchführung und Interpretation setzt die Kenntnisse derartiger Theorien voraus:

Beim Rorschach-Test handelt es sich um eine Serie von symmetrischen Tinten"klecksen", die zur Hälfte in Schwarz-Weiß und zur Hälfte in Farbe gehalten sind, und die der zu explorierenden Person in einer bestimmten Reihenfolge vorgelegt werden. Alle Antworten werden protokolliert. Ähnlich werden bei der Durchführung des Wortassoziationstests spontane Einfälle der Versuchspersonen auf bestimmte Reizwörter - häufig aus dem sexuellen Bereich - registriert.

Der Porteus-Maze-Test ist eine Art "Labyrinth"-Test, der von Porteus in der Arbeit mit psychomental retardierten Kindern (!) entwickelt wurde und dazu dienen sollte, in Ergänzung zum Binet'schen Intelligenztest deren kognitive und Problemlösefähigkeiten - unabhängig von ihrer verbalen Kompetenz - zu erfassen.

Insgesamt war die Übereinstimmung der mit Hilfe der verschiedenen Verfahren gefundenen Ergebnisse relativ hoch (vgl. DuBois 1961, S. 8).

Im folgenden nun soll eine Darstellung der Kardiner-DuBois'schen Thesen über die Situation auf Alor gegeben werden:
Vor allem sind es die Frauen, die in ihren Gemüsegärten und auf den angrenzenden Feldern die notwendigen Nahrungsmittel zur Subsistenz produzieren. Männer sind beschäftigt mit finanziellen Transaktionen, Schweinezucht und -handel, der Herstellung von Musikinstrumenten ("kettledrums", "gongs")[19] und politischen Palavern. In unregelmäßigen Abständen gehen sie zur Jagd.
Nach der Geburt eines Kindes kehrt die Mutter sehr früh zu ihrer Arbeit auf den Feldern zurück, im allgemeinen innerhalb eines Zeitraums von 10-14 Tagen. Das Neugeborene wird während ihrer Abwesenheit in der Obhut des Vaters, älterer Geschwister oder der Großeltern (bzw. eines Großelternteils) zurückgelassen. In unregelmäßigen Abständen wird das Kind von zufällig anwesenden anderen Frauen gestillt, die in dieser Zeit ebenfalls über Muttermilch verfügen.
Als Konsequenz leiden die Kinder unter "oraler Deprivation", d.h. unter dem dominierenden Gefühl, kaum jemals in ausreichendem Maße satt geworden zu sein bzw. nicht schnell, verläßlich und vorhersehbar gestillt zu werden, sobald das Hungergefühl sich einstellt.
Zusätzlich zur "oralen Deprivation" wird das Kind frustriert durch die Erfahrung des plötzlichen und sehr früh erfolgenden Rückzugs der Mutter aus der körperlich und emotional engen, "dyadischen" Beziehung zu ihm. Die Tatsache, daß die Mutter nach ihrer Rückkehr vom Feld und an den Tagen, an denen sie zu Hause bleibt, sich intensiv um das Kind kümmert, bedeutet - nach DuBois - für die beschriebene frustrierende Situation keine grundsätzliche Änderung.
Auch mit dem Älterwerden des Kleinkindes verbessert sich dessen mißliche Lage nicht entscheidend; dies um so weniger, wenn ein weiteres Geschwisterkind geboren wird, und diesem nun die - wiederum sehr begrenzte - Zuwendung der Mutter zuteil wird.
Das Abstillen erfolgt mit etwa drei Jahren; in dieser Zeit beginnt auch die (meist nicht sehr eingreifende) Sauberkeitserziehung. In der Phase nach dem Abstillen bleibt das Kind weiterhin häufig auf eher zufällige Situationen angewiesen, in denen es Nahrung erhält; abends allerdings wird mit einer gewissen Regelmäßigkeit von der Mutter Nahrung für die Familie zubereitet. So scheinen die Gedanken der Kinder ständig um das Essen zu kreisen, und mit zunehmendem Alter verbessern sie auch ihre Möglichkeiten, eigenständig für ihre Ernährung zu sorgen:
Mit etwa 5-6 Jahren schließen sich viele Kinder, insbesondere die Jungen, zu "Banden" zusammen, deren Hauptaktivitäten darin bestehen, Eßbares aufzutreiben. Dabei ist "Mundraub" ein gesellschaftlich toleriertes Vergehen. Die Jungen werden

---

[19] Schweine, "kettledrums" ("mokos") und "gongs" gelten auch als Zahlungsmittel bzw. Währungseinheit (DuBois 1961, S. 22).

von den Männern jetzt mit kleineren Hilfsarbeiten beauftragt, wobei aber ihre Mobilität und ihr zeitlicher Freiraum sehr viel größer sind als bei den gleichaltrigen Mädchen. Diese sind frühzeitig und konsequent mit der Aufgabe betraut, ihren Müttern zu Hause und im Feld bei deren Arbeiten zur Seite zu stehen.
Im sexuellen Bereich sind die Kinder keinen größeren Einschränkungen unterworfen; kindliches - auch gegenseitiges - Masturbieren in der Öffentlichkeit ist häufig, und mit etwa 5 Jahren sind die meisten vollständig aufgeklärt.
Immer wieder suchen sich Erwachsene Kinder als Objekte von Hänseleien, Verspottungen und Drohgebärden; sehr eindrucksvoll schreibt DuBois:

> *"Ständig droht jemand irgendwelchen Kindern, während er gleichzeitig mit einem Messer herumfuchtelt, ihnen die Ohren oder Hände abzuschneiden. Der Erwachsene hat zwar spielerische Absichten, aber einige Kinder tragen durch diese Art des Neckens ernsthafte Schäden davon." (1961, S. 48)*

Andererseits werden sie häufig überschwenglich getröstet, wobei Nahrungsmittel als Geschenke eine große Rolle spielen. Auch berichtet DuBois von häufigen und intensiven Wutausbrüchen der Kinder; auslösende Situation ist in vielen Fällen der morgendliche Aufbruch der Mutter zur Feldarbeit.
Nach Ablauf verschiedener Initiationszeremonien erreichen die jungen Erwachsenen das Heiratsalter; obwohl nun mit jeder Heirat komplizierte finanzielle Transaktionen verbunden sind, ist der ehestabilisierende Effekt letzterer offensichtlich begrenzt: die Bewohner Atimelangs sind im Durchschnitt zwei Mal geschieden; generell sei das Verhältnis der Geschlechter zueinander sehr brüchig und gespannt. DuBois und vor allem Kardiner führen dies auf die sehr ambivalente Beziehungsstruktur zurück, die die Menschen Atimelangs schon in frühester Kindheit im Verhältnis zu ihrer Mutter entwickelt hätten. Daß die erwachsenen Männer sich von ihren Frauen das wünschen, was sie als kleine Jungen von ihrer Mutter nicht bekommen haben, kommt in einer Bemerkung Fantans, des Dolmetschers von DuBois, zum Ausdruck:

> *"Frauen sind wie unsere Mütter. Solange wir klein waren, haben unsere Mütter uns gefüttert. Sobald wir erwachsen sind, kochen unsere Frauen für uns. Wenn es etwas Gutes gibt, heben sie es solange im Topf auf, bis wir nach Hause kommen. Solange wir klein waren, schliefen wir bei unseren Müttern. Sobald wir erwachsen sind, schlafen wir bei unseren Frauen. Manchmal wachen wir, auch wenn wir schon erwachsen sind, mitten in der Nacht auf und nennen unsere Frauen 'Mutter'." (Fantan, in DuBois 1961, S. 96)*

Natürlich sind die Frauen mit solchen Ansprüchen von seiten der Männer überfordert und verhalten sich gereizt oder ablehnend; die Reaktion der Männer nun seien

Eifersuchtsszenen, ebenso wie häufige Depressionen und Minderwertigkeitsgefühle, die sie in großsprecherischem Finanz- und Handelsgebaren zu kompensieren suchten...[20]
Auch gebe es nur gering ausgeprägte Tendenzen, Elternbilder zu idealisieren; damit zusammenhängend scheint die Ausbildung der individuellen Über-Ich-Instanz recht unvollkommen.

Insgesamt heben sich die Einschätzungen der die Auswertungen des DuBois'schen Materials besorgenden Wissenschaftler vor allem durch negative Zuschreibungen hervor. Kardiner schreibt:

> *"Die Basispersönlichkeit auf Alor ist ängstlich, argwöhnisch und mißtrauisch; sie verläßt sich auf niemanden und hat kein Interesse an der äußeren Umgebung. Sie hat nicht die Fähigkeit, Elternbilder oder Gottheiten zu idealisieren. Die Persönlichkeit ist ohne Initiative, voll unterdrückten Hasses und ungebundener Aggression, worüber die Kontrolle ausgeübt werden muß ... [usw. in ähnlicher Weise]". (Kardiner 1945, S. 170; Ergänzung M.A.)*

Zu ähnlichen Darstellungen gelangten auch Oberholzer, Porteus und Schmidl-Waehner nach Auswertung der Rorschach- und Porteus-Maze-Tests und der Kinderzeichnungen.
Nach Kardiner (und DuBois) liegt der Ursprung für den hier beschriebenen Persönlichkeitstypus eindeutig in der drastischen Vernachlässigung des Kleinkindes durch die Mutter.

Die DuBois'sche Feldstudie und ihre Auswertung unter Koordination Kardiners hat in der nachfolgenden Literatur viel Lob erfahren; so wird von Bock positiv hervorgehoben, daß ihre Erhebungen ein bisher unbekanntes Maß an Fundiertheit und Systematik gebracht hätten, nicht zuletzt deswegen, **weil** sie speziell mit Orientierung auf die Kardiner-Linton'schen Fragestellungen hin durchgeführt worden seien (Bock 1980, S. 94). Barnouw formuliert unzweideutig: "Niemals zuvor in der Kultur- und Persönlichkeitsforschung hatte jemand solcherart psychologische Daten in vergleichbarem Ausmaß gesammelt" (Barnouw 1973, S. 161). Tatsächlich gibt DuBois' Bericht ein eindrucksvolles und, auf den ersten Blick, schlüssiges Bild der aloresischen Kultur und der daraus resultierenden Persönlichkeitsstrukturen ihrer Mitglieder. Dennoch regt sich, mit zunehmender Bekanntschaft mit ihrem Werk

---

[20] Generell werden die Frauen als psychisch stabiler beschrieben; dies liege an der Tatsache, daß sie eine weniger frustrierende Kindheitsentwicklung erfahren hätten: vor allem durch ihre frühe und regelmäßige Einbindung in den Produktionsprozeß an der Seite ihrer Mutter sei es ihnen möglich, größere psychische Kontinuität und ein höheres Selbstwertgefühl zu erreichen (vgl. Honigmann 1967, S. 108).

innerer Widerspruch. Insbesondere die äußerst negativen und diffamierenden Charakterzüge, die - folgt man den Auswertern - die typische Persönlichkeit auf Alor kennzeichnen sollen, erscheinen in ihrer Eigenschaft als charakterologische Werturteile arrogant und provozierend in gleichem Maß: so möchte ich eine ausführliche Kritik an DuBois' Studie anschließen, die dazu beitragen soll, die von ihr und ihren Mitarbeitern gefundenen Ergebnisse auf mehreren Ebenen in Frage zu stellen.[21]

An erster Stelle steht hier sicherlich der sogenannte "psychiatrische bias", m.a.W., infolge eines professionellen Umgangs mit psychisch Kranken psychiatrische Störungen - im Sinne einer selektiven Wahrnehmung und auf dem Boden der traditionellen "medizinischen Denkweise" (Lasch 1977/1987, S. 120) - vorschnell zu diagnostizieren bzw. auch in ihrer Bedeutung überzubewerten, insbesondere in Anbetracht der Vernachlässigung "gesunder", lebensbejahender Strukturen beim Einzelnen.[22] Hinzu kommt, daß eine solche "psychiatrische Sichtweise" - zumindest in ihrer klassischen Form - ihre Repräsentanten zu negativistischen und herabsetzenden Einschätzungen ihrer "Objekte" tendieren läßt (die dann allerdings häufig hinter medizinischen "Termini technici" verborgen bleiben: vgl. z.B. Erdheim 1984, S. 164f. zu Kraepelin).
So bekennt Kardiner ganz offen, die DuBois'sche Studie sei für ihn eine "Übung in (Psycho-) Pathologie" gewesen (1945, S. VIII; Ergänzung M.A.). Beuchelt formuliert vornehm, Kardiner habe **auch** "zahlreiche Gesichtspunkte aus der Neurosenlehre verwendet" (1974, S. 33) - dies tut er jedoch offensichtlich in einer derart abschätzigen, gar nicht mehr der humanen psychoanalytischen Tradition entsprechenden Manier, daß Jahoda sich zu der etwas drastischeren - aber berechtigten - Kommentierung genötigt sieht:

> *"... typisch für die Charakterisierung von Persönlichkeit, wie sie sich durch eine schiefe psychiatrische Sichtweise ergibt, [ist] ... die Tendenz, die 'Basispersönlichkeit' eines ganzen Volkes in solchen Worten darzustellen, die zu der Auffassung führen, all diese Menschen seien emotionale Krüppel. Ich persönlich spürte einen gewissen Widerwillen, als ich einen derart üblen und vernichtenden Bericht über ein Volk las, dem*

---

21 Auf die Problematik der transkulturellen Anwendung psychologischer Tests soll in Kap. I., 5. näher eingegangen werden.

22 Lasch spricht in Zusammenhang mit der Darstellung einer z.T. von Kardiner und der Kultur- und Persönlichkeitsforschung beeinflußten Periode der amerikanischen Psychiatriegeschichte, der "Psychohygiene", auch vom "psychiatrischen Imperialismus" (1987, S. 118), Jervis von der Tendenz zur "Psychiatrisierung" als dem Ausdruck der expansionistischen Bestrebungen eines jeden Mißstand therapieren wollenden medizinisch-psychiatrischen Systems (1978, S. 206); vgl. auch Parin und Parin-Matthèy zu "Medicozentrismus" (1986, S. 61f.).

> *Kardiner nie von Angesicht zu Angesicht begegnet war!" (Jahoda 1982, s.86)*[23]

Auch hat zwischen den "Auswertern" und den von DuBois untersuchten Bewohnern Atimelangs ja kein persönlicher Kontakt stattgefunden; wahrscheinlich können die genannten diffamierenden Einschätzungen eher dann entstehen, wenn eine solche menschliche Begegnungsmöglichkeit zwischen "Forschungsobjekt" und "Anthropologen" nicht existiert hat (vgl. obiges Zitat). Hierfür spricht, daß die Überlegungen DuBois' durchweg vorsichtiger formuliert sind als die Kardiners.[24]
So könnte die Konfrontation mit dem fremden, häufig unverständlichen (und damit angstinduzierenden!) Material den Rückgriff auf bewährte, psychiatrisch-abwertende (und damit abwehrende!) Urteilsbildungen und Kategorisierungsvornahmen begünstigen. In diesem Sinne schreibt Honigmann:

> *"Ich bin ziemlich sicher, daß viele der unbewußten Gedanken und Gefühle, die man den Atimelangers zugeschrieben hat, in Wirklichkeit die eigenen und bewußten Theorien des Analytikers darstellen; die Unfähigkeit, letztere davon zu trennen, was die Aloreser als ihre sinnhafte Welt erfahren, macht mich betroffen." (Honigmann 1967, S. 111)*

Solche Mechanismen würden - zumindest zum Teil - die frappierende Übereinstimmung erklären, die die Aussagen der verschiedenen Wissenschaftler in ihrer Charakterisierung der untersuchten Personen kennzeichnet.

---

23 Daß die aloresische Kultur bei soviel psychischer Deformiertheit ihrer Mitglieder überhaupt überlebt, ist für Kardiner ohnehin erstaunlich; erklärbar scheint dies nur durch die rettende Konstruktion, daß "sie sich ihrer Verdrehtheit nicht bewußt sind." (Kardiner 1945, S. 253).

24 Auch kann DuBois der aloresischen Kultur und dem Verhalten ihrer Mitglieder trotz allem immer wieder positive Züge abgewinnen; an einer Stelle z.B. schreibt sie: "Jeder scheint von kleinen Babies entzückt zu sein, und viele Leute bitten darum, sie halten und herzen zu dürfen" (DuBois 1961, S. 33-34).

Hier deutet DuBois Verhaltensweisen an, die möglicherweise auch als Ausgleich zur (ansonsten von ihr sehr ausführlich dargestellten) "mütterlichen Vernachlässigung" fungieren. Leider ist DuBois diesen Weg nicht weitergegangen; eine stärkere Berücksichtigung solcher kompensierender ("protektiver") Faktoren hätte das von DuBois vorgestellte "Bild" wahrscheinlich stark relativiert (vgl. z.B. Tress 1986).

Für letztere Annahme spricht auch, daß die Aloreser, trotz der Einschätzung Kardiners, sie seien unfähig zur Kooperation und Entwicklung vertrauensvoller und affektiver Bindungen, DuBois immerhin - zum Teil sogar mit großer Freundlichkeit und tatkräftiger Unterstützung ihres Vorhabens - in Atimelang aufnahmen; auch mußten einige Aloreser unter der japanischen Besatzung ihr Leben lassen, weil sie gewagt hatten, den Sieg "Hamerikas", der Heimat "ihrer" Cora DuBois, über die Japaner vorherzusagen - für DuBois ein Anlaß, im Vorwort der zweiten Auflage ihres Werkes über ihre Verantwortung für die Vorgänge und damit die ethische Problematik von Feldforschung nachzudenken (1961, S. XIV-XV).

Weiterhin kann gar nicht genügend berücksichtigt werden, bis zu welchem Ausmaß "Übertragungs"- oder "Gegenübertragungsphänomene", entstanden in ähnlichen **kontextuellen** Situationen oder mit der Person DuBois' als **"personaler Konstante"**, für die scheinbar gefundenen Persönlichkeitsstrukturen sowie deren Homogenität in bezug auf bestimmte Merkmale verantwortlich sind[25]; zwar hat DuBois mit unterschiedlichen Methoden gearbeitet, doch blieb sie als Person ja immer Dieselbe!
Ohne die Konsequenzen der letztgenannten Prozesse näher zu reflektieren, bezeichnet DuBois den Eindruck, den ihre eigene Erscheinung bei den Aloresern hervorgerufen habe, mit "seltsam", "plump", "beängstigend" u.ä. ("strange", "clumsy", "frightening": DuBois 1961, S. XI; vgl. auch Bock 1980, S. 93).[26] So hat **DuBois'** psychische Situation sowie die mit ihrer Person verbundene Ausstrahlung **alle** von ihr durchgeführten Untersuchungen möglicherweise stärker beeinflußt, als sie selbst und ihre Mitarbeiter dies wahrhaben wollten. Als konstituierender Mechanismus wäre hier vor allem die **Angst** der Ethnologin angesichts der sie bedrohenden, ihre Identität in Frage stellenden fremden Eindrücke zu nennen; da nimmt es nicht wunder, wenn bei dem Gegenüber solche Eigenschaften wie Neigung zu Depressionen, mangelnde Ich-Stärke, Bedürfnisse nach Versorgtwerden etc. auch gefunden werden (vgl. insbesondere Devereux 1967/1973; Erdheim 1984, S. 25f.; sowie Kap. II, 1. der vorliegenden Arbeit). Die postulierten Persönlichkeitsstrukturen der Aloreser wären somit in nicht unerheblichem Maße **auch** als die Spiegelung der nicht genügend reflektierten psychischen Prozesse der Ethnologin auf die von ihr Untersuchten (der "Gegenübertragung" in psychoanalytischer Terminologie) aufzufassen.

Ebenfalls müßte noch stärker hinterfragt werden, ob die gefundenen Persönlichkeitszüge tatsächlich repräsentativ für die Mehrheit der Bewohner Atimelangs (bzw.

---

25 "Übertragung" und "Gegenübertragung" sind der Psychoanalyse entlehnte "Termini technici" (vgl. z.B. LaPlanche und Pontalis 1982, S. 164-165 und S. 550f.).

Mit "Übertragung" sind etwa die Gefühle gemeint, die der Analysand - unbewußt - dem Analytiker entgegenbringt (bzw. die durch dessen Erscheinung beim Analysanden ausgelöst werden), und die ihren Ursprung in seiner, d.h. des Analysanden, Biographie haben.

"Gegenübertragung" bezeichnet den umgekehrten Vorgang - das Phänomen, daß die Person des Analysanden bestimmte emotionale Reaktionen beim Analytiker hervorruft.

Natürlich beeinflussen Übertragungs- und Gegenübertragungsprozesse sich wechselseitig. Insbesondere in Kap. II, 1., anläßlich der Vorstellung der Devereux'schen Thesen, soll ausführlicher auf Berechtigung und Notwendigkeit der Berücksichtigung der genannten Phänomene in der **Ethnologie** eingegangen werden. - Aus nichtpsychoanalytischer Sicht äußert sich zu der hier angesprochenen Bedeutung des **Kontexts** sehr aufschlußreich Shweder (1979).

26 Hierher gehört auch, daß sie die Bedeutung ihrer "medizinischen" Tätigkeit nur darin sieht, den Kontakt zu den Bewohnern Atimelangs zu verbessern - die sozialpsychologischen Effekte, wie sie mit einem solchen Status "fremde Heilerin" verbunden sind, werden von ihr nicht hinterfragt.

Alors) sind (vgl. Powdermaker 1945; Lindesmith und Strauß 1950/1968). Lobend erwähnt Barnouw, daß DuBois selbst sich dieses Problems bewußt ist:

> *"DuBois stellt fest, daß die Autobiographien nicht die ideale oder typische Persönlichkeit auf Atimelang repräsentieren. Die erfolgreicheren [Bewohner] waren mit ihren Angelegenheiten zu sehr beschäftigt, als daß sie die Zeit gehabt hätten, ihre Lebensgeschichte zu erzählen; weder übten das Geld noch das Prestige genügend Anziehung auf sie aus ..." (Barnouw 1973, S.154; Ergänzung M.A.)*

Dies bezieht sich jedoch nur auf den sozio-ökonomischen Aspekt innerhalb des breiten Spektrums von Beweggründen, die bedeutsam gewesen sein können für den Entschluß eines Individuums, sich DuBois als "Informant/in" (bzw. "Proband/in") zur Verfügung zu stellen; gleichermaßen könnte hier als tragende Motivation das Bedürfnis nach Aussprache, nach einer "talking cure" (im Sinne Freuds), vermutet werden: war die Schwellenangst erst einmal überwunden, bot sich die Ethnologin - als tendenziell neutrale Person - einem unter größerem Leidensdruck stehenden, psychisch instabilen Individuum möglicherweise als willkommene Gesprächspartnerin an; für solche Menschen wird der "Verführungscharakter" der ethnologischen Begegnung - falls die These denn zutrifft - somit besonders ausgeprägt sein, was wiederum der Verallgemeinerungsfähigkeit der gefundenen Resultate entgegensteht.[27]

Es sollte auch darauf hingewiesen werden, daß die mit Hilfe der verschiedenen Verfahren untersuchten Personen zum Teil identisch waren; infolgedessen spricht die (tendenzielle) Ähnlichkeit der Ergebnisse - im besten Falle - für die inhaltliche Gültigkeit der beschriebenen Testinstrumente (vgl. jedoch die Problematik des "Interviewer"- bzw. "Gegenübertragungseffekts"), berechtigt jedoch nicht, Rückschlüsse auf "die" typische Alor-Persönlichkeit zu ziehen.

Besonders bei näherer Betrachtung fällt die doch recht große **individuelle Variation** der (postulierten) Persönlichkeiten der Testpersonen ins Auge: Für Kardiner scheint dies kein größeres Problem; zuallererst seiner Theorie der Basispersönlichkeit verpflichtet, behauptet er,

---

27 Die These vom "Verführungscharakter" hat Morgenthaler für die **psychoanalytische** Beziehung zur Diskussion gestellt (Morgenthaler 1978, S. 78); er möchte damit ein Gegengewicht setzen zum vielzitierten "Leidensdruck", der den Patienten zum Analytiker "treibt". Erdheim nun bezieht in seiner Absicht der Analogisierung von Psychoanalyse und Ethnologie "Verführungscharakter" auch auf die **ethnologische** Situation (1984, S. 23f.). Es stellt sich mir hier allerdings die Frage, ob für die ethnologische Begegnung "Leidensdruck" nicht doch - zumindest in einem Teil der Fälle (incl. der einiger Ethnologen/-innen!) - in einer Art symmetrischen Rückschlusses als Motivationsmoment in Erwägung gezogen werden muß.

> *"Es kann wenig Zweifel über den prinzipiellen Trend geben ... die Kombination der Einflüsse, wie sie von Geburt an bis zum Erwachsenenalter wirksam sind,* ***muß*** *ein tief verunsichertes und isoliertes Individuum hervorbringen" (Kardiner 1945, S. 169; Hervorhebung M.A.)*

DuBois allerdings, der mit der Zeit offensichtlich einige Zweifel gekommen sind, nimmt mit zunehmendem Abstand von der Kardiner-Schule in der zweiten Auflage ihres Werks solche Erkenntnisse der interindividuellen Variation unter den Atimelangers zum Anlaß, Basispersönlichkeit zum Konstrukt der "Modalpersönlichkeit" - als des **statistisch häufigsten** Persönlichkeitstyps - zu relativieren (DuBois 1961, S. 4-5).

Nicht belegt ist weiterhin die These, daß nun gerade die (beobachteten) Praktiken der Kindererziehung - als Teil der "primären" Institutionen - die entsprechenden Momente für die Determinierung der Erwachsenenpersönlichkeit darstellen. Powdermaker schreibt in ihrer Rezension von "The People of Alor":

> *"Wir sind nicht sicher, daß diese Abwesenheit der Mutter, die bei allen Gartenbauvölkern Melanesiens üblich ist, notwendigerweise dazu führt, daß die Mutter zu einem frustrierenden Objekt wird. Meine Feldforschungen in Neu-Irland, wo die Praktiken der Kinderfütterung identisch mit denen auf Alor sind, ließen bei mir nicht den Eindruck entstehen, daß es hier zu Gefühlen von Frustration kam." (Powdermaker 1945, S. 160)*

Einen äußerst bedeutsamen Effekt in dieser Hinsicht zeigt Vidich; er lenkt das Augenmerk auf die der Feldforschung DuBois' kurze Zeit vorangegangene koloniale "Befriedung" Alors durch die Holländer:
Ab etwa 1918 hatte die Kolonialmacht Holland viele der ursprünglich in Bergdörfern lebenden Bewohner gezwungen, in die küstennahen Regionen umzusiedeln, wo sie einer Verwaltungselite, die sich aus den moslemischen und Malaiisch sprechenden Küstenbewohnern rekrutierte, unterstellt wurden. Dies sollte der besseren Durchsetzung der kolonialistisch-ausbeuterischen Ziele der Holländer dienen:
Zwangsabgaben in Höhe von 2/12 der jährlichen Arbeitserträge plus ein Monat unbezahlte Zwangsarbeit pro Jahr wurden allen männlichen Aloresen auferlegt; dazu kamen unvorhersehbare Abkommandierungen zu dringend anfallenden Arbeiten im "öffentllichen Interesse".
Auch die Bewohner Atimelangs waren ca. 15-20 Jahre vor DuBois' Ankunft einer solchen Zwangsumsiedlung (einschließlich mehrerer sich daran anschließender "Pazifizierungskampagnen") unterworfen worden - körperliche "Züchtigungen", Ge-

fängnisaufenthalte und andere Repressionstechniken waren Erfahrungen, denen ein Großteil der Atimelanger, speziell auch einige der von DuBois Befragten, immer wieder ausgesetzt war (Vidich 1966, S. XCIII).
Es liegt auf der Hand, daß eine solche historisch-biographische Erfahrung natürlich ebenfalls zu den beschriebenen psychischen Konstellationen führen kann - zu, wie Vidich schreibt,

> *"Hinterhältigkeit, negativistischem Verhalten und einer in gewisser Weise verborgenen Halsstarrigkeit, jenen Techniken, wie sie in klassischer Weise von einem unterworfenen, aber nicht völlig besiegten Volk eingesetzt werden." (Vidich 1966, S. CIX)*[28]

Sehr deutlich zeigt sich hier die Auslassung der historischen Perspektive als eine der zentralen Schwächen des Kardiner-DuBois'schen Modells. Allerdings - und hier beweist DuBois einmal eine gewisse Unabhängigkeit von ihrem Mentor Kardiner - zieht sie auch andere Ätiologien, beispielsweise häufige und schwere Infektionskrankheiten im Kindesalter, für die Genese der gefundenen Persönlichkeitsstrukturen in Erwägung:

> *"Es muß der mögliche Einfluß auf die [Ausbildung der] Persönlichkeit in die Überlegungen einbezogen werden, der durch jene entkräftenden Erkrankungen zustande kommt, die häufig in akuter Form während der Kindheit durchgemacht werden". (Du Bois 1961, S.81; Ergänzung M.A.)*

Auch Róheim bezweifelt - allerdings im Rahmen seines psychoanalytischen Argumentationssystems - daß die äußerlich sichtbaren Sozialisationspraktiken **den** entscheidenden Einfluß auf die Persönlichkeitsbildung haben sollen. Er glaubt, daß nicht so sehr das **konkrete** mütterliche Verhalten, sprich: das Vorenthalten ausreichender Nahrung, frustrierende Zurückweisungen den Kindern gegenüber - als primär verantwortlich anzusehen ist für die (vermeintliche) Unfähigkeit der Aloreser zur Entwicklung positiver und integrierter Persönlichkeitsstrukturen; vielmehr liege die Ursache hierfür in der generell emotional feindseligen und abweisenden Haltung der Mütter gegenüber ihrer Nachkommenschaft. (Róheim 1950, S. 261; vgl. S. 68 d. vorl. Arb.)[29]

---

28 Vgl. hierzu auch die - fast identischen - Aussagen Bosses zum versteckten Widerstandspotential unterdrückter Völker in Kap. II,2. (Bosse 1979/1984).

29 Eine Entscheidung in dieser Debatte "zugunsten" Róheims brachte die auf statistischen Methoden des interkulturellen Vergleichs fußende Arbeit Rohners (1970). (Eine zusammenfassende Diskussion der Arbeiten Rohners gibt Beuchelt 1983, S. 357).

Die hier aufgeführte Kritik soll nun nicht die gesamten Erkenntnisse der DuBois'schen Studie in Frage stellen; sicherlich haben solche mütterlichen Verhaltensweisen, wie sie DuBois beschreibt, Auswirkungen auf die weitere psychische Entwicklung der Kinder gehabt. Ob diesen - beobachtbaren - mütterlichen Sozialisationspraktiken (als einem Teil der primären Institutionen im Kardiner'schen Sinne) nun tatsächlich solch unwiderrufliche und lebenslang prägende Bedeutung beikommt, darf mit gutem Grund in Frage gestellt werden - zu wenig richtet DuBois ihr Augenmerk auf die Verhaltensweisen anderer Personen den Kindern gegenüber, die die "mütterliche Vernachlässigung" u.U. kompensieren. Generell erfahren die restitutiven und konstruktiven Bereiche des Lebens auf Alor eine nur ungenügende Berücksichtigung durch DuBois (vgl. Anm. 24; auch: Powdermaker 1945 sowie die Position der "neueren" Ethnopsychoanalyse, speziell Erdheims These zur "Adoleszenz als zweiter Chance": 1984, in Anlehnung an Eißler 1958/1966). Dies mag auch daran gelegen haben, daß DuBois - als gebildete Vertreterin einer angloeuropäischen Mittel- bzw. Oberschicht mit einer gänzlich verschiedenen Erziehungs- und Sozialisationsideologie - primär schockiert gewesen ist angesichts solcher Situationen, in denen Kinder der beschriebenen Vernachlässigung durch ihre Mütter ausgesetzt waren; solche Erkenntnisse im Beobachtungsprozeß ziehen ja, wie noch zu zeigen sein wird, entweder die Verdrängung oder aber die besondere Hervorhebung der beobachteten Phänomene durch den Ethnologen (hier: die Ethnologin) nach sich.
Andererseits konnte DuBois sich offensichtlich schlecht gegen ihren (männlichen!) Mentor Kardiner (bzw. gegen die "psychiatrische Denkweise") durchsetzen; dessen primäres Bedürfnis nach Validierung der Theorie hat die positiven Aspekte des Lebensmilieus in Atimelang, wie sie von DuBois zunächst in Ansätzen auch dargestellt wurden, noch weiter zu Marginalien werden lassen.
So gehen in "The People of Alor" ethnologische Voreingenommenheit ("preconception") und einseitige psychiatrische Denkweise ("bias) eine unglückselige Verbindung ein, die zu großen Teilen die Verantwortung trägt für die Tendenziösität der Darstellung.

Tatsächlich scheint die emotionale Grundhaltung der Bezugspersonen den Kindern gegenüber eine beträchtlichere Rolle zu spielen, als üblicherweise in der Kultur- und Persönlichkeitsforschung angenommen wurde (Hartmann, Kris und Loewenstein 1951/1969). Hoffmann zitiert zwei Arbeiten (Beloff 1957; Kline 1969), die keine oder eine nicht sehr ausgeprägte Beziehung zwischen Sauberkeitserziehung und "analem Charakter" belegen; vielmehr ließe sich "eine solche eindeutig nachweisen zwischen Analcharakter der Mutter und Analcharakter des Kindes" (Hoffmann 1984, S. 205). Auch letzteres spräche eher für Róheims These.

Für die ethnologische Praxis bedeutet eine solche Annahme natürlich eine ausgesprochene Erschwerung, zumal "emotionales Milieu" bedeutend schwieriger zu erfassen ist als "Praktiken der Kindererziehung".

Basis- und Modalpersönlichkeit (Folge)

Der Kardiner'sche Ansatz erscheint vielversprechend: zeigt er doch einen möglichen Kausalzusammenhang der (scheinbar) nicht identischen Phänomene Kultur und Persönlichkeit; darüber hinaus eröffnet er theoretisch die Möglichkeit der dynamischen Perspektive: Veränderungen im Bereich der primären Institutionen werden - über geänderte Erziehungspraktiken - entsprechende Folgewirkungen auf die Merkmale der Basispersönlichkeit mit sich bringen (Bock 1980, S. 90-91). In bezug auf Voraussetzungen und Methodik scheint nun speziell das Vorgehen von DuBois einen deutlichen Fortschritt gegenüber früheren Untersuchungen mit sich zu bringen. Hier zu nennen wären vor allem: ausführliche und fundierte Darstellung der Sozialisationspraktiken, neue Techniken bzw. Mehrdimensionalität der Erfassungsvorgänge; unabhängige Auswertungen durch verschiedene, nicht an der Feldforschung beteiligte Wissenschaftler. Nicht zuletzt waren auch die vorangehende psychologische Ausbildung von DuBois und das Erlernen der einheimischen Sprache von großem Vorteil für ihre Studie.

Im weiteren sollen die Kardiner-Linton-DuBois'schen Thesen einer ausführlichen Kritik zugeführt werden; aufgrund der bahnbrechenden und exemplarischen Position, die diesen Theorien innerhalb der Kultur- und Persönlichkeitsforschung zukommt, erweisen sich solche kritischen Einschätzungen als richtungsweisend in bezug auf eine abschließende Stellungnahme zur gesamten Disziplin.

Auffällig ist, wie unvermittelt die "primären Institutionen" im Modell Kardiners erscheinen; Kardiner selbst ist sich über ihre mangelnde Herleitung im Klaren:

> *"... Psychologie kann kein Licht darauf werfen ... wie diese primären Institutionen ihre endgültige Form gefunden haben. Soweit wir wissen, wurde hierzu nie eine besondere Erklärung abgegeben..." (Kardiner 1939, S. 471)*

Diesen Aspekt kritisiert auch Harris, der die Berücksichtigung einer historisch-materialistischen Perspektive - speziell mit der Möglichkeit der Ableitung der primären Institutionen - vermißt:

> *"Es liegt eine ungeheure Ironie in der Tatsache, daß die weitgehende Ablehnung diachronen Denkens die Möglichkeit einer Synthese seiner Formulierungen mit denen des kulturellen oder historischen Materialismus vor Kardiners Blicken verbarg" (Harris 1968, S. 442; vgl. auch den Kommentar Vidichs im "Exkurs" I!)*

Solange die Annahme der primären Institutionen als kausale Faktoren nicht weiter hinterfragt wird, hat sie weniger Plausibilität als die Freud'sche Vorstellung, nach der Kulturentstehung und Persönlichkeitsentwicklung letztlich auf die Existenz biologisch begründbarer Triebe zurückzuführen sind.

Auf Kardiners äußerst negativistische und herabsetzende Einschätzungen der "typischen" Alor-Persönlichkeit wurde im "Exkurs" I ausführlich eingegangen. Offensichtlich hängen solche "schiefen Bilder", wie sie hier vorgelegt wurden, zum Teil zusammen mit der einseitigen klinisch-psychiatrischen Perspektive der Auswerter, zum anderen aber auch mit der Tatsache, daß diese nicht persönlich an der Feldforschung beteiligt waren (was vordergründig in der Konzeption der Studie ja als Vorteil - sprich: Schlagwort von der "Unabhängigkeit der Auswertung" - imponiert!). Jahoda schreibt:

> *"Kardiner benutzte diese allgemeine analytische Vorgehensweise ... ohne selbst überhaupt Feldforschung betrieben zu haben. Diese Tatsache ist nicht ohne Bedeutung, denn das, was [schließlich] herauskam, waren Bilder von Kulturen oder Persönlichkeiten, wie sie sich beim Blick durch seine theoretische Brille ergaben, ohne die Perspektive und das Verständnis, die man nur durch die Erfahrung einer Kultur 'aus erster Hand' gewinnen kann." (Jahoda 1982, S. 85)*

Einen noch befremdlicheren Eindruck hinterläßt dieses bei Kardiner und (allerdings weniger ausgeprägt) auch bei DuBois durch überwiegend negative Zuschreibungen gekennzeichnete Bild "der" Aloreser-Persönlichkeit, wenn man Meads häufig verklärende Beschreibung der Zustände auf Samoa dagegenhält. Neben den tatsächlich sehr verschiedenen Gegebenheiten spiegeln die so gegenteilig anmutenden Darstellungen möglicherweise **auch** zwei Spielarten des kulturellen Relativismus, dem sich grundsätzlich alle Genannten verpflichtet fühlen: In Anlehnung an Devereux wird man dies einerseits als den exotistisch-selektiven (Mead) und andererseits als kategorisierend-abwertenden Abwehrversuch (DuBois, Kardiner) - entstanden in der Konfrontation mit angstauslösendem "Material" und mit dem unbewußten Ziel der relativierenden Distanzierung von der eigenen Lebenswelt - bezeichnen (vgl. S. 82f. d. vorl. Arb.): So kann die (angstauslösende) Erkenntnis mangelnder "Tiefe" in zwischenmenschlichen Beziehungen als Ausdruck innerer Unabhängigkeit, als "Leichtigkeit", sich von einem nahen Partner auch wieder zu trennen, idealisiert werden (Mead 1949, S. 132f.) und gleichzeitig als fehlendes Urvertrauen, innere Instabilität etc. (vgl. S. 22 d. vorl. Arb.) imponieren.[30]

---

30 Gerade an diesen Beispielen zeigt sich erneut die innere Verwobenheit von radikalem Kulturrelativismus und verdecktem bzw. nicht bewußtem Eurozentrismus (vgl. Kohl 1986 zu den Tagebuchaufzeichnungen Malinowskis mit ihrer Tendenz zur Herabsetzung der Einheimischen: Malinowski 1986).

Basis-, z.T. auch Modalpersönlichkeit sind hypothetische Konstrukte: eine systemunabhängige Herleitung der Basispersönlichkeit durch Kardiner findet nicht statt:

> *"... die entscheidende Schwachstelle von Kardiners (und von anderen, vergleichbaren) Schemata war deren Unfähigkeit, in der Praxis wirklich unabhängige Aussagen über die zwei hauptsächlichen Gruppen von Variablen zu treffen - derjenigen, die sich entweder auf 'Kultur' oder derjenigen, die sich auf 'Persönlichkeit' bezog." (Jahoda 1982, S. 87)*

Spiro fordert in einem frühen Aufsatz, die Vorstellung der ontologischen Verschiedenheit beider "Gegenstände" überhaupt aufzugeben (Spiro 1951).[31] Diese Einschätzungen lassen gegenüber Kardiners Konzept den Vorwurf methodologischer Unzulänglichkeit - möglicherweise aufgrund inhaltlicher Redundanz - erkennen: Basispersönlichkeit als Ergebnis der Übersetzung ethnologischer Phänomene in eine psychologische Terminologie:
Immerhin kannte Kardiner die ethnologischen "facts"; zu diesen setzte er die ihm vorgelegten Autobiographien entsprechend in Beziehung, so daß daraus - etwas maliziös formuliert - eine Bestätigung seiner Theorie resultierte.
Nun beruft Kardiner sich ja darauf, daß auch andere - unabhängige - Verfahren (bzw. Auswerter) zu ähnlichen Ergebnissen in bezug auf die zugrundeliegenden Persönlichkeitsstrukturen der "Testpersonen" gelangt seien und damit seine Theorie validiert hätten.
Im "Exkurs" I wurde jedoch versucht zu zeigen, daß von einer echten Systemunabhängigkeit der anderen Verfahren nicht ausgegangen werden kann: Psychiatrische "bias" der Auswerter, Übertragungs- und Gegenübertragungsmechanismen (bezüglich der Person DuBois'), partielle Identität der in den verschiedenen Verfah-

---

Erdheim schreibt: "Xenophobie und Exotismus, auf den ersten Blick Gegensätze, sind beide insofern verwandt, als sie Vermeidungsstrategien sind." (1988, S. 261).

31 Natürlich wird durch die Stellungnahmen Jahodas und Spiros das gesamte Konzept von **Kultur** und **Persönlichkeit** - als zweier voneinander abgegrenzter Gegenstände - im Grundsatz in Frage gestellt; vgl. hierzu auch Eckensberger und Krewer, die für die "neuere" Ethnopsychoanalyse (vgl. Kap. II., 2.), aber auch die kognitive Psychologie (Shweder 1980) die erneute Hinwendung zu "integrativen und organisierenden Prinzipien der Verknüpfung oder gar Identifizierung von Kultur und Persönlichkeit" ausmachen (Eckensberger und Krewer 1985, S. 121-122) - dies insbesondere nach einer Phase der auf Kardiner folgenden weiteren faktorenanalytischen Aufsplitterung von Kultur und Persönlichkeit mit dem Ziel des interkulturellen Vergleichs (vgl. Kap. I., 4.). Auch Eckensberger und Krewer selbst plädieren für einen solchen (handlungstheoretisch) orientierten Ansatz der Verschmelzung, wobei in der "handelnden Auseinandersetzung des Einzelnen mit seiner Umwelt" sich dynamische Analysekategorien für **den** "Gegenstand" ergäben. Somit würden

> *"kulturelle Merkmale ... als Identitätsanker zu einem definierenden Teil der Persönlichkeit, während umgekehrt Kultur immer als eines jemanden Kultur aufgefaßt wird" (Eckensberger und Krewer 1985, S. 122).*

ren Untersuchten bzw. Identität im Hinblick auf die Motivation, mit DuBois zu arbeiten - alle diese Phänomene zusammengenommen können schon die relative Übereinstimmung der von den Auswertern gefundenen Persönlichkeitsstrukturen erklären, ohne daß eine solche tatsächlich zugrunde liegen muß bzw. die These von der Basispersönlichkeit damit bewiesen wäre.

Gegenüber Kardiners Vorstellung von der Basispersönlichkeit scheint DuBois' Annahme einer "modalen" Persönlichkeitsstruktur - als dem real am **häufigsten** vorkommenden Persönlichkeitstypus, ohne daß dieser der "Durchschnitts"(Basis)-Persönlichkeit entsprechen muß (vgl. S. 27 d. vorl. Arb.) - realitätsangemessener und empirisch noch eher haltbar (sofern man sich auf derartige Konstruktionen denn überhaupt einlassen will).

Auffällig ist, daß der - mäßige - Zugewinn an empirischer Grundlage (gegenüber den theoretischen Deduktionen Kardiners, insbesondere vor seiner Zusammenarbeit mit DuBois), mit einer tendenziellen Auflösung des Phänomens einhergeht; mit zunehmendem zeitlichem Abstand schreibt DuBois im Vorwort zur zweiten Ausgabe ihres Werkes sogar:

> *"Es ergibt sich eine hohe Wahrscheinlichkeit, daß nur eine kleine Prozentzahl der Menschen in einer Gesellschaft zu* ***diesen*** *modalen Gruppen gehört. Die Bandbreite der Merkmalsverteilung innerhalb einer mäßig komplexen Gesellschaft ist größer als die multimodalen Unterschiede zwischen den Gesellschaften." (DuBois 1961, S. 20; Hervorh. M.A.)*

Einige auf "The People of Alor" nachfolgende Untersuchungen, die sich ebenfalls auf projektive Tests stützen und diese nach ihrer Auswertung einer statistischen Analyse unterziehen, kommen zu Schlußfolgerungen, die eher DuBois' These der Modalpersönlichkeit(en) - bzw. auch der großen interindividuellen Varianz der Persönlichkeitsstrukturen in einer Gesellschaft - belegen als Kardiners platonische Modellvorstellung (z.B. Wallace 1952; Gladwin und Sarason 1953, deren Arbeit sehr an DuBois' Studie erinnert).
Schließlich muß auch der von der Kardiner-Schule postulierte Prägemechanismus der Persönlichkeit durch die "primären Institutionen" bezweifelt werden; zu wenig gehen hier individuell-historische Erfahrungen, wie sie unabhängig von den "primären Institutionen" gelebt werden, in die Überlegungen ein; auch dem "emotionalen Klima" als einem Faktor, der für die Reifung der Persönlichkeit offensichtlich eine große Rolle spielt, und dessen Bedeutung stärker orthodox-psychoanalytisch argumentierende Autoren wie Róheim hervorheben, wird von der Kardiner-Schule kaum Beachtung geschenkt (zu beiden Kritikpunkten vgl. "Exkurs" I). Insbesondere ist in keiner Weise bewiesen, daß die - durch welche Mechanismen auch immer - in der frühen Kindheit einmal "geprägte" Persönlichkeitsstruktur des

Individuums sich zeitlebens erhält und sogar noch, in ihren "grundsätzlichen Anteilen" als Basispersönlichkeit, von Generation zu Generation und ungeachtet des sozialen und historischen Wandels an die Nachkommen weitergegeben wird.
Gerade die letztgenannten Fragen berühren jedoch den theoretischen "Kern" der Kultur- und Persönlichkeitsforschung und sollen im Schlußkapitel (I.5.) einer abschließenden Kritik zugeführt werden.

3. Nationalcharakter

Eine eigentümliche Qualität besitzen die Studien zum Nationalcharakter, die die Thesen des konfigurationalistischen Ansatzes mit denen des Konzepts der Basispersönlichkeit zu verbinden suchen (Bock 1980, S. 109, vgl. Anm. 17).
Inkeles und Levinson geben folgende Definition:

> *"'Nationalcharakter' bezieht sich auf relativ beständige Persönlichkeitsmerkmale und - Muster, die statistisch am häufigsten [= modal] unter den erwachsenen Mitgliedern einer Gesellschaft zu finden sind." (Inkeles und Levinson 1954 / 1969, S. 428; Ergänzung M.A.)*

Die Blütezeit dieser Spekulationen liegt in den 40er und 50er Jahren, ausgelöst durch die Beteiligung der USA am II. Weltkrieg und die sich daran anschließende Phase des Kalten Krieges mit der Sowjetunion.
Im Gegensatz zu früheren Arbeiten befassen sich die Autoren mit den Charakterstrukturen - bzw. der Basispersönlichkeit - der Mitglieder hochkomplexer und großräumiger Staatengebilde, hier insbesondere (aus den geschilderten Gründen) mit Japan, Deutschland und der Sowjetunion (Fromm 1941; Gorer 1943; Benedict 1946b; Gorer und Rickman 1949; Mead 1951; Kluckhohn 1962). Auch die USA selbst sind Thema einiger Studien zum Nationalcharakter: Mead (1942), Gorer (1948), Riesman u.a. (1950/1961).
Exemplarisch sei hier Gorer zitiert, der - ganz im konfigurationalistischen Sinne - einen Isomorphismus von individuell-psychischen und gesellschaftlichen Makro-Strukturen sieht; während des II. Weltkrieges ist er als Verbindungsoffizier zwischen militärischen Entscheidungsträgern der USA und denen des alliierten England eingesetzt, und sein Thema sind die betreffenden nationalen Charaktere; speziell für die USA als einem typischen Einwanderungsland glaubt er, eine allgemeine Ablehnung traditioneller Strukturen und geschichtlichen, auf die Vorfahren bezogenen Denkens feststellen zu können:

> *"Die individuelle Ablehnung des europäischen Vaters als Vorbild und moralische Autorität, die jeder Amerikaner der zweiten Generation vollziehen mußte, erhielt ihre Bedeutsamkeit und ihren Nachdruck durch den ähnlichen Vorgang der Ablehnung Englands durch Amerika, wodurch dieses zu einer unabhängigen Nation wurde." (Gorer 1948, S. 27)*

Ganz besonders kritikwürdig (und kurios in bezug auf ihren ethnologischen Anspruch!) sind natürlich **die** Studien, die zum japanischen, deutschen und (später) russischen Nationalcharakter entstanden sind; sie verwenden fast ausschließlich Se-

kundärquellen wie Filmmaterial, Literatur, Radiosendungen, regierungsamtliche Propagandaschriften usw.[32] Im besten Fall kommen einmal psychologische Tests und Befragungen von Kriegsgefangenen (Dicks 1950) oder russischen Flüchtlingen (Kluckhohn 1962) dazu.
Gerade hier sind platte Bilder, entstanden unter vielfach falschen Grundannahmen, die Folge: der nach außen sich kultiviert-ästhetisch, freundlich und zurückhaltend gebende Japaner sei im Kern seines Wesens anal-sadistisch und zwanghaft strukturiert, gepaart mit einer überstarken Neigung, sich äußeren Autoritäten zu unterwerfen, sich von der öffentlichen Meinung abhängig zu machen; seinen Ursprung habe dieser dominierende Charaktertypus in dem extrem früh einsetzenden und rigorosen Sauberkeitstraining, dem die japanischen Kinder ausgesetzt seien (u.a. Gorer 1943; Benedict 1946b) - nur zu ärgerlich, daß in der Folge "im Feld" durchgeführte Untersuchungen keinerlei Hinweise auf besonders drastische Maßnahmen der Sauberkeitserziehung ergaben (Haring 1956)[33]!
Ähnliche gewagte Annahmen in bezug auf den russischen Charakter und sein Verständnis in Zusammenhang mit der Kenntnis einschränkender und besonderer Wickelpraktiken, denen die Kleinkinder unterworfen sind, gipfeln in der These, historische Ereignisse und Prozesse in diesem Lande (Revolution, stalinistische "Säuberungen") könnten mit den besonderen Strukturmerkmalen ebendieses Charakters in Verbindung gebracht werden (Gorer und Rickman 1949).[34]

Manche Schriften, die stärker an sozialpsychologischen Mechanismen orientiert sind, entbehren nicht einer gewissen Plausibilität: so z.B. die Untersuchungen Adornos (u.a.) zur "Autoritären Persönlichkeit" (1950) oder auch die Arbeit

---

32 Zur Methodik solcher ethnologischer Analysen "auf Distanz" vgl. Mead und Métraux, Hg. (1953).

33 Anm. 29 **könnte** den hier angedeuteten Widerspruch erklären; vor obigem Hintergrund erscheint auch das bei Spindler angeführte Zitat eines seiner Studenten (in bezug auf die Theoretiker des Nationalcharakters) eher plausibel: "Sie sind offenbar zu einer Menge richtiger Ergebnisse gekommen, trotz falscher Voraussetzungen." (Spindler 1978, S. 25). Spindler schreibt jedoch weiter: "Dieses Vorgehen hat einfach ein unverdaulich großes Stück aus der Wirklichkeit herausgebissen." (ebda).

Interessanterweise lobt auch Geertz Benedicts Werk über die Japaner (Benedict 1946b) nicht für die Passagen, in denen sie sich in Kausalzusammenhängen versucht, über die sie sich "unbehaglich ... hinweg bewegt", sondern dort, wo sie sich gestatte, "gegen Ende, fast mit einem Seufzer der Erleichterung, zum Porträtieren zurückzukehren - Kirschblüten, Teezeremonien, die lackierten Lebensläufe japanischer Männer" (Geertz 1990, S. 123).

34 Gerade an dem genannten Werk wird deutlich, daß die Konzeption des Nationalcharakters diesen immanent - und damit in (nicht ausgesprochener) Abkehr von einer reinen "konfiguralistischen" Auffassung - zum **verursachenden Prinzip** für Vorgänge auf anderer (sozialer, ökonomischer, historischer) Ebene werden läßt. Insofern stehen die Nationalcharakterstudien für eine ganz bestimmte Art des "psychologischen Reduktionismus" (vgl. Hildebrandt 1978). Dieser ist jedoch von der "psychogenetischen" Sichtweise eines Róheim meilenweit entfernt (vgl. Anm. 52), zumal - zumindest theoretisch - diese Studien sich weiterhin dem Grundpostulat des "kulturellen Determinismus" (vgl. Kap. I., 5.) verpflichtet fühlen.

Eriksons (1950/65), in der er sich neben anderem den Identifikationsmöglichkeiten zuwendet, die der Hitler-Faschismus über eine mythologisch-verbrämte "Führer"-Biographie einer verunsicherten deutschen Jugend in den 30er Jahren anbieten konnte.[35]

Insgesamt sind die meisten Untersuchungen zum Nationalcharakter jedoch sehr spekulativ:
Auf die Relativierung, die das Konzept der "Basispersönlichkeit" durch die Praktikerin DuBois erfahren hatte, wurde bereits hingewiesen (vgl. Kap. I, 2).
Kann "Basispersönlichkeit" somit auch für Gesellschaften mit geringer Mitgliederzahl und niedrigen Komplexitätsgrades nur noch mit Mühe bzw. unter Zuhilfenah-

---

35 Beide Studien stellen jedoch Besonderheiten dar:

In Adornos Untersuchung ist kaum vom (deutschen) Nationalcharakter die Rede; vielmehr versuchten Adorno, Horkheimer und andere Mitarbeiter des "Instituts für Sozialforschung" im amerikanischen Exil, eine allgemeine Theorie darüber zu entwickeln, wie faschistisches Bewußtsein (bzw. die Bereitschaft, ein solches zu entwickeln) "in den Köpfen der Menschen" zustande kommt und nach welchen Kriterien ein solches Bewußtsein beim Einzelnen angenommen werden muß oder sogar als Potential gemessen werden kann (Adorno 1950; Horkheimer 1936/1968; vgl. hierzu auch die Arbeiten von Reich 1934 und Fromm 1941, die als exilierte Psychoanalytiker ebenfalls Kontakt mit dem "Institut für Sozialforschung" pflegten und mit ihren Thesen einen theoretischen Anstoß gegeben hatten für die o.g. Untersuchungen: Lasch 1977/1987, S. 104f.).

Ihre Untersuchungen führten die Mitarbeiter des genannten Instituts in den 40er Jahren unter der Leitung Adornos an US-Amerikanern durch; dennoch nahmen sie, häufig zwischen den Zeilen, immer wieder Bezug auf eine Art durchschnittlichen faschistisch/autoritären Persönlichkeitstyps, wie er sich im Deutschland der Hitlerzeit exemplarisch realisiert habe: Adorno, Horkheimer u.a. (s.o.) waren als jüdische kritische Sozialwissenschaftler vor den Verfolgungen des Nazi-Regimes in die USA geflohen; natürlich hat in ihrer Motivation, das Phänomen "Faschismus" verstehbarer zu machen - ähnlich wie für Fromm und Reich - die persönliche Erfahrung mit der beginnenden Repression in diesem Land ab 1933 eine große Rolle gespielt. Auf einer etwas allgemeineren Ebene war das Ziel der Untersuchung Adornos und seiner Mitarbeiter, solche sozialpsychologischen Mechanismen zu erhellen, wie sie im Kontakt mit Fremden und Minderheiten ihren Niederschlag im Vorurteil (Stereotyp, Ressentiment) finden. Angesichts der derzeitigen innenpolitischen Situation in der BRD mit der Zunahme von Fremdenfeindlichkeit und dem erneuten Aufkommen eines faschistischen (Wähler-)Potentials, insbesondere in den Bundesländern der früheren DDR, erweist sich die ungebrochene Aktualität der genannten Fragestellung.

Auch der Psychoanalytiker Erikson war 1933 in die USA emigriert; seine Arbeiten haben sozialpsychologische Prozesse im historischen Kontext zum Thema: Eriksons Anliegen ist ebenfalls nicht eine starre Beschreibung des deutschen Nationalcharakters; vielmehr geht es ihm darum, solche psychischen Mechanismen herauszuarbeiten, die sich die faschistische Propaganda in einer speziellen Situation zunutze machen konnte, um die Aufnahmebereitschaft für ihre Ideologie - gerade bei der deutschen Jugend - zu erhöhen.

Beide Arbeiten sehen somit Nationalcharakter nicht als verursachendes Prinzip; vielmehr bemühen sich die Genannten, gewissen sozioökonomischen und historischen Konstellationen gleichzeitig auffindbare sozialpsychologische Mechanismen und Strukturen zuzuordnen.

Aus den genannten Gründen können diese Veröffentlichungen nur noch im weitesten Sinne als Studien über den Nationalcharakter begriffen werden; somit sind sie auch von der Kritik ausgenommen, die ich im folgenden gegen die "klassischen" Nationalcharakterstudien anführen werde.

me des Konstrukts der "Modalpersönlichkeit" aufrechterhalten werden, so scheinen solche Modelle für die Anwendung auf "hochentwickelte" und komplexe (Klassen-) Gesellschaften nun gar nicht mehr tauglich:

> *"Die prinzipielle Schwierigkeit ... liegt in seiner Unfähigkeit, die Differenziertheit von großen nationalen Populationen angemessen zu berücksichtigen. Es betont die hauptsächliche Tendenz, deren tatsächliches Vorkommen zwar vermutet, aber nicht bewiesen wird, und vernachlässigt die Variationsbreite innerhalb und außerhalb des Typischen. " (Inkeles 1961, S. 173)*

Stärker noch ist an dieser Stelle die Methode einer "ethnologischen Analyse auf Distanz" in Frage zu stellen: Es entspricht einer allzu platten ("isomorphistischen"!) Auffassung, eine Auswahl der kulturellen Produkte einer Gesellschaft (sofern denn z.B. Propagandaschriften überhaupt als kulturelle Produkte anzusehen sind) als repräsentativ für das Gesamtganze der Kultur bzw. auch der gesellschaftlichen Strukturen anzusehen (vgl. hierzu die Zitierung Devereux', S. 89 der vorliegenden Arbeit).
Zwar versucht Mead, die (von ihr selbst eingestandene) fragliche Validität des Ansatzes dadurch zu erhöhen, daß sie Untersuchungen auch an nicht repräsentativen Informanten (Kriegsgefangenen, politischen Flüchtlingen) propagiert und diese rechtfertigt; ihr Argument, **jedes** Mitglied einer Gesellschaft könne zur Erhellung von deren Nationalcharakter beitragen, vorausgesetzt, seine Position innerhalb dieser Gesellschaft sei klar definiert (Mead 1953b), ist jedoch nicht stichhaltig und beinhaltet einen Zirkelschluß: wenn erst mit Hilfe der Angaben der genannten Informanten ein Bild ihrer Gesellschaft und Kultur entworfen werden soll, ist es ja nicht möglich, die Position dieser Informanten im gesellschaftlichen Gesamtgefüge realistisch einzuordnen, eben weil der Bezugsrahmen - die Gesamtgesellschaft - nur sehr indirekt (s. o.) und damit m.E. nicht valide belegt ist.

Erklärbar sind solche "Bilder" von Angehörigen der eigenen wie fremder Nationen vor allem mit dem soziopolitischen Klima und vor dem ideologischen Hintergrund ihrer Entstehung: Der unerwartete Überfall der Japaner auf Pearl Habour, der den Eintritt der USA in den II. Weltkrieg mit sich brachte, hatte in diesem Land einen tiefen Schock hinterlassen; schmerzvoll wurde man sich der Unkenntnis der sozialen und historischen Gegebenheiten des rätselhaften und ungeahnt aggressiven Kriegsgegners Japan bewußt (Benedict 1946b, S. 1; vgl. Angermann 1971). Solche Uninformiertheit - gepaart mit der (in diesem Falle nur zu berechtigten) Angst vor dem Fremden, Unverständlichen verlangte geradezu nach stimmigen Bildern und Erklärungen, wie sie in den Formulierungen zum japanischen Nationalcharakter

dann auch geliefert wurden.[36] Ähnlich muß es den Amerikanern mit Deutschland und dem Nationalsozialismus ergangen sein: Eine europäische Nation, aus der zudem viele Vorfahren der US-Amerikaner als Einwanderer gekommen waren, bekennt sich "plötzlich" zu Faschismus, Völkermord und weltpolitischer Aggression. Wollte man keine - sicherlich kompliziertere - historisch-ökonomische Analyse zugrunde legen, so bot sich um so mehr das tendenziell ahistorische Konstrukt des "Nationalcharakters" als überzeugendes Erklärungsprinzip an.[37]
Nicht zuletzt gelten ähnliche Aussagen auch für die Versuche über den russischen Nationalcharakter.
Andererseits steht zumindest ein Teil der Untersuchungen zum amerikanischen Nationalcharakter ebenfalls in Zusammenhang mit den geschilderten Vorgängen. Hier ist z.B. Meads Werk "And keep your powder dry" zu nennen (Mead 1942), das der ideologischen Aufrüstung der eigenen Landsleute dienen sollte und das von Bock auch folgerichtig als "moralische Schützenhilfe" apostrophiert wird (Bock 1980, S. 119). Auch Benedicts Arbeit über die Japaner (1946b) stellt in vielen Passagen deren Kultur und Nationalcharakter - z.T. in ironisierend-polemischer Absicht - dem US-amerikanischen Nationalcharakter gegenüber (vgl. Geertz 1990).
Entsprechend wurde die große Mehrzahl der hier beschriebenen Studien im Auftrag der US-Regierung (speziell des Kriegsministeriums) durchgeführt (Mead 1974, S. 57-58).

Untersuchungen zum Nationalcharakter sind nun seit den 60er Jahren deutlich zurückgegangen (Pelto 1967; Barnouw 1973, S. 220). Dies mag, neben den geschilderten Ursachen, auch daran gelegen haben, daß über viele der Länder, auf die sich die Nationalcharakterstudien bezogen hatten, in den 50er und 60er Jahren zunehmend mehr Fakten- und Datenmaterial aus nicht-ethnologischen Quellen verfügbar wurde: Japan und Westdeutschland hatten sich nach ihrer Niederlage im II. Weltkrieg auf die Seite des "freien Westens" unter Führung der USA gestellt. Mit der resultierenden wirtschaftlichen, politisch-ideologischen und z.T. militärischen Kooperation standen für die USA zwangsläufig mehr und verläßlichere Daten über ihre ehemaligen Kriegsgegner bereit (vgl. Anm. 36).
Daneben kamen viele US-amerikanische Soldaten während der Besatzungszeit in persönlichen Kontakt mit der Bevölkerung - ein Vorgang, der die Popularität solcher Versuche über globale Nationalcharaktereigenschaften eher wieder verringert haben mag.

---

36 Sehr aufschlußreich schreibt Barnouw, daß der japanische Nationalcharakter in **den** Studien, die nach Ende des II. Weltkriegs (noch) erstellt wurden, deutlich positiver zur Darstellung kommt als in den vorangehenden Kriegsjahren (1973, S. 235). Dies belegt m.E. eindeutig, wie stark die Resultate der Untersuchungen zum Nationalcharakter von der jeweiligen ideologischen Perspektive abhängen.

37 Warum ein solcher Nationalcharakter nur in bestimmten historischen Situationen "durchschlägt" (bzw. die genannten historischen Situationen nur "zeitweise" entstehen läßt), wird in diesen Studien offensichtlich nicht hinterfragt (vgl. auch das Zitat Harris', S. 61 d. vorl. Arb.)

Natürlich wurde auch die Informationslage über die Sowjetunion im Laufe der Jahre besser und detaillierter; dies vor allem durch die Ansammlung geheimdienstlicher Informationen durch die USA (vgl. Horowitz 1969, S. 267f.). Offensichtlich schien es für die Militärstrategen in den USA wichtiger, die Standorte der sowjetischen Raketenbasen - generell: das Niveau ihrer atomaren Bewaffnung - in Erfahrung zu bringen (vgl. Horowitz 1969, S. 323), als weiter über den sowjetischen Nationalcharakter zu spekulieren ...
Für das Schwinden der Attraktivität der Nationalcharakterstudien - und damit indirekt für ihre zahlenmäßige Verminderung - wird möglicherweise auch die Konfrontation der US-Amerikaner mit ihrem eigenen angeblichen Nationalcharakter verantwortlich gewesen sein: Welcher (insbesondere US-amerikanische) Leser wird nicht, angesichts der drohenden Uniformierung, die mit dem Konzept des Nationalcharakters bzw. der Basispersönlichkeit einhergeht und das eigene Selbstverständnis bezüglich der **individuellen** Biographie und Lebenslage in Frage stellt, beginnen, eine innere Rechnung zu erstellen, in wievielen Bereichen er sich ja doch - Gott sei Dank! - von dem beschriebenen Standardtyp unterscheidet![38]
Nicht nur durch die geschilderten Vorgänge, sondern auch und gerade durch die zunehmende Kritik von (sozial-) wissenschaftlicher Seite gerieten die Befürworter der Nationalcharakterstudien immer stärker in die Defensive; hierauf soll jedoch ausführlicher im Schlußkapitel (I.5.) eingegangen werden.

Trotz der hier dargestellten Entwicklung sind Nationalcharakterstudien keineswegs aufgegeben (Bock 1980, S. 129):
Beispiele aus jüngster Zeit sind die Veröffentlichungen Dundes' (1984) und Russells (1988), die sich (wieder einmal) dem deutschen Nationalcharakter zuwenden.[39]

---

38 So philosophiert Hsu - und dessen Arbeit über **die** Amerikaner als Beleg anzuführen sei mir trotz großer Skepsis einmal erlaubt, zumal er eher auf bestimmte Aspekte amerikanischer Wertvorstellungen denn auf Charaktereigenschaften im engeren Sinne abzielt - über "Vertrauen auf die eigene Kraft" ("self-reliance") als Schlüsselkonzept amerikanischer Ideologie ... (Dem steht nicht unbedingt entgegen, daß Riesman in seiner berühmten Studie im **de facto**-Verhalten vieler Amerikaner eine überwiegende "Außengeleitetheit" bzw. "Situationsabhängigkeit" ["other-directedness"] beklagt; man beachte an dieser Stelle auch, vorausgesetzt, beide Studien treffen irgend einen Teil der Realität, die Diskrepanz zwischen den ethischen Vorgaben einer Kultur und dem realen Verhalten ihrer Mitglieder - ein Aspekt, der in vielen konfiguralistisch ausgerichteten Studien kaum berücksichtigt wird: Hsu 1953; Riesman et al. 1950/1961).

Der hier beschriebene Vorgang - Angst vor "Uniformierung" - gilt natürlich besonders stark für negativ gehaltene Beschreibungen des eigenen Nationalcharakters, hat jedoch u.U. auch Bedeutung für tendenziell positive Darstellungen.

39 Dundes nimmt erneut die Wickelthese - jetzt in bezug auf die Deutschen - auf. Er führt der Deutschen "Hang zur Innerlichkeit" ebenso wie die Hitler'sche Expansionspolitik (vgl. "Lebensraum") auf die mißliche Lage des eng bandagierten und "vollgeschissenen" (wieso nur:) deutschen Kleinkindes zurück.

Wöhrle schreibt, unter Zitierung Dundes':

Auch eine Studie, die die frühere englische Premierministerin M. Thatcher in Auftrag gegeben hat, hatte "typisch deutsche Charaktereigenschaften" zum Thema (vgl. die "taz" vom 16.7.1990, S. 1). Daneben war der holländische Nationalcharakter (bzw. ein "Psychogramm der niederländischen Kultur") Gegenstand der materialreichen, die Alltagskultur miteinbeziehenden Studie eines englischen Historikers (vgl. Carstensen 1990).
Es scheint, als könnten derartige Konstruktionen ständig von neuem auf die Faszination bauen, die sie beim Leser bzw. Adressaten hervorzurufen in der Lage sind. Dies gilt um so mehr, je fremder, auch: je geographisch entfernter die beschriebenen Gesellschaften für letzteren erscheinen.

Zusammenfassend muß jedoch festgestellt werden, daß die Nationalcharakterstudien durch ihre unsicheren Prämissen, ihre allzu globalen und spekulativen Aussagen und nicht zuletzt ihre durchsichtige ideologische Eingebundenheit eine ganz besonders fragwürdige Unterströmung innerhalb der Kultur- und Persönlichkeitsforschung repräsentieren. Einerseits bilden sie den Höhepunkt der holistisch ausgerichteten Arbeiten; gleichzeitig tragen sie jedoch durch ihre wissenschaftlich kaum haltbare Vorgehensweise und häufig unannehmbaren Schlußfolgerungen zu einem Gutteil die Verantwortung zum mindesten für die Abkehr von der bisherigen (holistischen) Methodik, möglicherweise jedoch auch für den Niedergang der gesamten Kultur- und Persönlichkeitsforschung (vgl. Spindler 1978, S. 25).

"'Der für das Deutschland des 20. Jahrhunderts bedeutsame Begriff des 'Lebensraumes' dürfte aus naheliegenden Gründen auf die schmerzhafte Unannehmlichkeit einschneidender Wickelpraktiken zurückzuführen sein.'

Es ist nicht zu fassen. Da zeichnet im Jahre 1984 ein gebildeter Amerikaner folgendes Deutschlandbild: Deutsche, das sind Wickelkinder, die sich zu problematischen Naturen auswachsen, bei denen - thematisch bildhaft gesprochen - Tag und Nacht die 'Kacke am Dampfen' ist und die daher sowohl 'innerlich' wie auch expansionslüstern seien. Wer seiner Phantasie derart 'freien Lauf' läßt, muß sich fragen lassen, ob er selbst falsch gewickelt worden sei." (Dundes 1984, zit. nach: Wöhrle, in der "taz" vom 25.7.1989, S. 12)

4. Kulturvergleichende ("Cross-Cultural-") Studien

Eine bahnbrechende methodologische Wende in der Geschichte der Kultur- und Persönlichkeitsforschung ist mit den Arbeiten von J. Whiting (und verschiedenen Mitarbeitern) verbunden (z.B. Whiting und Child 1953): Als Reaktion auf den zunehmend häufiger erhobenen Vorwurf, die bisherigen Modelle - beispielsweise das der Basispersönlichkeit - seien spekulativ, zu global oder kurz: unwissenschaftlich (Lindesmith und Strauß 1950/1968; zusammenfassend Honigmann 1975, S. 611), versuchen Whiting und seine Mitarbeiter, enger umgrenzte Phänomene aus den Bereichen Kultur und Persönlichkeit zu erfassen und in operabler Form auszudrücken. Whiting und Child berufen sich zwar auf die Psychoanalyse als die Hauptquelle ihrer Hypothesen, geben jedoch zu erkennen, daß erst mit Hilfe von verhaltenstheoretischen "Transskriptionen" ihr Material im obigen Sinne verwendungsfähig wurde (Whiting und Child 1953). Wissenschaftstheoretisch folgen sie damit dem Ansatz von Dollard und Miller (1950), die die Möglichkeit einer Synthese psychoanalytischer und behavioristischer Thesen postuliert hatten.
Spezieller Untersuchungsgegenstand ist für Whiting der Bereich der Sozialisation, im engeren Sinne die seines Erachtens bisher nicht ausreichend beantwortete Frage, welche Sozialisationspraktiken im Einzelnen welche Art von Persönlichkeitscharakteristiken bedingen (Bock 1980, S. 144). Hierzu dient das von Tylor entwickelte und von Murdock in größerem Stil in die ethnologische Praxis eingeführte Verfahren des - auf Korrelationen basierenden - interkulturellen statistischen Vergleichs (Tylor 1889; Murdock 1957). (Murdock hatte in den 30er Jahren an der Yale-Universität die "Human Relation Area Fields", HRAF, als weltumspannende ethnologische Datensammlung begründet). Das genannte Vorgehen wird als nomothetisch-statistischer Ansatz oder auch als "hologeistic method" bezeichnet (Spindler 1978, S. 22; Jahoda 1982, S. 117).

> *"... es wird überprüft, ob die angenommene unabhängige Variable während des natürlichen Ablaufs der Ereignisse in einer Anzahl von Fällen vorkommt oder nicht. Fälle von Vorhandensein, von Nicht-Vorhandensein oder auch von Vorhandensein in unterschiedlichem Ausmaß werden registriert. Ebenso wird nach der angenommenen abhängigen Variable in jedem dieser Fälle Ausschau gehalten, ihrer Anwesenheit, Abwesenheit oder auch Anwesenheit in einem gegebenen Ausmaß. Es ist dann möglich, zu entscheiden, ob sich eine feste Korrelation zwischen den beiden ergibt, womit die Hypothese bestätigt oder verworfen wird." (Whiting und Child 1953, S. 10)*

So kann beispielsweise zwischen zwei gleichermaßen plausiblen Theorien unterschieden werden, welche Bedingungen im Einzelnen für die Determinierung bestimmter Persönlichkeitszüge anzusehen sind. Auch die der gesamten Kultur- und Persönlichkeitsforschung (einschließlich derjenigen Whitings) zugrundeliegende, aber unbewiesene Generalthese, gleiche Erziehungspraktiken bedingten vergleichbare psychische Strukturen, bzw. - allgemein: die frühkindlichen Erfahrungen seien **die** entscheidenden Parameter für die Persönlichkeitsentwicklung - könne mit dem genannten Ansatz eine bessere Validierung erfahren (vgl. jedoch Anm. 29).

In praxi nun geben Whiting und Mitarbeiter in ihre Korrelationssuche nicht Persönlichkeitsmerkmale an sich ein; vielmehr betrachten sie, ähnlich den sekundären Institutionen Kardiners, Glaubenssysteme, Wertvorstellungen usw. als deren Entsprechungen ("projektive Systeme"), die sich durch bessere Operationalisierbarkeit auszeichneten; auf der Ebene der Erziehungsgewohnheiten (Teil der "primären Institutionen", die bei Whiting "maintenance systems" heißen), könnten folgende universale "Verhaltenssysteme" fokussiert werden:

> *"Orales, anales, sexuelles, abhängiges und aggressives - unter der Annahme, daß diese Systeme in allen Gesellschaften vorkommen und von Sozialisationsprozessen abhängig sind." (Whiting und Child 1953, S. 54)*

Im folgenden bemühen sich die Autoren, Erklärungsmodelle in bezug auf Krankheit - als Teil der aus den genannten individuellen Fixierungen entstandenen kulturellen Projektionssysteme - mit den jeweils vorherrschenden Sozialisationspraktiken zu korrelieren. Eines ihrer eindruckvollsten Ergebnisse bezeichnet die Kovarianz "negativer oraler Fixierung" (beispielsweise frühes, abruptes Abstillen, häufige Nahrungsverweigerung) mit der dominierenden Vorstellung der Erzeugung von Krankheit durch Eintritt eines krankmachenden Agens durch den Mund ("orale Erklärung"). Für andere vermutete Zusammenhänge ergaben sich weniger deutliche Korrelationen; nicht bestätigt werden konnte die geforderte Beziehung zwischen stark negativer sexueller Fixierung ("sexual anxiety") und einer Erklärung zur Entstehung von Krankheit, die vorwiegend auf dem sexuellen Bereich entstammenden Begriffen und Vorstellungen fußt.

Eine andere interessante Arbeit von Whiting (u.a.) bezieht sich auf die Funktion männlicher Initiationsriten (Whiting, Kluckhohn und Anthony 1958): Mit Hilfe des beschriebenen statistischen Verfahrens gelingt es ihm, den Nachweis zu führen, daß in Gesellschaften, die gekennzeichnet sind durch ein ausgedehntes nachgeburtliches Sexualtabu und/oder die Tatsache, daß Mutter und jüngstes Kind über lange Zeit gemeinsam schlafen, rigorose und eingreifende Initiationsriten den Eintritt der männlichen Mitglieder ins Erwachsenenalter bezeichnen. Dieser Sachverhalt wird auf die (psychoanalytisch orientierte) Hypothese zurückgeführt, derartige Konstel-

lationen führten sowohl zu starker Mutterbindung des Sohnes als auch zu ausgeprägten feindlichen Gefühlen zwischen Vater und Sohn. Eine radikale Lösung nun erfährt die beschriebene verschärfte und protrahierte ödipale Situation durch die genannten Initiationshandlungen (die ja nicht selten schmerzhafte und bleibende Manipulationen am Genital des Jungen - im Sinne symbolischer Kastration? - durch die erwachsenen Männer bedeuten) (vgl. Reik 1919).
Unter Verwendung der gleichen Daten und Korrelationsmöglichkeiten interpretiert Young die Initiationszeremonien - im funktionalistischen Sinn - als Ausdruck und Verstärkungsmechanismus männlicher Solidarität (Young 1965) - "Bindungen, von denen Sicherheit und Überleben der Gesellschaft abhängen" (Honigmann in seiner Zusammenfassung 1976, S. 300); diese manifestieren sich um so ausgeprägter, je weniger der heranwachsende Junge bisher - aufgrund großer Intimität mit der Mutter - Gelegenheit gehabt habe, sich mit der männlichen Rolle zu identifizieren...

Anläßlich der Frage, warum denn nun die verschiedenen Gesellschaften verschiedene nachgeburtliche Arrangements institutionalisierten, wagt Whiting den Sprung zu einem materialistisch-ökologischen Erklärungsmuster: Es lasse sich eine Korrelation finden zwischen Klima, Anbauweise und Ernährungsgewohnheiten unter tropischen Bedingungen und (konsekutiver) Tendenz des relativen Proteinmangels; weiterhin hätten sich (um diesem zu begegnen, folgert Whiting) in den betroffenen Gesellschaften häufig lange Stillperioden ausgebildet. Voraussetzung hierfür sei jedoch das (nachweislich vorhandene) ausgedehnte nachgeburtliche Sexualtabu, das das frühzeitige Eintreten einer weiteren Schwangerschaft verhindern solle (Whiting 1964).
Die bisher beschriebenen, von Whiting (und Mitarbeitern) gefundenen Zusammenhänge basieren auf in den HRAF dokumentierten ethnographischen Quellen. Mit der Auswertung und Skalierung der relevanten Phänomene waren Personen befaßt, die keine Kenntnis der zu testenden Hypothesen hatten.
Im Anschluß hieran sollten jedoch in einer speziell zu diesem Zweck durchzuführenden Feldforschung die postulierten Gesetzmäßigkeiten einer erneuten Überprüfung unterzogen werden:

> *"Wir beginnen am liebsten mit der ... großräumigen kulturübergreifenden Klassifizierung. Wenn unsere Hypothesen auf dieser Makro-Ebene zuzutreffen scheinen, wenden wir uns, wo immer möglich, der Analyse der besten Feldforschungsfälle zu, oder aber organisieren am besten die Feldforschungsfälle selbst. Schließlich bemühen wir uns, die Hypothese innerhalb einer Kultur zu testen, sofern es genügend individuelle Unterschiede bei den unabhängigen Variablen gibt." (Whiting, J. und B. 1978, S. 51)*

In ihrer prospektiven "Six Culture Study" (Beginn 1955, publiziert 1974) wird eine große Zahl von Daten gesammelt, die sich - neben der Erfassung sozioökonomischer, Haushalts- und Siedlungsstrukturen, typischer Sozialisationspraktiken - auf systematische Beobachtungen von Situationen gründen, in denen Kinder als Interaktionspartner eine Rolle spielen: Viele (transkulturelle) Universalien im Verhalten der Kinder untereinander als auch Erwachsenen gegenüber konnten gefunden werden; ebenfalls aber ließen sich komplizierte Verknüpfungen aufzeigen, unter ihnen der Nachweis einer positiven Kovarianz zwischen den voneinander unabhängigen Größen Haushaltsstruktur und Komplexität der gesellschaftlichen Organisation einerseits mit deutlich verschiedenen Verhaltensmustern der Kinder andererseits (Whiting, J. und B. 1974, S. 12).

Das von Whiting entwickelte Verfahren wird überwiegend als vielversprechender und tragfähiger Neuansatz innerhalb der Kultur- und Persönlichkeitsforschung angesehen (Honigmann 1975, S. 610; Spindler 1978, S. 22).
Harris schreibt:

> *"Trotz ihrer Begrenztheit wird die statistische Methode als der einzig gangbare Ersatz für kontrollierte Laboratoriumsbedingungen angesehen." (Harris 1968, S. 453)*

Wissenschaftstheoretisch scheinen Whiting und Mitarbeiter der Position eines kritischen Rationalismus (im Popper'schen Sinne) nahezustehen, wenn sie formulieren:

> *"... wir haben auch erfahren, daß wissenschaftlicher Fortschritt aus den kreativen Bewegungen resultiert, die sich ergeben, wenn eine Hypothese in einer Art und Weise verworfen wird, daß die Theorie revidiert werden muß. Vermutungen, die als unumstößlich gelten, zu widerlegen, ist produktiver und aufregender, als sie zu illustrieren." (Whiting, J. und B. 1978, S. 43)*

(Dies erinnert natürlich sehr an das behavioristische "trial and error"-Verfahren!)
In diesem Sinne recht konsequent läßt nun die Whiting-Schule ihren Arbeiten sowie insbesondere den methodischen Einzelvornahmen gegenüber sehr selbstkritische Einschätzungen erkennen (Barnouw 1973, S. 184; Bock 1980, S. 152-153).

Neben dem methodologischen Konzeptionswechsel ist bedeutsam Whitings Versuch, die Frage nach der Bedingtheit der Sozialisationspraktiken selbst aufzunehmen - ein Bereich, über den Kardiner keine Aussagen zu machen gewagt hatte (vgl. S. 30 d. vorl. Arb.).
So gelingt es Whiting, für **einzelne** sozialisationsrelevante Institutionen und Arrangements einen möglichen Weg ihrer Determinierung durch ökologisch-materielle

Rahmenbedingungen aufzuzeigen (auch wenn in den meisten Fällen die Zusammenhänge etwas konstruiert erscheinen).

Die verstärkte Ausrichtung auf transkulturell vergleichende Methoden ist der Murdock-Whiting-Schule von einigen zeitgenössischen Anthropologen zum Vorwurf gemacht worden (z.B. Redfield 1953; vgl. Honigmann 1975, S. 610).
Aus ihrem holistisch-deduktiven Selbstverständnis heraus sahen sie das Ganze, das ja mehr sein sollte als die Summe seiner Teile, durch faktorenanalytische Fragmentierung bedroht: Differente Merkmale würden so lange in die Korrelationssuche eingegeben, bis irgendein plausibel erscheinender Zusammenhang sich ergibt...[40]
Einen guten Eindruck dieser Diskussion gibt Campbell (1961): Für ihn sind beide Vorgehensweisen - unter unterschiedlicher Zielsetzung, aber mit der Möglichkeit der gegenseitigen Befruchtung - zulässig (vgl. auch Whiting, J. und B. 1978, in einer begründenden Zusammenfassung ihres Vorgehens).

Sicherlich müssen sich die Vertreter der "cross-culture"-Methode die Frage gefallen lassen, inwiefern es legitim ist, einzelne Daten aus ihrem kulturellen Beziehungsrahmen herauszulösen und darüber hinaus in einem überkulturellen Zusammenhang wieder zueinander ins Verhältnis zu setzen. Eckensberger bezeichnet dieses Problem auch als eines der "funktionalen Äquivalenz" (1970, S. 12): Es sollte sichergestellt sein, daß die verglichenen Daten tatsächlich ähnlichen Bedeutungscharakter besitzen (vgl. "conceptual meaning") - eine Forderung, die wohl kaum jemals optimal zu erfüllen sein wird.[41]
Auch sind die erhobenen Daten zu einem großen Teil an die interaktionalen Prozesse gebunden, die sich zwischen dem Ethnologen und seinem jeweiligen Gegenüber (bzw. dem Untersuchten) einstellen; solche Mechanismen sind es aber, die die Realität (Koepping 1987 spricht von "Authentizität") der Begegnung ständig von neuem konstituieren (vgl. auch "relationale Objektivität" bei Schmitz 1976, S. 6).
Beide vorgenannten Einwände wiegen da um so schwerer, wo es sich um Versuche handelt, solch abstrakte Sachverhalte wie psychische Eigenschaften von Angehöri-

---

40 Die Kritiker der "cross-culture-studies" argumentieren häufig in der Tradition solcher Anthropologen wie Boas und Malinowski, die in ihrem Eintreten für kulturellen Relativismus und die "emische" Sichtweise ("the native's point of view", sprich: der "Blickwinkel der Einheimischen") als die klassischen Vorläufer der genannten - holistischen - Position gelten können (vgl. Eckensberger 1970; Fischer 1981).

Insgesamt sind solche kritischen Stimmen zur "cross-culture"-Methodik jedoch eher die Ausnahme in der zeitgenössischen (US-amerikanischen) Anthropologie (vgl. Kap. I, 5.).

41 Sehr treffend schreibt hierzu schon Boas:

> "*Wenn wir uns dazu entschließen, unsere Klassifikationssysteme auf fremde Kulturen anzuwenden, stellen wir möglicherweise Dinge einander gegenüber, die nicht verglichen werden können. Die ausgesprochene Starre äußerer Bezeichnungen kann zu einem fehlenden Verständnis der tatsächlichen Probleme, um die es geht, führen ...*" (1943, S. 314)

gen einer fremden Kultur zu beschreiben; da diese - wenn überhaupt - nur sehr indirekt zugänglich sind (Verhaltensbeobachtung, tiefenpsychologisch ausgerichtete Gespräche, Tests)[42], erhöht sich sowohl die Wahrscheinlichkeit, funktionell nicht Äquivalentes miteinander in Bezug zu setzen als auch die relative Bedeutung interaktionell-situativer Faktoren als mögliche Fehlerquelle. Gerade aus solchen Überlegungen, die sich dem Einfluß interpersonaler Prozesse in der Feldforschung zuwenden, haben sich die Vertreter der Ethnopsychoanalyse, allen voran und unzweideutig Devereux, sehr kritisch bis ablehnend gegenüber solcher "Methodik" (hier: des interkulturellen Vergleichs) geäußert ...

Weiterhin hinterfragt werden muß die Zuverlässigkeit der in den HRAF gespeicherten Daten; deren Qualität ist offensichtlich ausgesprochen unterschiedlich (Whiting und Child 1953, S. 150; vgl. Narroll 1970). Von Bedeutung ist auch das Galton'sche Problem[43], scheinbar positive Korrelationen eher dann zu erhalten, wenn die untersuchten Fälle realiter (beispielsweise durch Kulturdiffusion) nicht unabhängig voneinander sind.
Aufgrund der hohen Komplexität wirksamer Faktoren und deren Interdependenz erscheint es nun fast willkürlich, Korrelationen, die sich mathematisch ergeben mögen, als Beleg für die gegenseitige Beeinflussung (ausschließlich) der beschriebenen Variablen anzusehen. Mit Hinweis auf solche systematische Verwobenheit in den Bereichen Kultur und Persönlichkeit betont Liegle den Unterschied der hier ablaufenden Vorgänge zu denen des naturwissenschaftlich-klassischen Experiments; während dieses das

> *"**gleiche** Objekt verschiedenen, isolierbaren Bedingungen aussetzt, sind im interkulturellen Vergleich 'im günstigsten Falle **ähnliche** Objekte verschiedenen **Bedingungskomplexen** ausgesetzt, deren einzelne Bestandteile sich in der Regel nicht befriedigend voneinander isolieren lassen'." (Liegle 1980, S. 215 unter Zitierung von: Berstecher 1970, S. 31)*

Zwar kommt die von Whiting (im Anschluß an Kardiner) angebotene Modellvorstellung aufgrund ihrer einfachen Strukturierung dem Aufbau des naturwissenschaftlichen Experiments noch recht nahe; es muß jedoch bezweifelt werden, daß solche Modelle die Realität angemessen zur Abbildung bringen (vgl. Kap. I.5.).

---

42 Dies berührt die Frage der Validität der Operationalisierungsvornahmen: Barnouw betont die mangelnde Diskriminanz von Kriterien für "orale" und "anale" Muster von Krankheitserklärungen bei Whiting und Child (Whiting und Child 1953; Barnouw 1973, S. 187).

43 Galton formulierte dieses Problem anläßlich einer Vorstellung von Tylors Konzept während einer Sitzung des Royal Anthropological Institute (Tylor 1889).

Schwierig - wie bei allen Korrelationsstudien - erweist sich das Auffinden von Kausalbeziehungen (vgl. Youngs funktionalistisch orientierte Begründung der Initiationsriten, S. 44 d. vorl. Arb.),

> *"Korrelationen sind immer für alternative Erklärungen offen. Einfallsreiche Wege können gefunden werden, um Fälle zu erklären, die nicht zur ursprünglichen Hypothese passen, und desgleichen besteht eine starke Versuchung, die Hypothese nach Eingang der Daten zu korrigieren, um einen Eindruck von Stimmigkeit zu erwecken." (Bock 1980, S. 157)*

(Letzteres ist natürlich nichts anderes als eine negative Umformulierung des kritisch-rationalistischen Wissenschaftsideals, zu dem sich die Whiting-Schule ja bekennt).

Als größtes Problem empfindet Harris - "Cross-Cultural-Studies" gegenüber grundsätzlich nicht abgeneigt - die fehlende **historische** Dimension. In dieser Hinsicht unterscheiden sich die Arbeiten von Whiting und seinen Mitarbeitern kaum von den konfigurationalistisch oder am Modell der Basispersönlichkeit ausgerichteten Studien ihrer Vorgänger:

> *"'Selbst wenn wir eine Gruppierung von 'maintenance' - Systemen oder 'primären' Institutionen mit den sie begleitenden, vorhersagbaren psychokulturellen Erscheinungsformen als gegeben annehmen, was wissen wir dann über die Umwandlungswahrscheinlichkeiten der primären Institutionen und ihrer jeweiligen Abbildungen auf der Ebene der Persönlichkeit? ... selbst wenn wir die Rückkopplung zwischen primären Institutionen und Basispersönlichkeit als gegeben annehmen ... können wir nicht einfach einen Gleichgewichtszustand annehmen, dabei aber der Frage aus dem Wege gehen, wie und wann dieser Rückkopplungsmechanismus unterbrochen wird." (Harris 1968, S. 454)*

Dies bedeutet u.a., daß Prozesse kulturellen Wandels in den "eingefrorenen" HRAF-Daten kaum ihren Niederschlag gefunden haben; insbesondere auch die Tatsache der möglichen "Ungleichzeitigkeit" der verschiedenen kulturellen und psychischen Elemente einer im sozialen und historischen Wandel sich befindenen Gesellschaft (bzw. eines solchen Individuums) bringt für den transkulturell-vergleichenden Ansatz erhebliche - um nicht zu sagen: unüberwindliche - Probleme mit sich (vgl. Erdheim 1984, S. 186f. und S. 147 d. vorl. Arb. zum Phänomen der "Ungleichzeitigkeit").

So scheint die hier beschriebene transkulturell-statistische Methode in der psychologisch orientierten Ethnologie m.E. nur zur Testung engumgrenzter und sehr spezieller Hypothesen tauglich; daß diesem Verfahren der "große Wurf" (bezüglich inhaltlicher Aussagen auf einer höheren Ebene) nicht gelungen ist, wurde schon bei der Vorstellung der Ergebnisse der Whiting'schen Studien deutlich.[44] Tatsächlich haben sich die Vertreter solchen Vorgehens auch zunehmend ganz ausgewählten kulturellen Merkmalen zugewandt, die sie mit ebensolchen sehr speziellen Phänomenen aus dem psychologischen Bereich in Verbindung zu bringen suchen (Eckensberger und Krewer 1985, S. 120; vgl. Kap. III).

---

44 Offensichtlich sind die Ergebnisse Whitings und seiner Mitarbeiter auch nicht überzeugend als Beleg für die Stimmigkeit der psychoanalytischen Grundprämissen heranzuziehen (Jahoda 1982, S. 119) - wiewohl andere Autoren gegenteiliger Ansicht sind (z.B. Kline 1977). Whiting selbst äußert sich diesbezüglich ebenfalls sehr skeptisch (Harrington und Whiting 1972, S. 482).

Nichtsdestotrotz liefern die Arbeiten Whitings eine Unzahl interessanter und vielfältiger Detailerkenntnisse.

5. Zusammenfassung, Kritik und Résumé

Zusammenfassung

Die Kultur- und Persönlichkeitsforschung steht für die Integration psychoanalytischer Theorieelemente in die (kulturrelativistisch orientierte) amerikanische Anthropologie. In der Ablehnung des für Freuds Kulturtheorie charakteristischen Evolutionismus vergibt die neue Richtung jedoch im weiteren die Chance einer historischen Perspektive (Harris 1968, S. 462). Mit den Konfigurationalisten, die die Identität gesellschaftlicher und psychischer Strukturen voraussetzen ("Isomorphismus", Beuchelt 1974, S. 30 und Bock 1980, S. 111), ist der Weg gebahnt zu einer stärkeren Gewichtung von Kultur gegenüber ihrer Position als abhängiger Variable im Freud' schen Modell: In der Verwerfung bzw. Nicht-Berücksichtigung seiner Triebtheorie durch diese Schule festigt sich das Bild von Homogenität und innerer Kohärenz unter zunehmender Vernachlässigung konflikthafter Vorgänge.
Die erneute Hinwendung zu Fragen des Sozialisationsprozesses, allerdings jetzt unter dem Vorzeichen der primär kulturellen Determinierung, kennzeichnet die Linton-Kardiner'sche Theorie (Spindler 1978, S. 16):
Basierend auf der "Trennung" der beiden Bereiche Kultur und Persönlichkeit verstehen ihre Anhänger "Enkulturation" als Formung von (mehr oder weniger) homogenen und jeweils kulturspezifischen Standardpersönlichkeiten ("Culture internalizing model", Spiro 1978, S. 355-356 bzw. "ontogenetischer Relativismus" im Gegensatz zu Freuds "phylogenetischem Universalismus", Schoene 1966, S. 112).
Von Freud übernommen wird die Betonung der frühkindlichen Erfahrungen für die weitere Persönlichkeitsentwicklung, wobei diese aber in der Kultur- und Persönlichkeitsforschung zunehmend den Charakter **ausschließlicher** Determinanten erhalten. Auch der der (individuellen) Neurosenlehre entstammende Begriffsapparat ist bei Freud entlehnt, wird jetzt allerdings zur Bezeichnung ganzer - insbesondere sozialisationsrelevanter - Kulturphänomene (und damit zur Charakterisierung der Basispersönlichkeit) eingesetzt. Neue qualitative Verfahren, so projektive Tests, werden in die ethnologische Praxis eingeführt: Feldforschung wird zum Testfall für das theoretische Modell (DuBois 1944/1961).
Seine extreme Form erreicht das Konzept der Basispersönlichkeit mit den Studien zum Nationalcharakter: Hier handelt es sich um indirekte Analysen großräumiger und komplexer - "moderner" - Gesellschaften mit Hilfe der Bearbeitung von Literatur, Filmmaterial, politischer Propaganda usw.
Zumeist sind es Untersuchungen über Länder wie Deutschland, Japan und die Sowjetunion. Sie wurden während des II. Weltkrieges von der US-amerikanischen Regierung in Auftrag gegeben und können demzufolge nur aus dem politisch-ideologischen Klima dieser Zeit heraus begriffen werden. Mit den genannten Nationalcharakterstudien hat die ganzheitlich ("holistisch") orientierte Kultur- und Per-

sönlichkeitsforschung ihren Höhe- und gleichzeitig Wendepunkt erreicht: so wurde zum einen der sehr fragwürdige methodologische Ansatz einer solchen Ethnologie "auf Distanz" (vor allem innerhalb des Faches) angegriffen; durch ihre sehr unsicheren Vorannahmen, ihre ausgesprochen pauschalisierenden (und häufig falschen) Aussagen und die absurden Kausalkonstruktionen haben die Nationalcharakterstudien weiterhin dazu beigetragen, die gesamte Kultur- und Persönlichkeitsforschung - insbesondere auch in den Nachbardisziplinen - in Mißkredit zu bringen.
Die Anwendung statistischer Methoden ist die Antwort der Whiting-Schule auf solche seit den 50er Jahren von Vertretern des Empirismus erhobenen Vorwürfe, die Kultur- und Persönlichkeitsforschung sei "soft", mit anderen Worten nicht wissenschaftlich fundiert (Williams 1975, S. 19; vgl. S. 45 d. vorl. Arb.).
Behavioristische Elemente - unter Beibehaltung des bisherigen Konzepts von Sozialisation als primär kulturell determiniertem Prozeß - ermöglichen die erforderlichen Operationalisierungsvornahmen: Einzelne Phänomene werden miteinander korreliert unter Fragmentierung der ganzheitlichen Struktur (Spindler 1978, S. 33).

Nach der Einschätzung vieler Autoren wird die Kultur- und Persönlichkeitsforschung seit den 50er Jahren mit einer Reihe kritischer bis ablehnender Einschätzungen konfrontiert, die zu einem Rückgang des ursprünglichen Enthusiasmus geführt haben, wie er beispielsweise anläßlich der Vorstellung des Kardiner'schen Modells aufgekommen war (Siegel 1970; Williams 1975; Spindler 1978; Shweder 1979; Bock 1980).
Es soll im folgenden versucht werden, einige dieser zentralen Kritiken aufzugreifen und die Kultur- und Persönlichkeitsforschung einer abschließenden Bewertung zu unterziehen; hierbei wird es allerdings - aufgrund der Komplexität und Interdependenz der Sachverhalte - zu einigen Überschneidungen kommen.

Kritik

These der frühkindlichen Prägung

Die meisten Vertreter der Kultur- und Persönlichkeitsforschung scheinen diese Grundannahme der psychoanalytischen Entwicklungslehre in vereinfachter Form, d.h. unter Auslassung der triebdynamischen und topischen Aspekte, übernommen zu haben (Bock 1980, S. 132). Orlansky zieht in einem frühen Aufsatz die Vorstellung der personalen Kontinuität in Zweifel (1949). Auch Lindesmith und Strauß betonen - aus neopositivistischer Perspektive - die Schwierigkeit, Persönlichkeit ("Reaktionssysteme") zu differenzieren nach Teilen, die relativ konstant über einen längeren biographischen Zeitraum gefunden werden können und solchen, welche flexibler und zeitlich-situativ wandelbar sich darstellen: wäre es tatsächlich problemlos möglich, solcherart verschiedene Persönlichkeitsanteile (bzw. Verhaltensweisen!) - insbesondere in ihrem Verhältnis zueinander und ihrer jeweiligen lebens-

geschichtlichen Dominanz - näher zu bezeichnen, hätte man ja die Entscheidungskriterien in bezug auf Ablehnung bzw. Annahme der These von der frühkindlichen Prägung gefunden (Lindesmith und Strauß 1950/1968, S. 449).
Lapidar schreibt Harris:

> *"General Motors, das Pentagon und die Madison Avenue haben möglicherweise einen größeren Einfluß auf den Lebenszyklus der bezeichnendenden amerikanischen historischen und kulturellen Persönlichkeit als die Kernfamilie mit all ihren formellen und informellen kindlichen Erziehungspraktiken." (Harris 1968, S. 459)*

Ähnlich betonen auch die Vertreter eines "interaktionistischen", noch stärker diejenigen eines "situationstischen" Ansatzes die Bedeutung dynamischer und situativer interpersoneller Mechanismen gegenüber der Vorstellung einer monolithischen personalen Identität, wie sie dem Begriff von "Persönlichkeit" (im Sinne von Charakter) zugrunde liege (beispielsweise Goffman 1959; in neuerer Zeit Magnusson und Endler 1976 oder Shweder 1979/1980).
Doch auch aus psychoanalytischer Sicht kommt Kritik: Hier wäre z.B. Erikson als ein der sog. "Ich-Psychologie" nahestehender Theoretiker zu nennen, der Identitätsfindung als "allmähliche Entfaltung der Persönlichkeit durch phasenspezifische, psychosoziale Krisen" auffaßt (1966, Zitat n. Hoffmann 1984, S. 129).
Allerdings wird von den Vertretern dieser (psychoanalytischen) Denkrichtung(en) auch immer wieder auf die Bedeutung des "emotionalen Klimas" zwischen Bezugspersonen und Kind hingewiesen. Dies würde die These der Prägung von Persönlichkeit durch institutionelles - und damit der Beobachtung gut zugängliches - Sozialisationsverhalten stark relativieren, könnte aber die von Orlansky (1949) gefundenen Inkongruenzen bzw. die häufig recht dürftigen Ergebnisse der Whiting'schen Korrelationsstudien erklären (vgl. Anm. 29).
Akzeptiert man jedoch, wie dies einige Kultur- und Persönlichkeitstheoretiker auch tun (Goldfrank 1945; Kluckhohn 1947), deutlich mehr lebensgeschichtliche Momente bzw. Phasen bis hin zum "emotionalen Klima" als bedeutsam für die Persönlichkeitsentwicklung, gerät die simple These der "frühkindlichen Prägung" zunehmend ins Wanken. Entsprechend wird mit größeren Variationsmöglichkeiten die Wahrscheinlichkeit um so geringer, innerhalb einer Kultur eine große Zahl homogener und konstanter (Basis-) Persönlichkeiten zu finden ...[45]

---

45 Die These von der frühkindlichen Prägung ist in einer weiteren Hinsicht in Frage zu stellen: Schließlich war die "Entdeckung" der Tragweite ungünstiger Einflüsse und Konstellationen in der Kindheit und deren Bedeutung für die Persönlichkeitsentwicklung eine der theoretischen Voraussetzungen, die es Freud ermöglichten, die **psychischen Störungen** seiner Patienten (zumeist erfolgreich) zu behandeln: Mit großer Wahrscheinlichkeit weist das Kind in dieser Zeit tatsächlich eine große innere Verletzlichkeit auf und wird auf (im weitesten Sinne!) traumatisierende Erfahrungen mit lang anhaltenden oder dauerhaften Folgeerscheinungen reagieren; dies ist jedoch - auch für Freud (vgl. Laplanche und

Insgesamt kann die These von der frühkindlichen Prägung so nicht aufrechterhalten werden:
So repräsentiert m.E. die genannte, am Situationismus orientierte Kritik eine zwar einseitige, im Ansatz jedoch durchaus berechtigte Gegenposition zum starren Persönlichkeitsmodell der Kultur- und Persönlichkeitsforschung: wahrscheinlich liegt die "Wahrheit" irgendwo "in der Mitte" zwischen diesen beiden Standpunkten (m.a.W.: einer "interaktionistischen" Position; vgl. Häcker 1988): Bestimmte charakterliche Dispositionen können nur in Verbindung mit kontextuellen Rahmenbedinungen, keineswegs im "luftleeren Raum", in Erscheinung treten; bedeutet dies nun eine gewisse situationsabhängige Variabilität der "Charakterstruktur", so ist diese natürlich keineswegs unbegrenzt.[46]
Daneben erscheint es mir angemessen, für die Persönlichkeitsbildung - ein solches Konstrukt "Persönlichkeit" einmal akzeptiert - auch spätere Lebensphasen (als die der frühen Kindheit) als bedeutsam anzuerkennen. Hier hat der Psychoanalytiker Erikson mit seinem Phasenmodell einen gangbaren Weg aufgezeigt (vgl. ebf. die "neuere" Ethnopsychoanalyse, insbesondere die Thesen Erdheims in Kap. II, 2.).

Mangelnde Kausalität, Frage der Tautologie

Nicht sicher belegt ist die Annahme der (klassischen) Kultur- und Persönlichkeitsforschung, allein die Sozialisationspraktiken, die "primären Institutionen" bei Kar-

---

Pontalis 1982, S. 517) - kein obligatorischer Mechanismus, sondern ähnelt anscheinend jenem Phänomen der somatischen Medizin, wonach keineswegs jedes krankmachende Agens (bzw. eine solche Situation) die entsprechende Krankheit bei jedem ihm (ihr) ausgesetzten Individuum hervorruft (vgl. hierzu jedoch Kardiners Formulierung über die Leute auf Alor, wonach die dortigen Erziehungspraktiken ein "zutiefst unsicheres und isoliertes Individuum hervorbringen **müßten**": Kardiner 1945, S. 169 und S. 27 der vorliegenden Arbeit; Hervorhebung M.A.). Sehr aufschlußreich in diesem Sinne ist auch eine neuere Untersuchung von Tress (1986).

M.a.W.: Die Rückortung des Beginns später gefundener schwieriger Entwicklungsverläufe in die Zeit der frühen Kindheitsphase - die Ausgangsposition Freuds - berechtigt nicht ohne weiteres zu dem - erweiterten - Umkehrschluß, diese Zeit als die alles entscheidende Phase für die **allgemeine Persönlichkeitsentwicklung** zu postulieren (Vgl. Lorenzer in Görlich, Lorenzer, Schmidt 1980, S. 308, der den Schritt von der individuellen psychoanalytischen "Pathophysiologie" hin zur psychoanalytischen Entwicklungslehre auch als "didaktischen Kunstgriff" bezeichnet).

46 Diese Diskussion erinnert auch sehr an Riesman, der nicht einer der genannten Theorien den Vorzug gibt, sondern "tendenziell stabile Charakterstruktur" versus "Situationsabhängigkeit" als typologische Eigenschaften jeweils unterschiedlicher Personen(gruppen) postuliert; in seiner Terminologie sind dies "inner direction" gegenüber "other direction" (Riesman, Glazer und Denney 1961).

Speziell beziehen die Genannten "inner direction" auf den historischen Sozialtypus des innovativ-durchsetzungsfähigen, nach eigenen Grundsätzen handelnden und ausdauernd sein Ziel verfolgenden Unternehmers der bürgerlich-industriellen Neuzeit (insbesondere zu Beginn und in der Hochphase der Industrialisierung).

diner, "maintenance systems" bei Whiting, seien die entscheidenden Parameter der Persönlichkeitsentwicklung. Viele andere Kausalitätsbeziehungen sind möglich:
Auf öko-biologische Ursachen als mögliche Erklärung vorfindbarer Persönlichkeitszüge und/oder Verhaltensmuster verweist schon DuBois (vgl. S. 28 d. vorl. Arb.).
Die (von ihm angenommene) Bedeutung chronisch-hypokalzämischer Zustände für die Entstehung der "arktischen Hysterie" zeigt der ökobiologisch orientierte Anthropologe Wallace (1961). Auch eine aus der besonderen Ernährungssituation der Polarbewohner resultierende übermäßige Vitamin-A-Zufuhr wird von ihm in diesem Zusammenhang diskutiert (1972).
Ähnlich verweist Bolton in seiner elaborierten Untersuchung auf den (klinisch gesicherten und) von ihm bei den Quolla, Peru, gefundenen Zusammenhang von wiederholtem Blutzuckerabfall aufgrund stark wechselnder, insgesamt mangelhafter Ernährungsmöglichkeiten und ausgeprägt aggressiven Verhaltensmustern (1973 und 1981).

Gerade auch die sozialen und lebensgeschichtlichen Erfahrungen eines Einzelnen bzw. eines ganzen Volkes gilt es, in viel stärkerem Maße zu berücksichtigen. Exemplarisch wurde hier genannt die Kritik Vidichs an DuBois' Studie (vgl. "Exkurs" I) oder auch der Harris'sche Kommentar im Abschnitt über die "frühkindliche Prägung" (vgl. McClelland 1981). Als Psychoanalytiker beschäftigt sich **Bettelheim** mit solchen biographischen Extremsituationen des Erwachsenenalters, die die weitere psychische Entwicklung bestimmen: Die eigenen Erfahrungen, die Bettelheim als Häftling in einem deutschen Konzentrationslager machen mußte, veranlaßten ihn, die psychischen Deformierungen unter Bedingungen des KZ-Alltags näher zu untersuchen und eine psychoanalytisch orientierte Interpretationsmöglichkeit für die bleibenden seelischen Veränderungen der Überlebenden zu liefern (Bettelheim 1943 und 1960/1971).[47]

---

[47] Bettelheim machte während seiner Internierung im KZ in den Jahren 1938-39 einige aufschlußreiche Beobachtungen:

Nach seiner Ansicht sei es den Nazis vor allem darum gegangen, die Persönlichkeit und den Widerstandswillen der Häftlinge systematisch zu zerstören und gleichzeitig sie in eine Art infantile Abhängigkeit zu ihren Wächtern zu manövrieren.

Zu Anfang noch hätten sich die Neuankömmlinge unter den Gefangenen in einer Situation von Verleugnung befunden, die aus den traumatischen Erfahrungen von Inhaftierung und Mißhandlung auf dem Weg ins Lager entstanden sei; die Funktion dieser Verleugnung habe darin bestanden, das Ego (im Sinne von Selbstgefühl, Identitätsbewußtsein) dieser Menschen gegen die äußeren Angriffe intakt zu halten.

Im weiteren Verlauf reagierten verschiedene Gruppen von Gefangenen (Kriminelle, politische, Angehörige der Mittel-, Oberschicht) jeweils unterschiedlich auf die psychischen und physischen Angriffe ihrer Peiniger, wobei bis zu einem Zeitraum von ca. 3 Jahren die Inhaftierten frühere Verhaltensweisen und Persönlichkeitsmuster in ihren Reaktionen erkennen ließen.

Nach längerer Aufenthaltsdauer habe Bettelheim dann zunehmend eine Verkümmerung des Interesses am Geschehen außerhalb des Lagers feststellen können; alles, was im Lager passierte, habe den Cha-

In bezug auf den möglicherweise tautologischen Charakter der Gesamtkonstruktion "Kultur und Persönlichkeit" schreibt LaBarre:

> *"'Kultur' und 'Persönlichkeit' sind beides Abstraktionen, auf verschiedenen Ebenen, jedoch aus denselben Daten hervorgegangen ..." (LaBarre 1978, S. 264; vgl. auch Lindesmith und Strauß 1968, S. 441; desgleichen S. 32 d. vorl. Arb.)*

Die Ursache dieser inneren Tautologie liegt wahrscheinlich in der gedanklichen Reduzierung des (allgemeinen) Persönlichkeitsbegriffs auf die Idee der Basispersönlichkeit als dem geronnenen Niederschlag determinierender kultureller Faktoren - die sozusagen das als "tabula rasa" bzw. "empty box" (Spiro 1978, S. 333 und 335) begriffene zu "enkulturierende" Individuum beschriften bzw. mit Inhalt füllen (vgl. These der "kulturellen Determinierung" im folgenden).
Auf praktischer Ebene stellt sich das Konzept folgendermaßen dar:

> *"So kann, wenn bestimmte Charakterzüge als Teil der 'Persönlichkeits-Grundstruktur' eines Volkes behauptet werden, sehr einfach der unberechtigte Schritt getan werden, ein bestimmtes Verhalten als eine Manifestation oder Wirkung eines bestimmten Charakterzuges zu betrachten." (Lindesmith und Strauß 1968, S. 441)*

Insbesondere am Beispiel von DuBois' Studie "The people of Alor" (vgl. "Exkurs" I) habe ich mich bemüht, die innere Verschränkung der beiden Phänomene "Kultur" (zumindest bezüglich ihrer für die Persönlichkeitsformung postulierten Anteile) und

---

rakter totaler Realität bekommen - dies bis zu einem solchen Ausmaß, daß einige Angst vor einer möglichen Rückkehr in die "Außenwelt" entwickelt hätten!

Ganz besonders erstaunlich erschien ihm die Neigung vieler langjähriger Gefangener, Verhalten und Erscheinung der KZ-Wächter zu imitieren: andere Insassen zu bestrafen, sich mit Uniformteilen der SS/Gestapo auszustatten und zunehmend sogar die politisch-moralische Ideologie ihrer Schergen zu übernehmen - für Bettelheim ein typisches Beispiel für den in der Psychoanalyse beschriebenen Abwehrmechanismus der "Identifizierung mit dem Aggressor".

Allerdings - gibt Bettelheim zu bedenken - kennzeichnete das zuletzt beschriebene Verhalten keinesfalls erschöpfend die Reaktionsweisen der "Alteingesessenen": diese hätten - bei anderer Gelegenheit und häufig unter hohem persönlichen Risiko - Fluchthilfe geleistet oder auf andere Art Solidarität mit ihren Mitgefangenen bewiesen, wobei sie ihre langjährigen Erfahrungen, guten örtlichen Kenntnisse usw. nutzbringend zur Verfügung stellen konnten.

Für Bettelheim sind die hier dargestellten Vorgänge der Beweis dafür, in welcher kurzen Zeit drastische Persönlichkeitsveränderungen durch solche "extremen Situationen" (im Erwachsenenalter!) bewirkt werden können. -

Offensichtlich machen sich ja auch heutige ideologische Umerziehungslager die Möglichkeiten derartiger systematischer Persönlichkeitsbeeinflussung und Persönlichkeitszerstörung zunutze.

"Persönlichkeit" aufzeigen: Da eine echte Systemunabhängigkeit der von DuBois für die beiden Bereiche "gelieferten" Daten m.E. nicht gegeben war - und im ethnologischen "Setting" der klassischen Kultur- und Persönlichkeitsforschung wahrscheinlich auch überhaupt nicht möglich ist (vgl. die geschilderten Übertragungs- und Gegenübertragungsphänomene), sollte auf die fiktive Trennung von "Kultur" und "Persönlichkeit" verzichtet werden. Damit entfällt jedoch gleichzeitig die logische Grundlage für das angenommene Kausalverhältnis von Kultur als unabhängiger, Persönlichkeit als abhängiger Variable (vgl. These der "kulturellen Determinierung").

These der Uniformität

Ein Großteil der Kultur- und Persönlichkeitstheoretiker postuliert das Vorhandensein eines (realen oder virtuellen) Basis-Persönlichkeitstyps für jede Kultur.
Auf dessen Suche macht sich Wallace (1952). Angeregt durch Kritik aus dem empirischen Lager (vgl. S. 33 und S. 64 d. vorl. Arb.): daß mit zunehmender Konkretisierung das theoretische Konstrukt immer weniger faßbar werde - führt er mit einer großen Anzahl von Tuscarora- und Ojibwa-Indianern projektive Tests durch, deren Ergebnisse statistisch aufgearbeitet werden:
In die Kategorie der von ihm mit Hilfe von 21 Kriterien geschaffenen "Modal class" fällt nur etwa ein Drittel der Tuscarora und sogar nur 5% der Ojibwa!
Die große Variationsbreite innerhalb der einzelnen Gruppen läßt ihn zu einer Ablehnung der Uniformitätsthese kommen:

> *"Eine Kultur ist ... in ihrem Gehalt nicht durch das Konzept der Uniformität charakterisierbar, sondern mit dem der Verschiedenartigkeit sowohl der Individuen als auch der Gruppen, von denen viele sich in einem beständigen und offenen Konflikt in dem einen, hingegen in aktiver Kooperation in einem anderen Subsystem befinden." (Wallace 1961, S. 24)*

Neben gewissen Parallelen zum Marx'schen Gesellschaftsmodell, welches die Konflikthaftigkeit im Verhältnis der gesellschaftlichen Gruppen betont, zeigen sich bei Wallace auch Ähnlichkeiten mit Durkheims Konzept der "organischen Solidarität" (ohne daß dieser jedoch Erwähnung findet: Durkheim 1893).

Offensichtlich ist die Annahme einer solchen Basispersönlichkeit, wie Kardiner sie propagiert hatte, bei näherem Hinsehen nicht mehr haltbar. Besonders deutlich hatten dies die Nationalcharakterstudien gezeigt, die die Mitglieder großräumiger, komplexer Staatengebilde auf einen solchen psychologischen Grundtypus festschreiben wollten: die Vertreter dieses Denkens setzten sich nonchalant über gesell-

schaftliche Widersprüche, Klassenstrukturen, historische und soziale Wandlungsprozesse hinweg.
Doch auch in weniger komplex strukturierten Gesellschaften gibt es unterschiedliche Interessen, Rollenverteilungen, sozioökonomische Positionen und Wertvorstellungen der einzelnen Individuen. Daß auch hier keineswegs - und nicht einmal modellhaft - von einem vorherrschenden Persönlichkeitstypus ausgegangen werden kann, ist eine naheliegende Konsequenz.[48] Selbst DuBois scheint dies zu erahnen, wenn sie im Vorwort zur zweiten Auflage ihrer Monographie über Alor den Begriff der "Modalpersönlichkeit" einführt und zudem formuliert, die innergesellschaftliche Variation zwischen den einzelnen Persönlichkeitstypen sei wahrscheinlich größer als die zwischen den modalen Klassen verschiedener Gesellschaften (vgl. S. 33 d. vorl. Arb.).[49]
Solchen Mangel an prozeßorientiertem, in widersprüchlichen (dialektischen) Kategorien sich bewegendem Denken beklagt - auf etwas allgemeinerer Ebene - Adorno im Rahmen seiner Auseinandersetzung mit den zu dieser Zeit vorherrschenden Strömungen der amerikanischen Soziologie (bzw. Sozialwissenschaften) (vgl. Anm. 48):

> *"Zentral ist der antagonistische Charakter der Gesellschaft, und er wird von der bloßen Generalisierung eskamotiert. Der Erklärung bedarf eher die Homogenität selbst, sofern sie menschliches Verhalten dem Gesetz der großen Zahl unterwirft, als ihre Absenz." (Adorno 1957, S. 252)*

---

48 Übrigens hatte auch Linton vor seiner Zusammenarbeit mit Kardiner im Rahmen eines behavioristischen Ansatzes die These einer statusabhängigen typischen Persönlichkeit ("status personality") vertreten (Linton 1936/1964, S. 476f.).

Die Tatsache, daß sich Kardiners Konzept trotz seiner geringeren Differenziertheit offensichtlich durchgesetzt hat, spricht zum einen für Kardiners dominierende Rolle in der Zusammenarbeit beider Wissenschaftler. Daneben kommt es aber auch gewissen Elementen des amerikanischen Selbstverständnisses besser entgegen: Die Erwähnung von Klassen- und Interessensgegensätzen, - generell das u.U. konflikthafte Verhältnis gesellschaftlicher Strukturen und Gruppierungen (einschließlich damit zusammenhängender psychischer und motivationaler Ausstattungen der jeweiligen Individuen) - erinnert zu sehr an marxistische Agitation und läuft der zwar liberalen, aber geschichtslosen "melting pot"-Ideologie und der Fiktion des einheitlich-modernen amerikanischen Typus' entgegen (vgl. Devereux 1978, S. 265 und "Exkurs" II der vorliegenden Arbeit).

Die relative Ausblendung konflikthafter Prozesse, durch die sich das Kardiner'sche, letztlich auch Lintons Modell auszeichnet, findet ihre Entsprechung in den harmonisierenden Auffassungen der zeitgenössischen US-amerikanischen Soziologie (hier insbesondere der struktur-funktionalistischen Theorie Parsons).

49 Erstmalig war die genannte These von Kaplan (1954) anläßlich der Auswertung von Rorschach-Tests aus vier verschiedenen Gesellschaften aufgestellt worden; sie ist eine der wichtigsten Herausforderungen an den Grundgedanken der klassischen Kultur- und Persönlichkeitsforschung, der für jeweils spezifische kulturelle Milieus unterschiedliche, aber zum Milieu **korrespondierende** Persönlichkeitsstrukturen vermutet.

Die späte Hinwendung zu einer Auffassung von "Kultur und Persönlichkeit", die gekennzeichnet ist durch Merkmale von (heterogener) Prozeßhaftigkeit, beweist zwar die Lernfähigkeit der jüngeren Vertreter der Kultur- und Persönlichkeitsforschung, nimmt dieser Schule jedoch eins ihrer tragenden Axiome. Sehr weise, aber wenig hilfreich schreibt Schwartz:

> *"Eine Kultur ist weder homogen noch heterogen; vielmehr hat sie eine komplexe Struktur aus Gemeinsamkeit und Verschiedenartigkeit." (Schwartz 1978, S. 439)*

Projektive (Test-) Verfahren

Derartige Verfahren wurden seit etwa Beginn der 40er Jahre in der ethnologischen Forschung angewandt (so Henry 1941; DuBois 1944).
Barnouw schreibt zur Akzeptanz solcher Tests durch die jüngere Kultur- und Persönlichkeitsforschung:

> *"Das Interesse an projektiven Tests, inclusive des Rorschach-Tests, ist in den letzten Jahren abgeklungen." (Barnouw 1973, S. 314)*

Im gleichen Sinne äußert sich Bock (1980, S. 99). Hingegen schreibt Spindler:

> *"Es gibt gewisse Anzeichen, daß es zu einem Wiederaufleben solcher Vorgehensweisen kommt." (Spindler 1978, S. 27)*

Schon seit der Einführung der genannten Tests wurden kontroverse Einschätzungen abgegeben (Barnouw 1973, S. 311); insbesondere neo-behavioristisch orientierte Wissenschaftler stehen ihnen ablehnend gegenüber (Lindesmith und Strauß 1968), wohingegen eine eigentümliche Koalition aus psychoanalytisch und transkulturell-statistisch arbeitenden Ethnologen sie überwiegend befürwortet.
Barnouw nun gehört zu den optimistischsten Verfechtern solcher Tests, vor allem des Rorschach-Tests:

> *"... die Verwendung des Rorschach-Tests hat sich oft als sehr erhellend erwiesen und zudem zu Informationen geführt, die in enger Übereinstimmung mit solchen aus anderen Quellen stehen ... Der Rorschach-Test scheint oft zu 'funktionieren'." (Barnouw 1973, S. 312)*

Als seine Vorteile empfindet er u.a. die Möglichkeit zur Aufdeckung ansonsten verborgen gebliebener Sachverhalte; weiterhin sei er gerade aufgrund seiner Unstrukturiertheit und geringen Konkretheit zur Anwendung in verschiedenen kulturellen Milieus geeignet; er setze keine Alphabetisierung bei den Adressaten voraus, und diese könnten auch verschiedenen Altersgruppen angehören ... (Barnouw 1978, S. 65).
Kaplan (1961) betont die Frage der Repräsentativität der getesteten Personen; weiterhin warnt er vor der Vorstellung, "die Persönlichkeit sei im Mikrokosmos des Testprotokolls eingefangen" (Kaplan 1961, S. 238). Wichtig sei es, die Testsituation immer wieder neu zu analysieren und auf Störeinflüsse hin zu hinterfragen; in Ermangelung lokaler Normen müßten Interpretationen, insbesondere interkulturelle Vergleiche, äußerst kritisch vorgenommen werden. Auch sollten nur engumgrenzte Phänomene (motivationale und kognitive Systeme bei Kaplan) untersucht werden.
Unter solchen Einschränkungen seien projektive Tests ein sinnvolles Hilfsinstrument innerhalb eines breit angelegten multidimensionalen Vorgehens (Spindler 1978, S. 196).[50]

Einen sehr guten und differenzierten Überblick gibt Spain. Er zeigt, wie wenig die Probleme bei der transkulturellen Anwendung projektiver Tests wirklich gelöst sind; so kommt er dann zu dem eher enttäuschenden Schluß:

> *"Dennoch ... wird die Verwendung projektiver Tests in der psychologischen Anthropologie nicht zum kompletten Scheitern verurteilt, aber doch von beträchtlicher Frustration begleitet sein." (Spain 1972, S. 299)*

Kulturelle Determinierung

Die Kultur- und Persönlichkeitsforschung muß in der Boas'schen relativistischen und anti-evolutionistischen Tradition gesehen werden; daneben steht sie für das Bemühen, mit Hilfe der Synthese kultureller und psychologischer Aspekte ein Gegengewicht zu setzen gegen die extreme, ebenfalls auf Boas sich berufende "culture sui generis"-Auffassung der "Kulturalisten" einerseits (beispielsweise Kroeber 1917 oder 1952; ähnlich White 1947; vgl. Spindler 1978, S. 13 und 14, sowie "Exkurs" II d. vorl. Arb.) und den "psychologischen Reduktionismus" der klassischen Psychoanalyse andererseits, z.B. bei Róheim (vgl. Anm. 52).
Zunehmend erliegt jedoch auch die neue Richtung der Versuchung des kulturellen Determinismus: zentraler Gesichtspunkt, beginnend mit der Hochphase der Kultur-

---

50 In dem Maße jedoch, wie der gesamtkulturelle Rahmen bei der Interpretation von Rorschach-Tests berücksichtigt wird, geht der (postulierte) Vorteil der "blinden" Auswertung: Tests als unabhängige, der Validierung dienende Datenquelle (vgl. das Vorgehen DuBois', "Exkurs" I), verloren.

und Persönlichkeitsforschung in den 40er und 50er Jahren bis zur Gegenwart, sei mittlerweile "ein unverhülltes und heftiges Interesse am Schicksal von Individuen innerhalb bestimmter kultureller Gegebenheiten" (Williams 1975, S. 4). Im gleichen Sinne schreibt Spindler:

> *"Wie auch immer der Prozeß der Wechselwirkungen zwischen kulturellem und psychischem Bereich aussehen mag, Kultur wurde als dem Individuum zeitlich vorgängig und, bezüglich des Kausalzusammenhangs, als übergeordnet angesehen, und, bis fast zur Gegenwart, ohne Verbindung zu einer biologischen oder technologischen bzw. kulturökologischen Basis gedacht." (Spindler 1978, S. 16)*

Die Einschätzung von Kultur als homogenem Bedingungsgefüge - in Zusammenhang mit dem erwähnten "tabula rasa"-Konzept - ist innerlich verknüpft mit der These der uniformen Prägung eines Großteils der Mitglieder einer Gesellschaft.

Zudem besteht ein logischer Zusammenhang mit der These der frühkindlichen Prägung: wird "Sozialisation" (hier: "Enkulturation") in erster Linie in der frühen Kindheit angesiedelt, so muß zwangsläufig von einem einseitigen "Prägungsprozeß" ausgegangen werden: gerade im Kleinkindesalter wird eher vom Aufnehmen der Umwelteinflüsse zu sprechen sein als davon, daß das Kind - abgesehen von seiner bloßen Existenz und dem damit verbundenen Wirkpotential! - aktiv auf seine kulturelle Umwelt Einfluß nimmt...

Der kulturelle Determinismus der (klassischen) Kultur- und Persönlichkeitsforschung nun ist als ein Sonderfall innerhalb einer allgemeineren, umweltdeterministisch argumentierenden Sozialisationstheorie aufzufassen (vgl. Liegle 1980, S. 201).[51]
Prinzipiell kann auf die sehr einseitige Hervorhebung kultureller Prägemechanismen auf unterschiedliche Art reagiert werden:
1. Zum einen haben sich einige Kritiker vor allem durch die Eingrenzung auf **kulturelle** Bedingungen herausgefordert gefühlt. Sie befürworten die Einbeziehung ökologischer und/oder (historisch-) materialistischer Faktoren in den Prozeß der Persönlichkeitsbildung - fordern, m.a.W., die (Wieder-) Erweiterung zum (allgemein-) umweltdeterministischen Modell:

---

51 Liegle macht in Durkheim den wichtigsten frühen Repräsentanten solcher soziogenetischer Sichtweise aus; diese selbst wiederum sei als Gegenposition gegen erbbiologisch-evolutionistische Strömungen der damaligen Zeit aufzufassen (Liegle 1980, S. 200). Auch ein verkürzt verstandener ("Vulgär"-) Marxismus fußt auf solchen eindimensionalen Vorstellungen der reinen Prägung psychischer Strukturen und Mechanismen (als eines Teilbereiches des "Überbaus") durch die Gegebenheiten der gesellschaftlichen Produktionssphäre, der "Basis" (vgl. jedoch das Marx-Zitat S. 63 d. vorl. Arb.).

Ökobiologische Vorgänge als Determinanten für Verhaltensweisen bzw. die Entwicklung psychologischer Eigenschaften wurden anläßlich der Vorstellung der Wallace'schen Theorie bereits behandelt (vgl. S. 54 d. vorl. Arb). In Form einer Möglichkeit hatte sich in diesem Sinne ja schon DuBois geäußert. Auch Whitings Ansätze zu einer ökologischen Sozialisationstheorie (im engeren Sinne) fanden Erwähnung.
Als Vertreter einer historisch orientierten kulturmaterialistischen Auffassung sei nochmals Harris zitiert, der neben seinem wiederholten Verweis auf die determinierenden Umwelt-, technologischen und Produktionsbedingungen (Harris 1968, S. 462) die Berücksichtigung der diachronen Perspektive, gerade im Hinblick auf kulturellen und sozialen Wandel, einfordert:

> *"[Es ist] ... zu verlangen, daß die zeitliche Perspektive zu allen psychokulturellen Studien hinzukommt ... Wir sehen, wie die Mozart-begeisterten Deutschen sich in die Bestien von Buchenwald verwandeln, wie die autoritären Japaner zu den Demokraten Asiens werden." (Harris 1968, S. 456; Ergänzung M.A.)*

2. Gegen die genannte umweltdeterministische Position steht eine Denkweise, die die **kulturtranszendendierende, universale** Ausstattung des Menschen mit biologischen Merkmalen stärker in den Vordergrund stellt. Dieses Spektrum reicht von einer rein ethologischen über eine biofunktionalistische bis hin zur sog. "psychogenetischen" Sichtweise.[52] Als Beispiele für ethologisch ausgerichtete Arbeiten seien hier genannt Ekman (1973) und Kaufman (1975).[53] Auch die Freeman'sche Kritik an Meads Samoa-Forschung ist erklärtermaßen von Sympathien für den ethologischen Standpunkt geleitet (Freeman 1983).
Ein Anthropologe, der immer wieder auf die universellen Aspekte der Biologie des Menschen - und damit seiner Bedürfnisse - als begrenzende Größe für die Variationsmöglichkeiten kultureller Organisation verweist, ist Spiro:

> *"... die Kultur- und Persönlichkeitsforschung betrachtet soziale Systeme notwendigerweise in Hinblick auf zu erreichende Ziele, zu erfüllende Funktionen und zur Befriedigung anstehende Bedürfnisse. Umgekehrt ... ist ... ihr Bestreben, die*

---

52 Letztere Position möchte alles Kulturelle (Soziale) auf Psychisches (und damit Biologisches!) zurückführen. Immerhin gründen deren klassische Vertreter, also sowohl Freud als auch Róheim, ihre Thesen auf die Annahme primärer biologischer Vorgänge: so Freud in seiner Triebtheorie, der er in der biologischen Fundierung den Charakter naturwissenschaftlich-objektiver Seriosität verschaffen möchte, Róheim im Hinblick auf die biologische Tatsache der (im Verhältnis zu anderen Primaten) verlängerten Hilflosigkeit und Abhängigkeit des menschlichen Kleinkindes, worin er die Ursache für universelle psychische Vorgänge erkennt (z.B. Róheim 1950).

53 Einen Überblick in dieser Hinsicht geben Ekman und Friesen (1975).

> *Wege aufzuzeigen, auf welchen Persönlichkeitsformationen soziale und kulturelle Systeme dahin gelangen lassen, ihre sozialen Funktionen zu erfüllen." (Spiro 1961, S. 490)*

Deutlich wird hier eine Art biofunktionalistische Argumentation bei Spiro, die ihn aber auch Fragen des (inneren) sozialen Wandels einer Gesellschaft diskutieren läßt:

> *"Doch sind Persönlichkeitsvariablen für den Erhalt ebenso wie für den Wandel sozialer Systeme gleichermaßen wichtig." (Spiro 1961, S. 470)*

- Verantwortlich für solchen sozialen Wandel nun sind, folgt man Spiro, u.a.:

> *"Die Bedürfnisse und Triebe des psychobiologischen Organismus, dessen Frustrationen einen ständigen innovativen Druck ausüben." (Spiro 1961, S. 470)*

Hier rekurriert Spiro nun auf das Freud'sche Konfliktmodell, wie er überhaupt sich im Laufe seiner weiteren theoretischen Entwicklung zunehmend an psychoanalytischen ("psychogenetischen") Gesichtspunkten orientiert. Damit verbunden ist die Abkehr vom Thema "innerer Wandel" (einer Gesellschaft) und eine deutlichere Hinwendung Spiros zu den intra-individuellen systemkonformen psychischen Vorgängen (der Abwehr, Verschiebung usw.), die, von der Kultur "angeboten", alternativ in derartigen Konfliktsituationen wirksam werden können.
Natürlich ist für Spiro das Repertoire an solchen psychischen Mechanismen, die eine Kultur "bereitstellen" kann, durch die universelle Struktur des Menschen begrenzt. Zusammenfassend begreift er - neben der biologischen Ausstattung - "Kultur" ("Culture") als eine Konstituierende der **menschlichen** Natur, **die** Kultur ("The" Culture) als eine jeweils besondere Form, der menschlichen Natur ihren Ausdruck zu verleihen (Spiro 1978: "Culture and Human Nature").
Der bekannteste Vertreter einer rein psychogenetischen Sichtweise ist, im Gefolge Freuds, Róheim, der sich mit Kardiner immer wieder hitzige Debatten geliefert hat (vgl. z.B. Schoene 1966, Anm. 486). Auf Róheim soll jedoch an anderer Stelle näher eingegangen werden.[54]
3. Auch viele neuere Entwicklungen in der Anthropologie/Ethnologie (bzw. Soziologie) haben gezeigt, wie dieser "Falle der kulturellen Überdeterminierung" ("The trap of cultural over-determinism", Spindler 1978, S. 16 und S. 22) ausgewichen

[54] Daneben gibt es schon früh eine Reihe von Theoretikern, die "psychogenetische" und "kulturdeterministische" Positionen **gleichrangig** zu verbinden suchen (z.B. Erikson oder Bettelheim in ihrem "psychosozialen" Ansatz); auch die Empfehlung "komplementaristischen Vorgehens" durch Devereux gehört - zumindest, was die **Gleichrangigkeit** betrifft - hierher. (Zu den Positionen Róheims, Eriksons, Bettelheims und Devereux' vgl. auch "Der lange Atem der Psychoanalyse" im folgenden sowie Kap. II., 1. und "Exkurs" II).

werden kann. Hier aufzuführen wäre beispielsweise die strukturale Anthropologie Lévi-Strauss', die kognitive Anthropologie (Kultur als "ideational order" nach Goodenough 1964) oder auch der interaktionistische Ansatz (G.H. Mead 1934; Goffman 1959; Blumer 1969). Auch die symbolische Anthropologie bietet hier eine grundsätzlich andere Perspektive. Entscheidende Diskussionsprozesse zwischen Vertretern dieser Strömungen und der Kultur- und Persönlichkeitsforschung scheinen jedoch nicht zustande gekommen zu sein.

Zusammenfassend steht der kulturelle Determinismus der Kultur- und Persönlichkeitsforschung als letzte und extreme Konsequenz einer Argumentationskette, die mit der These eines radikalen kulturellen Relativismus ihren Anfang nimmt (vgl. Rudolph 1968): Geht man von der (vermeintlich) unbegrenzten Variabilität kultureller "Settings" aus und wird zudem das zu "enkulturierende", neugeborene Individuum als "tabula rasa" begriffen, gleichzeitig jedoch auch die tendenzielle Übereinstimmung des "Kulturcharakters" mit den Persönlichkeitsmerkmalen der Erwachsenen angenommen, so drängt sich die Annahme eines eindimensionalen kulturellen Prägemechanimus geradezu auf. Tatsächlich aber muß die universelle, unter anderem auch triebbestimmte, psychische Struktur des Menschen (in Abhängigkeit von seinen biologischen und **allgemein**-kulturellen Konstituentien - letzteres als Ausdruck seiner Eigenschaften als Kulturwesen an sich)[55] eine viel stärkere Berücksichtigung erfahren, wie dies neuere Arbeiten zum Thema auch belegen.
Dies einmal akzeptiert, scheint es gleichfalls sinnvoller, von einer dialektischen Wechselwirkung zwischen Individuum, Gesellschaft und Kultur - insbesondere auch bezüglich des "Sozialisations"- bzw. "Enkulturationsprozesses" - auszugehen.
Kein anderer als Marx schreibt:

> *"Die materialistische Lehre, daß die Menschen Produkte der Umwelt und der Erziehung, veränderte Menschen als Produkte anderer Umstände und geänderter Erziehung sind, vergißt, daß die Umstände eben von den Menschen geändert werden ..." (Dritte These über Feuerbach) und "daß also die Umstände ebensosehr die Menschen wie die Menschen die Umstände machen." (Marx in MEW III, S. 6 und 38)*

---

55 Wobei hier biologische wie (allgemein-)kulturelle Konstituentien nicht als irgendwie einander nachgeordnet angesehen werden sollten; gerade aus entwicklungsgeschichtlicher Perspektive können nämlich beide mühelos als aus dem Prozeß der Evolution gleichzeitig hervorgegangene ("Ko-Emergentien") begriffen werden (vgl. Witherspoon 1985, S. 24f.).

Empirie versus Hermeneutik

Auch an der Kultur- und Persönlichkeitsforschung sollte der klassische Streit zwischen "Empirikern" und "Hermeneutikern" nicht vorübergehen.
Wie in den anderen "Wissenschaften vom Menschen" (Medizin, Psychologie, Soziologie) steht auch in der Anthropologie/Ethnologie der aus den Geisteswissenschaften herrührende verstehende und ganzheitliche ("hermeneutische") Ansatz den empirisch ausgerichteten Verfahren gegenüber, wie sie von den "harten", "erklärenden" Naturwissenschaften übernommen wurden. Eine zusammenfassende Gegenüberstellung solchen "idiographischen" versus "nomothetischen" Vorgehens im Rahmen der Kultur-und Persönlichkeitsforschung gibt Spindler (1978, S. 31).[56]
So haben an "größerer Objektivität" interessierte Wissenschaftler immer wieder den spekulativen Charakter der Kultur- und Persönlichkeitsforschung beklagt. Exemplarisch sind hier die Arbeiten von Orlansky (1949), Lindesmith und Strauß (1950/1968), Inkeles und Levinson (1954/1961) und vielen anderen zu nennen. Befriedigt darf Pelto 1967 konstatieren:

> *"... Bedeutsame Fortschritte werden derzeit bei den Forschungsmethoden erzielt. Während weiterhin viele Studien erscheinen, in denen impressionistische Beobachtungen aus dem Feld als Daten über die psychologischen Eigenschaften von Völkern hingenommen werden, scheint es insgesamt zu einer Abnahme des anekdotischen Psychologisierens zu kommen - unter gleichzeitiger Zunahme von mit größerer Sorgfalt erstellten systematischen Forschungsvorhaben, die auf kontrollierter Beobachtung, Testverfahren oder anderen quantifizierbaren Materialien beruhen." (Pelto 1967, S. 187)*

Gerade die ausführlich dargestellten Arbeiten Whitings und seiner Mitarbeiter können für diese, von Pelto begrüßte, verstärkte empirische Ausrichtung als repräsentativ angesehen werden.
Die genannten "härteren", häufig auf statistisch-interkulturellen Vergleichen basierenden Studien erhöhen zwar Objektivität und Zuverlässigkeit, allerdings zum Preis der Einengung des "Fokus" (Honigmann 1975, S. 610). Nach LaBarre (1978) und

---

[56] Ursprünglich geht die Theorie der "Hermeneutik" sowie deren Abhebung von den "empirischen", naturwissenschaftlichen Verfahren auf Dilthey (1924) zurück. Ähnlich hatte Windelband (1924) die "idiographische" der "nomothetischen" Methode gegenübergestellt. Letztere Terminologie ist dann auch in die Ethnologie eingegangen (vgl. z.B. Mühlmann 1938, in jüngerer Zeit Stagl 1981).

Die genannte Auseinandersetzung ("Empirie versus Hermeneutik") erinnert in gewisser Weise an den "Positivismusstreit" in der Soziologie, wie er zwischen den "Kritischen Rationalisten" (im Gefolge Poppers) und den Hermeneutikern einer "kritisch-dialektischen" Ausrichtung (Horkheimer, Adorno, Habermas, und andere Vertreter der "Frankfurter Schule"), geführt wurde bzw. wird (Hartfiel und Hillmann 1982, S. 597).

Bock (1980) steht solches "nomothetisches" Vorgehen in der Tradition der experimentellen (meist behavioristisch beeinflußten) "akademischen" Psychologie, deren Vertreter LaBarre "würdigt" wie folgt:

> *"Ehrbare Zwangscharaktere, die die dunkle Befürchtung haben, daß die Wahrheit nicht bei ihnen zu finden ist, weshalb sie sich mehr und mehr mit schützender Methodik wappnen." (LaBarre 1978, S. 264)*

Das eher ganzheitliche und "idiographische" Vorgehen der "klassischen" Kultur- und Persönlichkeitsforschung (Mead, Kardiner, DuBois, z.T. Nationalcharakerstudien) wird von Honigmann gerechtfertigt:

> *"Solche Schlußfolgerungen werden annehmbar aufgrund ihrer Eigenschaften von Plausibilität und innerer Stimmigkeit ... und die Bewertung dieser Eigenschaften erfolgt in erster Linie nach logischen ..., weniger nach empirischen Kriterien." (Honigmann 1975, S. 611)*[57]

Ebenfalls kritisch gegenüber einer zunehmend durch naiven Empirismus gekennzeichneten Sozialforschung schreibt Adorno:

> *"Unwahr wird der isolierte Social Research, sobald er die Totalität, weil sie seinen Methoden prinzipiell entgleitet, als ein gewissermaßen metaphysisches Vorurteil ausmerzen möchte." (Adorno 1957, S. 253)*

Nichtsdestoweniger sind in den letzten Jahren - nach Einschätzung von Williams - überwiegend an "harten" Methoden ausgerichtete Arbeiten zur Kultur- und Persönlichkeitsthematik erschienen, die sich entsprechend nur noch selektiven Fragestellungen zuwenden (Williams 1975, S. 19; vgl. auch Kap. III dieser Arbeit und die ausführliche Diskussion bei Fischer 1981).

Angesichts des starken Überwiegens der genannten Art von Studien stellt sich ein wachsendes Gefühl von Unzufriedenheit ein: zu partiell, zu oberflächlich erscheinen mir meist die Ergebnisse solcher nomothetischer Methodik, zu gering die "explikative Potenz" dieser Arbeiten. Auch der Aufwand - gemessen am Ergebnis - spricht in meinen Augen dafür, daß nomothetische Verfahren in vielen Fällen zum Selbstzweck geworden sind.
Dennoch: Handelt es sich um klar abgegrenzte Hypothesen, deren Annahme oder Ablehnung sich in einem größeren theoretischen Zusammenhang als von ausschlag-

---

57 Ähnlich argumentierte schon Mead (1953b).

gebender Bedeutung für die weitere Argumentation erweist, ist m.E. ein solches nomothetisches Vorgehen gerechtfertigt.
Natürlich ist der Standpunkt der "Nomothetiker", die eine gewisse Beliebigkeit und schlechte Überprüfbarkeit in den idiographisch ausgerichteten Studien ausmachen, nicht von der Hand zu weisen: zu häufig wurden über gleiche Gesellschaften bzw. Kulturen von verschiedenen Anthropologen und Anthropologinnen die gegensätzlichsten Einschätzungen abgegeben (vgl. z.B. Mead und Freeman über Samoa). Wie z.T. schon dargelegt wurde, spielen **subjektive** Momente - überwiegend auf seiten des Ethnologen, z.T. auch in der Beziehungsdynamik zwischen diesem und den Angehörigen der fremden Kultur - hier eine entscheidende Rolle.
Zur Aufdeckung solcher Prozesse nun kann die **Psychoanalyse** - als ein besonderes hermeneutisches Verfahren (z.B. Lorenzer 1986) - inhaltlich wie methodisch ein systematisches Instrumentarium liefern; in der Form der **Ethnopsychoanalyse** läßt sie weiterhin den (idiographischen) Blick "auf's Ganze" zu, ermöglicht nach meiner Ansicht aber "zuverlässigere" und "gültigere" Aussagen, als dies die klassisch-idiographischen Studien tun. Gleichzeitig wird so die Scheinlösung einer empirisch-statistischen Zersplitterung vermieden.

Der lange Atem der Psychoanalyse

Die psychoanalytische Position (im engeren, d.h. nicht-neofreudianischen Sinne) bezieht sich sich auf mehrere der genannten Kritikpunkte; eines ihrer Hauptanliegen besteht darin, in der Wiederaufwertung psychophysischer Gesetzmäßigkeiten die These von der primär kulturellen Determinierung der Persönlichkeit zu Fall zu bringen bzw. stark zu relativieren.[58]
Durchgängig und am konsequentesten hat - im Gefolge Freuds - diese Haltung Róheim vertreten. Zwar postulieren beide, Freud und Róheim, letztlich biologische Vorgänge als Determinanten für die psychische Grundsituation des Menschen (vgl. Anm. 52). Allerdings sieht Róheim - im Gegensatz zu Freud - nicht mehr die Triebhaftigkeit des Menschen in Zusammenhang mit der genetisch verankerten Ahnung um den in der "Urzeit" geschehenen Vatermord als verantwortlich an für die obligatorische Entwicklung der ödipalen Situation - und damit der Schaffung von Kultur: Für ihn liegt deren Ursprung vielmehr in dem allgemeinen Erlebnis der frühkindlichen Hilflosigkeit und Abhängigkeit von erwachsenen Bezugspersonen (Róheim 1943 u. 1950; Schoene nennt dies "ontogenetischen Universalismus": 1966, S. 51):

---

58 Die frühe Auseinandersetzung um die "Universalität" des Ödipus-Komplexes kann für diese Debatte als exemplarisch angesehen werden; vgl. Spiro mit einer Zusammenfassung und erneuten Stellungnahme, sowie Edmunds und Ingber (auf die Spiro verweist), die eine ausführliche Bibliographie zum Thema erstellt haben: Spiro (1982), Edmunds und Ingber (1977).

"Zivilisation hat ihren Ursprung in der verlängerten Kindheit, und ihre Funktion ist Sicherheit" (Róheim 1943, S. 100)

Somit entspringt für Róheim Kultur unbewußten Triebkräften, Sublimationsprozessen etc. - insbesondere auch dem Bedürfnis, dem Gefühl der frühkindlichen Abhängigkeit und Hilflosigkeit Stabilisierendes entgegenzusetzen. Damit wird Kultur zum System, welches in ihren Institutionen Abwehr- und Entlastungsmöglichkeiten für den Einzelnen bereitstellt; stärker noch als bei Freud erhält sie bei Róheim den Charakter einer "kollektiven Neurose" (Róheim 1934).
Andere an einer allgemeinen Kulturtheorie interessierte Psychoanalytiker haben diese These vom Abwehrcharakter der Kultur aufgenommen und z.T. auch weitergeführt. Hier ist in erster Linie W. Muensterberger[59] zu nennen, aber auch Vertreter des "Ich-Psychologischen Ansatzes" (s.u.) argumentieren - mit Einschränkungen - in diesem Sinn (z.B. Hartmann; Kris und Loewenstein 1951/1969; vgl. ebf. die Position Spiros, S. 62 d. vorl. Arb.): Im Laufe der weiteren Entwicklung der Psychoanalyse gibt es zunehmend fließende Übergänge zwischen der klassisch reduktionistischen "psychogenetischen" Sichtweise (bei Freud oder Róheim) und solchen Ansätzen, die - neben der Beibehaltung originär psychoanalytischer Thesen - auf die Relevanz der soziokulturellen und historischen Gegebenheiten, speziell für die Ausbildung der "Ich-Strukturen" der Individuen, verweisen.
Solche Theorien werden innerhalb der Psychoanalyse auch als "Ich-Psychologie" bezeichnet; einer ihrer wichtigsten Repräsentanten war, neben dem schon erwähnten Hartmann, der Psychoanalytiker David Rappaport.[60]
Natürlich ist der "psychosoziale Ansatz" eines Erikson oder Bettelheim aufs engste verwandt mit der hier skizzierten (Kultur-) Theorie der "Ich-Psychologen". Für alle Genannten definiert sich zwar Kultur auch als ein übergeordnetes Abwehrsystem; daneben verweisen sie jedoch verstärkt auf den positiven Aspekt von "Ermöglichung", den diese - zumindest in vielen Fällen - ihren Angehörigen bietet.[61]
Sehr prägnant formuliert dies Erikson:

---

59 Ein Publikationsorgan, dessen Autoren in ihren Interpretationen immer wieder auf solche Zusammenhänge verweisen, ist "Psychoanalysis and the social sciences", bzw. ab 1960: "The psychoanalytic study of society"; ursprünglich war Róheim, später Muensterberger (der auch einige ethnologisch relevante Studien veröffentlicht hat), neben anderen, Herausgeber dieser Zeitschrift (vgl. Boyer 1989, S. XX).

60 Vgl. Kutter und Roskamp (Hg., 1974), insbesondere das Vorwort Kutters (ebda.); wahrscheinlich steht die Herausbildung der "Ich-Psychologie" mit dem Aufkommen des "Neo-Freudianismus", möglicherweise sogar mit der Kultur- und Persönlichkeitsforschung selbst in indirekter Weise in einem geistesgeschichtlichen Zusammenhang (vgl. "Exkurs" II).

61 Daß die in Anm. 35) und 47) dargestellten Ausschnitte aus den Arbeiten Eriksons und Bettelheims nun gerade nicht für den "Ermöglichungscharakter" von Kultur sprechen, versteht sich von selbst; die genannten Beispiele waren von mir gewählt worden, da sie verdeutlichen, wie diese Autoren - im Rahmen ihres allgemeinen psychosozialen Ansatzes - ein dem Kardiner'schen Modell (bzw. dem der "klassischen" Kultur- und Persönlichkeitsforschung) deutlich überlegenes Erklärungsparadigma entgegensetzen können. Solche Interpretationen (z.B. zum deutschen Faschismus, s.o.) hindern die Genannten jedoch nicht daran, sich grundsätzlich auch den positiven Aspekten von Kultur (im Gegensatz zu

"Anstatt zu betonen, was die Zwänge der sozialen Organisation dem Kind versagen können, wollen wir hervorheben, was die soziale Ordnung dem Kind zunächst gewährt, indem sie es am Leben erhält und sich auf spezifische Weise seinen Bedürfnissen anpaßt und es in einen bestimmten kulturellen Lebensstil einführt." (Erikson 1966/1988, S. 43)

Ein entscheidendes Argument haben alle hier genannten, eher traditionell-psychoanalytisch orientierten Theoretiker in ihrer Auseinandersetzung mit der Kultur- und Persönlichkeitsforschung auf ihrer Seite. Letztlich auf Róheim sich berufend, vertreten sie die These vom emotionalen Milieu als einem Faktor, welcher für die Persönlichkeitsentwicklung wahrscheinlich größere Bedeutsamkeit besitzt als die äußerlich sichtbaren Sozialisationspraktiken und formalen Institutionen. U.a. hieraus resultiere die Tatsache, daß bei vergleichbaren Sozialisationspraktiken verschiedene Charaktertypen und bei unterschiedlichen Arten der Kindererziehung ähnliche Charaktertypen entstehen könnten (vgl. Hartmann, Kris und Loewenstein 1969).
In diesem Sinne schreibt Axelrad sehr treffend:

"Gleichgültig, wie korrekt die Standardmethoden der Kindererziehung in irgendeiner Kultur beschrieben werden, so zeigen sie in der Realität doch verschiedene Resultate. Die Erwachsenenpersönlichkeit irgendeines Individuums ist zum Teil abhängig von den unbewußten Phantasien der Person, die die Methode zur Anwendung brachte ... Obwohl die Kultur die Standards festlegt, sind es die Eltern und nicht die Kultur, die das Kind erziehen ... Die unbewußten Einstellungen desjenigen Menschen, der das Kind großzieht, gehen mit in die Erziehungspraxis ein. Das Kleinkind wie das ältere Kind - beide sind Einstellungen gegenüber ebenso empfänglich wie Verhalten. Sie nehmen unbewußte Einstellungen möglicherweise noch stärker wahr als die eigentliche Praxis, und sicherlich in viel stärkerem Maß als die kulturell vorgegebenen Standards des elterlichen Verhaltens. Der Erwachsene ... ist sich im allgemeinen nicht im Klaren darüber, welches seine eigenen [unbewußten] Einstellungen sind ... Deswegen sind sowohl Beobachtung als auch Interview unzureichend. Eine Methode, die die unbewußten Phantasien mit einbezieht, ist erforderlich ... Hier wäre das beste Instrument die Psychoanalyse von repräsentativen Mitgliedern der Kultur." (Axelrad 1955/ 1969, S. 291-292)

---

ihren "versagenden" Anteilen oder ihren Abwehraspekten) zuzuwenden, wie dies das im Text folgende Zitat Eriksons zum Ausdruck bringt.

Den beschriebenen nomothetischen Verfahren steht die Mehrzahl der psychoanalytisch orientierten Anthropologen sehr kritisch bis ablehnend gegenüber:

> *"Alles sogenannte Nomothetische verdreht und wirkt sinnentstellend ... Der nomothetische Blick auf eine Kultur ist, soweit ihm der Rang einer unentbehrlichen Vorannahme eingeräumt wird, ein psychischer Abwehrmechanismus." (LaBarre 1978, S. 266)*

Speziell solche Argumentation macht sich der (in Kap. II zu behandelnde) Ethnologe und Psychoanalytiker Devereux zu eigen. Devereux setzt sich für eine vollkommene methodologische und inhaltliche Neuorientierung im Bereich der psychoanalytischen Anthropologie ein; auch eine einfache Synthese beider Disziplinen - ähnlich, wie sie beispielsweise die "Ich-Psychologen" vorschlagen - ist nicht in seinem Sinne.

Devereux richtet seine Aufmerksamkeit auf den Einfluß des Beobachters, insbesondere seine Ängste und damit verbundene Übertragungs- und Gegenübertragungsmechanismen (Devereux 1967/1973). Unter Berufung auf das von dem Physiker Bohr entwickelte "Abtötungsprinzip" beschreibt er das Phänomen, daß bei allzu weitgehender Annäherung an einen Gegenstand zum Zwecke dessen Untersuchung oder Erklärung dieser real oder begrifflich verändert oder zerstört wird (1973, S. 289; vgl. S. 33 d. vorl. Arb.).
Allerdings sollen die im Beobachter ablaufenden emotionalen Prozesse nicht mehr nur als systematische Fehlerquelle angesehen und nach Möglichkeit eliminiert werden: vielmehr ermöglicht allein ihre reflektierende Einbeziehung angemessene Erkenntnis (Devereux 1973, S. 17-21).[62]
Eine der Konsequenzen aus seinen Thesen ist die von Devereux favorisierte Forderung nach "komplementaristischem" Vorgehen. Sie ist - zusammen mit seiner Theorie über die Rolle des Beobachters - der Beginn eines neuen Paradigmas in der psychoanalytisch orientierten Ethnologie.

Résumé

Es wurde hier der Versuch unternommen, einige der zentralen Thesen (bzw. Vorgehensweisen) der Kultur- und Persönlichkeitsforschung einer ausführlichen Kritik zu unterziehen.
Im einzelnen meine ich gezeigt zu haben:

---

62 Natürlich ist es für die "Empiriker" nur zu ärgerlich, daß Devereux seine Kritik an ihrer Arbeitsweise ausgerechnet auf die neueren Axiome der "harten" Naturwissenschaften stützen kann!

Die Vorstellung von der "frühkindlichen Prägung" ist eine zwar verführerische, in dieser einseitigen und "triebbereinigten" Form aber keineswegs von der klassischen Freud'schen Theorie gedeckte Prämisse. Auch die Annahme, (vermeintlich) gefundene Persönlichkeitsstrukturen seien überwiegend oder sogar ausnahmslos durch **kulturelle** (Sozialisations-) Faktoren zustande gekommen, ist nicht haltbar: zu wenig Beachtung durch die "klassische" Kultur- und Persönlichkeitsforschung finden - bezüglich der Persönlichkeitsbildung - solche dynamischen Faktoren, wie sie aus sozioökonomischen und historischen Prozessen ebenso wie aus individuell-biographischen Ereignissen sich ergeben. Auch zur Erfassung nicht-institutionalisierter Verhaltensweisen, z.B. der emotionalen Grundhaltung von Eltern ihren Kindern gegenüber, hat sich das Instrumentarium der Kultur- und Persönlichkeitsforschung als nicht geeignet erwiesen; dieses "emotionale Milieu" nun ist wahrscheinlich von größerer Bedeutung als die äußerlich sichtbaren Sozialisationspraktiken, was Róheim und einige von ihm beeinflußte Theoretiker auch mit großer Pointiertheit herausstellen. Die in vielen Arbeiten imponierende Schlüssigkeit, die die postulierte Kausalkette: determinierende Sozialisationspraktiken (als kulturelle Merkmale) führen zu korrespondierenden Persönlichkeitsstrukturen - auf den ersten Blick belegt, ist nur eine scheinbare: Nach meiner Auffassung sind die vorgeblichen psychologischen Eigenschaften der Mitglieder einer anderen Kultur letztlich nichts anderes als das Resultat der Übertragung kultureller "Termini technici" (bezüglich der Sozialisationspraktiken) in eine psychologische Terminologie: Strenges Sauberkeitstraining führt zum "analen Charakter". Auch sogenannte "unabhängige" Verfahren, mit denen beide Bereiche ("Kultur" und "Persönlichkeit") getrennt erfaßt werden sollen, greifen hier zu kurz, zumal die Person des Ethnologen und die durch sie ausgelösten Verzerrungen in unbekanntem Ausmaß als "Artefakte" eingehen; letztere wirken gleichgerichtet und führen damit zur scheinbaren Bestätigung o.g. These. Natürlich muß auch die Annahme einer nach Abschluß der Kindheitsphase zeitlebens stabilen Charakterstruktur verworfen werden. Ebenso hat sich gezeigt, daß die Vorstellung von der "Uniformität" bzw. der relativen Übereinstimmung der psychischen Merkmale der Angehörigen einer Gesellschaft (Kardiners "Basispersönlichkeit") immer weiteren Relativierungen unterworfen werden mußte, so daß sie m.E. als theoretische Prämisse nicht weiter bestehen kann. Nicht zuletzt fußt diese Vorstellung auf einem widerspruchsarmen, tendenziell harmonischen Gesellschaftsbegriff, der "kulturelles Milieu" als unidirektionale Größe begreift. Gerade solche Konstruktionen entspringen zwar dem inneren Bedürfnis von Wissenschaftlern wie Laien, komplexe und widersprüchliche Realitäten in übersichtlichen, "sparsamen" ("parsimonious" i.S. Shweders 1979/80) Modellen zur Abbildung zu bringen, haben jedoch mit dieser Realität letztlich wenig zu tun.

Daß angesichts der sich auftuenden Schwierigkeiten, die genannten psychischen Strukturen der Mitglieder fremder Gesellschaften unabhängig und valide zu erfassen, auch der Einsatz projektiver Verfahren von nur zweifelhaftem Wert ist, wurde ebenfalls dargelegt. Schließlich scheint in der Kultur- und Persönlichkeitsforschung die Berücksichtigung universaler biologischer und psychischer Eigenschaften des Menschen, d.h. unter anderem seiner Triebstruktur, nur sehr unzureichend gegeben.[63] Dies ist nicht zuletzt die Folge eines zu weitgehenden kulturellen Relativismus, dem sich die überwiegende Mehrheit der Vertreter dieser Theorie verpflichtet fühlt.

Nach meiner Auffassung **mußte** die Kultur- und Persönlichkeitsforschung an der Größe und Komplexität des von ihr gewählten Gegenstands scheitern. Zu umfassend ist die interdependente Realität von Kultur bzw. Gesellschaft, Individuum und Gruppe, als daß hier einfache Kausalbeziehungen - auch nur modellhaft - die Wirklichkeit adäquat erfassen könnten. Dies gilt um so mehr, als sich offensichtlich Methodologie und Forschungsstrategie als unzureichend und grundsätzlich anfällig für vielerlei Arten von "bias" erwiesen haben. Auch der beständige Ruf nach verbesserten (jedoch nicht grundsätzlich anderen) Methoden, "wissenschaftlicherem" Vorgehen (z.B. Barnouw 1973, in seinem "Retrospect ...") ähnelt eher einem verzweifelten Rückzugsgefecht, als daß man davon ausgehen könnte, in der Verwirklichung solcher Forderungen "die" Lösung für die aufgezeigten Problembereiche zu finden.
Allenfalls schafft solch verstärkt nomothetisches Vorgehen (als die nächstliegende Antwort auf Forderungen obiger Art) eine Perspektive für die, die sich sowieso nur noch mit ausgewählten Fragestellungen beschäftigen möchten und sich vom Gesamtgegenstand längst abgewandt haben.
So bleibt offensichtlich nur noch der Sprung zu einem vollkommen neuen inhaltlichen wie methodologischen Paradigma, will man noch irgendeinen Teil des ursprünglichen Anspruchs einlösen. Nach meiner Auffassung kann "Ethnopsychoanalyse" solches leisten; daß sie in vielerlei Hinsicht von der Wiederaufnahme originär psychoanalytischer Thesen bestimmt ist, scheint mir hierfür eine entscheidende Voraussetzung.

---

63 Dies kann jedoch nur "cum grano salis" gelten. So hat beispielsweise Kluckhohn - ein bekannter Repräsentant der amerikanischen "Cultural Anthropology", der ebenfalls viele Arbeiten über "Kultur- und Persönlichkeit" veröffentlicht hat - auch immer wieder auf die Berücksichtigung biosozialer Universalien bei der kulturbezogenen Untersuchung psychischer Phänomene gedrängt (insbesondere: Kluckhohn und Morgan 1951).

Von diesem stammt auch die mittlerweile fast sprichwörtliche Bemerkung, daß "jeder Mensch in mancher Hinsicht so ist wie alle anderen, in mancher so wie einige andere und in mancher so wie kein anderer" (Kluckhohn und Mowrer 1944, zit. nach Beuchelt 1974, S. 367). Dies ist zwar richtig, kann aber im besten Falle gerade noch als rhetorisches Aperçu gegen die radikal kulturrelativistische Position akzeptiert werden. Denn: um zu solchen Binsenweisheiten zu gelangen, bedarf es keiner aufwendigen Kultur- und Persönlichkeitsforschung.

Ähnlich ergeht es einem mit dem von Kluckhohn und Mowrer entwickelten korrelativen Schema zum Gegenstand ("Kultur und Persönlichkeit"). Letzteres ist zwar umfassend, führt m.E. jedoch zu keiner weiteren Erkenntnis, als daß alles irgendwie mit allem zusammenhängt (1944/1963, S. 291).

II. Ethnopsychoanalyse

Definition. Allgemeine Charakteristika

Heinrichs schreibt:

> *"Ethnopsychoanalyse ist in ihrem Kern Ethnologie, unter Einbeziehung der Psychoanalyse. Sie ist Analyse der fremden Kultur und bezieht sich mit Notwendigkeit auch wieder auf die eigene Kultur zurück." (Heinrichs 1981, S. 169)*

Als erster nun hat den Begriff "Ethnopsychoanalyse" wahrscheinlich Devereux geprägt (Parin 1978, S. 56; vgl. Devereux 1972/ 1978a).
"Ethnopsychoanalyse" bezeichnet eine neuere wissenschaftliche Entwicklung, wie sie sich vorwiegend in Europa und hier etwa ab Beginn der 60er Jahre abgezeichnet hat.
Ursprünge und Anregungen gehen auf den (aus Ungarn stammenden und nach Amerika emigrierten) Ethnologen Róheim zurück, der als erster ausgebildeter Psychoanalytiker ethnologische Feldstudien betrieben hat (Krafczyk 1978, S. 74; Zinser 1984, S. 104). Dennoch ist in mehrfacher Hinsicht Róheim nicht als eigentlicher Ethno-Psychoanalytiker anzusehen.[64]

---

[64] Zwar könnte man - dem Wortsinn nach - Róheim als einen ersten Vertreter dieser Richtung "Ethnopsychoanalyse" bezeichnen, und Heinrichs apostrophiert ihn - in voller Übereinstimmung mit seiner etwas weiter gefaßten Definition - folgerichtig als "ersten berufenen Ethno-Psychoanalytiker" (1981, S. 179).

Im folgenden soll jedoch begründet werden, warum Róheims Vorgehen von mir nicht (im engeren Sinne) als "ethnopsychoanalytisch" angesehen und entsprechend im Kap. II: Ethnopsychoanalyse - nicht gesondert abgehandelt wird.

Trotz vieler interessanter Einsichten und auch partieller Modifizierungen, die er an der **orthodox**-psychoanalytischen Theorie vornimmt (vgl. S. 66f., "Der lange Atem ...", insbesondere auch Anm. 52), bleibt Róheims Denken in den Begrenzungen eines (reduktionistischen) Psychologismus befangen. Sicherlich ist die Pointiertheit seiner Aussagen auch als antithetische Stellungnahme gegenüber der kulturreduktionistischen Haltung der Kultur- und Persönlichkeitsforschung aufzufassen (Heinrichs 1981, S. 181). Damit ist jedoch ebenfalls die Chance vergeben, Kulturelles und Psychisches - in einem Metasystem sozusagen - gleichrangig und als nicht einander nachgeordnete Phänomene zu repräsentieren (wobei in der "Gleichrangigkeit" nach meiner Ansicht ein wichtiges Kriterium für die Bezeichnung "Ethnopsychoanalyse" liegen sollte; vgl. Punkt. 2, S. 73).

Einen anderen Aspekt, ebenfalls bedeutsam für die angekündigte "Auslassung" Róheims aus dem Kapitel "Ethnopsychoanalyse", betont Zinser: Für ihn ist ein wichtiges Merkmal ethnopsychoanalytischen Vorgehens die Übertragung bestimmter **methodischer** Elemente aus der Psychoanalyse in den ethnologischen Prozeß; nun könne aber bei Róheim "nicht von einer Anwendung der psychoanalytischen Methode gesprochen werden (...). Subjekt seiner Untersuchungen ist er selber, die Stammesgesellschaften dagegen bleiben Objekte" (Zinser 1984, S. 105) - dies (u.a.) deswegen, weil Róheim seine

Vielmehr müssen **Devereux'** Arbeiten als grundlegend für den neuen Wissenschaftszweig gewertet werden; unabhängig von diesen haben Parin, Parin-Matthèy und Morgenthaler ihre erste ethnopsychoanalytische Monographie (1963) - etwa zeitgleich mit einigen Einzelveröffentlichungen Devereux' - verfaßt. Zunehmend jedoch gehen die Thesen Devereux' in die späteren Arbeiten der obengenannten mit ein, ebenso wie sie einen festen Bestandteil einiger weiterführender Überlegungen bei Erdheim, Bosse und Nadig und anderen Autor(inn)en bilden, die die jüngste Entwicklung der Ethnopsychoanalyse bestimmen.

Erdheim schreibt:

> *"Der Gegenstand der Ethnopsychoanalyse ist das Unbewußte in der Kultur. Die Psychoanalyse bestimmt den Begriff des Unbewußten, die Ethnologie den der Kultur." (Erdheim 1982/84, S. 9)*

Wichtigste Charakteristika der Ethnopsychoanalyse - speziell im Hinblick auf ihre Unterschiede zur Kultur- und Persönlichkeitsforschung - sind:

1. stärkere Anbindung an die (traditionelle) psychoanalytische Theorie einschließlich deren Vorstellungen zur Triebdynamik, instanzengebundenem Persönlichkeitsmodell und Konflikthaftigkeit der intra- wie interpersonalen Prozesse
2. Opposition gegen jegliche Art von "Reduktionismus", d.h. der Vorstellung, daß alles Psychische auf Soziokulturelles (Kultur- und Persönlichkeitsschule) bzw. letzteres auf psychische Phänomene zurückgeführt werden könne (Róheim)
3. Einbeziehung der diachronen Perspektive bzw. Hinwendung zur Dynamik kulturellen Wandels im Rahmen eines "geläuterten" Evolutionismus
4. Verweis auf den "subjektiven Faktor" beim Beobachter sowie die Indienstnahme von dessen Subjektivität (seinen "Gegenübertragungsreaktionen", in psychoanalytischer Terminologie) für den Erkenntnisprozeß;
   Nadig schreibt:

> *"Ethnopsychoanalyse will den unbewußten Anteilen im Verhältnis von Subjekt und Gesellschaft selbstreflexiv und ideologie-kritisch nachspüren, indem die Subjektivität und das*

Deutungen den Informanten nicht vorlegt. Somit müsse sein Verfahren als "ethnologische Feldforschung bezeichnet werden, welche durch psychoanalytische Theorien und Fragestellungen geleitet war" (ebda.) - womit Zinser diesem indirekt und in der Gegenüberstellung zu den Arbeiten Parins und Mitarb. die Bezeichnung "Ethnopsychoanalyse" vorenthält.

Ähnlich macht Nadig in ihrer Definition von Ethnopsychoanalyse die Einbeziehung von "Gegenübertragung" ("Subjektivität als Erkenntnisinstrument") zur Voraussetzung ethnopsychoanalytischen Vorgehens (vgl. Punkt 4, S. 73). "Gegenübertragung" in der Feldforschung hat für Róheim aber nur sehr marginal Bedeutung (Krafczyk 1978, S. 82).

Unbewußte der Forscher/in als Erkenntnisinstrument eingesetzt und mitberücksichtigt werden." (Nadig 1986b, S. 201)

Andere Elemente der psychoanalytischen **Methode** werden im weiteren Verlauf der Entwicklung der Ethnopsychoanalyse ebenfalls in den Feldforschungsprozeß mit einbezogen ("Neuere" Ethnopsychoanalyse, Kap.II.2.)

5. Eine überwiegend kritische bis ablehnende Haltung gegenüber "nomothetischen" Verfahren (Devereux: "Methodik", "Methodologie": 1967/1973, S. 17), die die Entwicklung der amerikanischen Anthropologie, speziell auch der Kultur- und Persönlichkeitsforschung, seit etwa 1960 kennzeichnen

Im folgenden wird nun zum ersten der Devereux'sche Ansatz ausführlich dargestellt. Seine Themen sind 1. das "komplementaristische Verhältnis von Ethnologie und Psychoanalyse", 2. der Einfluß des Forschers auf den Untersuchungsprozeß (als Resultat seiner subjektiven Reaktionen), und 3., von geringerer Bedeutung, der Zusammenhang gesellschaftlich-kultureller Organisation und psychischer Erkrankung. Anschließend kommen die Arbeiten Parins, Parin-Matthèys und Morgenthalers, Erdheims, Bosses und Nadigs sowie einiger weiterer Verfasser(innen) - unter der Überschrift "neuere Ethnopsychoanalyse" - zur Sprache: Alle letztgenannten führen die Devereux'schen Erkenntnisse und Thesen im Sinne einer marxistisch orientierten historischen und gesellschaftskritischen Theorie weiter.
Jeweils im Anschluß an die vorgestellten "Schulen" werden deren Thesen einer Kritik unterzogen sowie in einem kritischen Résumé abschließend zur Diskussion gestellt. Insbesondere in diesen letzten Abschnitten werden sich die Überlegungen noch einmal darum zentrieren, inwiefern "Ethnopsychoanalyse" in der Lage ist, zu weiterreichenden und gleichzeitig realitätsangemesseneren Aussagen zu kommen, als dies der Kultur- und Persönlichkeitsforschung gelungen ist.

1. Georges Devereux

Devereux' Werk gilt nach Ansicht vieler Autoren als Beginn eines umfassenden Neuansatzes innerhalb der psychologisch/psychoanalytisch orientierten Anthropologie/Ethnologie (LaBarre im Vorwort zu: Devereux 1973, S. 9-12; Heinrichs 1981, S. 182; Bosse 1984, S. 37).
Devereux - gebürtiger Ungar - hat in Frankreich (u.a. bei Marcel Mauss) studiert, war lange Jahre in den USA tätig und kehrte 1963 nach Paris zurück, wo Lévi-Strauss sich für einen Lehrauftrag Devereux' an der École Pratique des Hautes Études (Section "Sciences Sociales") verwendet hatte. Hier war Devereux von 1963-1981 Direktor des neu eingerichteten Studiengangs "Ethnopsychiatrie".

Einen wichtigen Bestandteil von Devereux' Arbeiten bilden solche Thesen der neueren Naturwissenschaften, wie sie zur Zeit seiner anfänglichen Physik- und Mathematikstudien gerade aufgekommen waren, und die Devereux sich angeeignet hatte; in bestechender Weise gelingt es ihm jedoch auch, Erkenntnisse aus seiner eigentlichen ethnologisch-soziologischen Ausbildung und den sich hieran anschließenden Feldforschungen in ein paradigmatisches Verhältnis zu setzen zu jener "Weltsicht", die ihm seine weitere Tätigkeit als Psychoanalytiker eröffnet hat.[65] Ethnologische Forschung betrieb Devereux vor allem bei den Sedang Moi in Vietnam und den Mohave-Indianern in den USA.[66]
Gegen Ende seines Lebens schließlich begann Devereux, sich als Graecist zu betätigen - mit nicht geringem Erfolg, wie Bokelmann beschreibt (Bokelmann 1987, S. 29f.).

Ähnlich wie in bezug auf seine Stellung zu den verschiedenen Wissenschaftsdisziplinen könnte Devereux auch in seinem Verhältnis zu der amerikanischen Anthropologen"szene" einerseits und der europäischen soziologisch-ethnologischen Tradition andererseits als "Wanderer zwischen den Welten" bezeichnet werden ...: So seien die Grundgedanken seines Werkes schon in der Auseinandersetzung mit den "Galionsfiguren" der amerikanischen Kulturanthropologie - Kroeber, Benedict, Linton, Mead, Kardiner -, die er zum Großteil auch persönlich kannte, entstanden (Bokelmann 1987). Stärkeren Widerhall hätten seine Theorien aber erst relativ spät

---

65 1946-1953 erhielt Devereux am Menninger-Institut in Topeka/Kansas seine psychoanalytische Ausbildung.

66 Im Gegensatz zu Róheim - den er persönlich gekannt hat - geht Devereux nicht "ins Feld", um hier Argumente zur Stützung der psychoanalytischen Theorie zu finden (Jahoda 1982, S. 89). Außerdem berichtet er über die ersten 6 Jahre seiner Tätigkeit als Anthropologe:

> *"Ich blieb ein Anti-Freudianer, bis mich mein Mohave-Informant 1938 Psychoanalyse lehrte, so wie Freuds Patienten dies mit ihm taten." (Devereux 1978b, S. 366)*

Zu Devereux' Verhältnis zu den Mohave vgl. Anm. 90.

in Europa gefunden, z.T. aufgrund der Tatsache, daß größere, zusammenhängende Veröffentlichungen erst nach seiner Rückkehr nach Paris erschienen bzw. auch das wissenschaftliche Klima in Europa sich offener gegenüber der Aufnahme von Devereux' Thesen erwiesen hätte (Devereux 1973, S. 13-16; 1972/1978a, S. 9-10; 1978b, S. 375).
Wahrscheinlich muß diese, besonders in den USA sehr zögernde Rezeption der Arbeiten Devereux' auf die beunruhigenden und Ängste auslösenden Einsichten zurückgeführt werden, mit denen Devereux die empirische Sozialwissenschaft im Rahmen der Diskussion um die Rolle des Forschers - speziell in seinem Werk "Angst und Methode in den Verhaltenswissenschaften" (1973) - konfrontiert hat.[67]

Im folgenden soll versucht werden, die wichtigsten Aspekte des Devereux'schen Denkens vorzustellen, insbesondere soweit sie sich auf die Thesen der Kultur- und Persönlichkeitsforschung beziehen bzw. auch als Weiterentwicklung letzterer und damit zugleich als Hinführung zur "neueren" Ethnopsychoanalyse angesehen werden können.
So werden Devereux' ethno**psychiatrische** Ansichten - hier speziell seine Schizophreniekonzeption und seine Thesen zum Schamanismus - nur angedeutet behandelt; allerdings läßt sich eine strikte Trennung von ethnopsychoanalytischem und ethnopsychiatrischem Bereich in der Darstellung nicht konsequent durchhalten, zumal in Devereux' Werk selbst diese Unterscheidung kaum vollzogen wird.

Synthetisches oder "komplementäres" Vorgehen?

Augenscheinlich sind die meisten der (bisher beschriebenen) Versuche, Psychoanalyse und Ethnologie zu einer neuen, interdisziplinären Wissenschaft zu synthetisieren, fehlgeschlagen: So hat die originäre Kultur- und Persönlichkeitsforschung letztendlich nur in eine Neuauflage des kulturellen Determinismus geführt (Schoene 1966, S. 54; Krafczyk 1978, S. 138; vgl. auch S. 59 und "Exkurs" II d. vorl. Arb.) - oder aber, in deutlicher Absetzung hierzu, haben psychoanalytisch-reduktionistische Denkmodelle im Róheim'schen Sinne die Relevanz der **kulturellen** bzw. **gesellschaftlichen** Dimension für die Entwicklung der Psyche des Einzelnen zu weit hintangestellt.
Dieser doppelten Gefahr versucht Devereux, durch einen neuen methodologischen Ansatz zu entgehen:

> *"Ich habe ... sowohl den psychologischen als auch den kulturellen (sozialen) Reduktionismus vermieden, indem ich nämlich gefordert habe, daß jedes menschliche Phänomen nach einer psychologischen und einer soziokulturellen Erklärung*

---

67 Vgl. z.B. LaBarre (1973) oder Erdheim und Nadig (1987, S. 168).

> *verlangt, und daß diese erklärenden Diskurse in einer komplementären Beziehung zueinander stehen; die beiden Diskurse können weder vermischt noch gleichzeitig gehalten werden." (Devereux 1978b, S. 362)*[68]

Mit anderen Worten: Seine Absage an die Möglichkeit einer interdisziplinär ausgerichteten "synthetischen" Ethnopsychoanalyse verbindet er mit der Forderung nach "pluridisziplinärem" Vorgehen, dem des "doppelten Diskurses" von Psychoanalyse und Soziologie (Soziologie steht hier synonym mit Ethnologie, die beide - von aussen kommend - den makrosozialen Bereich, die Gruppe, zum Gegenstand haben) (Devereux 1978a, S. 12-18).
Auch die im Kontakt mit der Kultur- und Persönlichkeitsforschung entstandene "neo-freudianische", von der Libidotheorie "befreite" bzw. stärker an Fragen der Anpassung ("adaptation", "adjustment") orientierte Psychoanalyse - hier besonders die Washingtoner Schule von Sullivan, Thomson, Horney, Fromm - wird von Devereux häufig im gleichen Atemzug mit den "Kulturalisten" genannt und, ähnlich diesen, als gescheitertes Bemühen um eine Synthese von Psychischem und Kulturellem abgetan (Devereux 1973, S. 243; 1978a, S. 112; vgl. "Exkurs" II d. vorl. Arb.).

Die "komplementaristische" Methode sieht somit die je getrennte Anwendung des soziologischen oder psychologischen - prinzipiell gleichrangigen - Betrachtungs- und Argumentationssystems vor nach Maßgabe der Perspektive, der Position des Beobachters usw. Ein **Wechsel** des Diskurses müsse vorgenommen werden, sobald eine "zusätzliche explikative Anstrengung ... aufhört, einen ihr entsprechenden, zusätzlichen Ertrag zu bringen, d.h. rentabel zu sein" (Devereux 1978a, S. 15) (was auch immer in praxi dies bedeuten mag ...).
Eine der theoretischen Voraussetzungen für obige Forderung ist das sogenannte "Abtötungsprinzip" (vgl. S. 69 d. vorl. Arb.), welches das Phänomen des "Wegerklärens" (der Zerstörung) immer weiterer Eigenschaften eines Gegenstands beschreibt, wenn versucht wird, diesen im Rahmen **einer** Theorie möglichst intensiv zu erfassen - womit die Notwendigkeit des Diskurswechsels gegeben ist (Devereux 1978a, S. 22-23).

---

68 Eine besondere Stellung allerdings nehmen, wie aufgezeigt (vgl. S. 67 und Anm. 60), die Vertreter der "Ich-Psychologie" bzw. des "psychosozialen Ansatzes" ein. Deren Arbeiten finden m.E. bei Devereux' Forderung nach einem neuen theoretischen und methodologischen Paradigma nicht genügend Berücksichtigung, sind sie doch ebenfalls ein (diskussionswürdiger!) Versuch, einen Ausweg aus dem von Devereux aufgezeigten Dilemma zu finden (vgl. "Exkurs" II).

Natürlich kann Devereux' Aufruf gegen jede Art des Reduktionismus (sowohl den kulturellen wie den psychologischen) auch als Argument gegen solche eindimensionalen Denkmodelle verstanden werden, wie sie rein ethologischen bzw. biosozialen (biofunktionalen) Theorien zugrunde liegen. Derartige Theorien sind zwar bei Devereux nicht namentlich erwähnt, zumal sie eher einer jüngeren wissenschaftsgeschichtlichen Periode entstammen. Dennoch würde man nach meiner Einschätzung weder dem Inhalt noch den Absichten von Devereux' Rede Gewalt antun, bezöge man diese in die Reihe der von ihm kritisierten reduktionistischen Ansätze mit ein.

Entscheidend für den obligatorischen Ungleichzeitigkeitscharakter und die prinzipielle Gesondertheit der Betrachtungsweisen innerhalb des komplementaristischen Vorgehens ist folgende These:

> *"Kein Phänomen, gleichgültig wie begrenzt und spezifisch es ist, gehört a priori zu irgendeiner bestimmten Disziplin. Es wird einer bestimmten Disziplin* ***zugeordnet*** *durch die Art, in der es erklärt wird, und diese 'Zuordnung' transformiert ein Phänomen in ein Datum und vor allem in das Datum einer bestimmten Disziplin." (Devereux 1973, S. 38)*

Die Grundlagen für diesen Teil des Devereux'schen Denkens finden sich in Bohrs und Heisenbergs Thesen zur neueren Physik: Heisenberg entwickelte 1927 seine sog. "Unschärferelation", und Bohr gab 1928 eine Definition von Komplementarität mit Bezug auf den dualen (Korpuskel- und Wellen-) Charakter des Lichts (Bohr 1958; Heisenberg 1959).
Insbesondere der Physiker Jordan hatte darüber hinaus versucht, die Gültigkeit solcher erkenntnistheoretischer Thesen, wie sie im "Komplementaritäts"- und "Abtötungsprinzip" ihren Ausdruck finden, nicht nur für die Naturwissenschaften, sondern auch **innerhalb** der Disziplinen Psychoanalyse und Sozialwissenschaften aufzuzeigen (1947a und 1947b):
Schon Freud, auf den sich Jordan wiederholt bezieht, beschreibt den Ausschlußcharakter von Symptom und Bewußtheit (im Sinne des komplementären Verhältnisses):

> *"Nicht nur, daß der Sinn der Symptome regelmäßig unbewußt ist; es besteht auch ein Verhältnis von Vertretung zwischen dieser Unbewußtheit und der Existenzmöglichkeit der Symptome." (Freud 1916-1917/1969, S. 278)*

Nicht unbescheiden nun weist Devereux darauf hin, daß es seine Idee gewesen sei, Psychoanalyse und Sozialwissenschaften als in einem komplementaristischen Verhältnis **zueinander** stehend aufzufassen (Devereux, zit. in Bokelmann 1987, S. 25).

Eine Konsequenz dieses Bemühens um "doppelten Diskurs" ist Devereux' Forderung nach "Zwei Typen modaler Persönlichkeitsmodelle" (Titel eines frühen, erstmals auf Englisch erschienen Aufsatzes: Devereux 1961), die einerseits Verhalten und Motivationen von Individuen auf der makrosozialen Ebene und damit aus einer soziologischen Perspektive sowie andererseits die korrespondierenden mikrosozialen, individuellen Prozesse einschließlich der unbewußten Beweggründe erhellen sollen. In diesem Sinne unterschiedliche motivationale Strukturen beschreibt Devereux nach einer Befragung und tiefenpsychologischen Analyse von ungarischen Aufständischen, die sich nach dem Einmarsch der Sowjetunion nach Ungarn 1956/57 in die USA geflüchtet hatten: "Revolutionäre Bestrebungen",

"Patriotismus", "Solidarität" als Eigenschaften der "soziologischen Modalpersönlichkeit" versus "Haß auf Vaterfiguren", "ödipale Problematik" etc. als komplementäre (psychologische) Themen innerhalb der untersuchten Gruppe ...

Devereux' "Komplementaritätsprinzip" ist entstanden aus seiner - berechtigten - Kritik an der limitierenden Sichtweise insbesondere des kulturellen Reduktionismus eines Kardiner, aber auch des psychologischen Reduktionismus Róheims; daß Devereux sich mit dieser Haltung "zwischen alle Stühle" gesetzt hat, nimmt nun keineswegs wunder (vgl. Devereux 1945 oder 1958; Bokelmann 1987, S. 20-21).
In der von Devereux favorisierten Bereitschaft zum (frühen) Diskurswechsel bzw. der Forderung nach Gleichrangigkeit beider Diskurse liegen die Chancen m.E. tatsächlich etwas höher, das komplexe Thema der Interdependenz von Kultur (Sozialem) und Psychischem hinreichend zur Darstellung zu bringen als in einem solchen Verfahren, das die jeweils andere Disziplin zu einem Hilfsinstrument zur Erlangung der vielfach schon im Vorhinein zu erahnenden Resultate degradiert. Speziell im Verhältnis zur ("kulturalistischen") Kultur- und Persönlichkeitsforschung bedeutet diese seine Position die theoretische Rechtfertigung für die methodologische Wiederaufwertung der hier häufig zum "Sekundärmaterial" "verkommenen" psychoanalytischen Vorstellungen und Interpretationen.

Der Beobachter im Untersuchungsprozeß

Ebenfalls für sein zweites "Innovationspostulat" zur Methodologie bezieht Devereux Anregungen aus der neueren Physik wie aus der Psychoanalyse. Generelles Thema ist die Rolle des Beobachters im Prozeß der (Feld-) Forschung mit allen hieran gebundenen Konsequenzen:

> *"So hat Einstein uns mit zwingender Notwendigkeit vor Augen geführt, daß es in einem relativistischen Universum die* ***Stellung** des **Beobachters zu berücksichtigen gilt**; in der Physik hat Heisenberg die Unbestimmbarkeit ... einiger intraatomarer Prozesse gezeigt, ohne die Ereignisse selbst* ***im Vorgang des Beobachtens*** *zu verändern." (LaBarre 1973, S. 9, Vorw. zu Devereux 1973)*

Daneben wird in der (Rück-) Lenkung der Perspektive auf den Beobachter, auf dessen Position und Einfluß auf das beobachtete Geschehen die Nähe zum psychoanalytischen Konzept der "Gegenübertragung" (vgl. Anm. 25) deutlich:
So hatte Freud in Zusammenhang mit "Gegenübertragung" formuliert, "daß jeder Psychoanalytiker nur soweit komme, als seine eigenen Komplexe und inneren Wi-

derstände es gestatten"[69] (1910/1975, S. 126). Dies im Rahmen eines Vorgangs - des psychoanalytischen Prozesses - in dem "der Psychoanalytiker dem gebenden Unbewußten des Kranken sein eigenes Unbewußtes als empfangendes Organ zuwendet" (1912/1975, S. 175).
Devereux selbst schreibt:

> *"(8) Da die Existenz des Beobachters, seine Beobachtungstätigkeit und seine Ängste ... Verzerrungen hervorbringen, die sich sowohl technisch als auch logisch unmöglich ausschließen lassen, (9) muß jede taugliche verhaltenswissenschaftliche Methodologie diese Störungen als die signifikantesten und charakteristischsten Daten der Verhaltenswissenschaft behandeln und (10) sich die aller Beobachtung inhärente Subjektivität als den Königsweg zu einer eher authentischen als fiktiven Objektivität dienstbar machen." (Devereux 1973, S. 17/18)*

Mit anderen Worten: (erst) die Berücksichtigung des Einflusses des Beobachters bzw., in psychoanalytischer Terminologie, die Einführung des "Arbeitsinstruments" (Brauner 1986, S. 244) der **Gegenübertragung** ermöglicht angemessene Erkenntnis in den Wissenschaften vom Menschen (Devereux 1973, S. 17).

Die Forderung nach Einbeziehung der Subjektivität, ja sogar die nach ihrer Anerkennung als einer einzigartigen Zugangsmöglichkeit - des "Königswegs", nach Devereux (in Anlehnung an Freuds Charakterisierung der Traumdeutung), - zur Materie, ähnelt solchen Positionen, wie sie von den Vertretern einer kritisch-hermeneutischen Tradition (hier: der "Frankfurter Schule") gegen eine empirisch-objektivistische Sozialwissenschaft geltend gemacht werden.
So eröffnen sich beispielsweise für Adorno, ebenso wie für Devereux, durch die Erkenntnisse der Psychoanalyse entscheidende neue Perspektiven für den Fortgang der Sozialwissenschaften. Adorno formuliert:

> *"das heißt ...: daß ich das Wesen der Gesellschaft, oder überhaupt etwas Wesentliches nicht etwa dann erkennen kann, wenn ich dabei von mir als Erkennendem möglichst absehe, sondern wenn ich alles, was ich selber an Innervationen, an Regungen, an Willen, an Intentionen habe, in diese Erkenntnis mit hereingebe." (Adorno 1957/58, S. 26)*

Er bezieht sich an dieser Stelle auf den Psychoanalytiker Reik. Dieser schreibt:

---

69 Auf den bei Freud nur marginal behandelten, zwischenzeitlich erweiterten Bedeutungsgehalt von "Gegenübertragung" in der psychoanalytischen Theorie verweist Brauner (1986, S. 244) mit Bezug auf z.B. Nerenz (1983). Vgl. auch: "Gegenübertragung" in: LaPlanche und Pontalis (1982, S. 164).

> *"Jede wissenschaftliche Forschung fordert ein Objekt und ein Subjekt .... Das Subjekt ist der Beobachter, der Forscher. In der introspektiven Psychologie sind die eigenen psychischen Vorgänge des Forschers das Objekt; das Subjekt ist er selbst. Hier gibt es somit eine Identität von Objekt und Subjekt, die verwirrend ist." (Reik 1948/1976, S. 29)*

Natürlich ist erstaunlich, in welchem Maß sich hier die Thesen eines ("wert"-) konservativen Denkers wie Devereux (vgl. S. 117 d. vorl. Arb.) und die Einschätzung Adornos nahekommen - berücksichtigt man jedoch beider Quelle, die psychoanalytische Theorie, nimmt dies weniger wunder.[70]

Devereux nun propagiert die Hinwendung zum "subjektiven Faktor", zur "Introspektion" als dem "Zusammenfallen von Objekt und Subjekt im Beobachter" (in Anlehnung an Reik, s.o.), speziell im Hinblick auf die ethnologische (Feld-) Forschung: Gerade in der Ethnologie - als einer ganz besonderen sozialwissenschaftlichen Disziplin - läßt sich zeigen, in welchem Maße die Begegnung mit dem fremden Gegenüber (auf beiden Seiten!) Angst, Verwirrung und Unverständnis - und damit nicht selten Aggressivität - erzeugt. Solche Gefühlsregungen und Prozesse sind es aber, die entscheidenden Einfluß auf das Geschehen - und damit auf die Resultate der "Untersuchung" - ausüben. Von ganz besonderer Bedeutung ist dieses Phänomen gerade für die Kultur- und Persönlichkeitsforschung, deren Ziel ja erklärtermaßen in der Aufdeckung der psychischen Strukturen und Vorgänge im Anderen (Fremden) liegen.
Somit gilt es, die eigenen emotionalen Regungen (d.h., die des Beobachters) nicht auszumerzen in der Absicht, ein reines, "objektives" Bild zu liefern: "Objektivität" in der ethnologischen Situation ist für Devereux im besten Falle Illusion, die schon gar nicht über einen zwanghaft das Subjektive unterdrückenden Weg ("Methodik") realisiert werden kann. Entsprechend besteht einzig in der Aufwertung und Miteinbeziehung der genannten inneren Reaktionen (auf seiten des Beobachters) die Chance, zu einer "realistischen" Einschätzung von Verhalten ebenso wie der inneren Strukturen (des Fremden) zu gelangen.
Ganz offensichtlich steht Devereux mit dieser Haltung in ausgesprochenem Gegensatz zu den Vorgaben der klassischen Kultur- und Persönlichkeitsforschung, deren Anhänger der Auffassung waren, mit quasi objektiven Methoden (Beobachtung von

---

70 Zudem zeigt sich hier einmal mehr, daß aus der psychoanalytischen Theorie als solcher keineswegs eindeutige politische Positionen abgeleitet werden können (vgl. Freud 1933/1969, S. 608) - ganz im Gegenteil ist sie offensichtlich mit einem breiten Spektrum solcher Einstellungen vereinbar. Dies scheint mir in mancher Hinsicht eine Schwäche, garantiert jedoch andererseits das Fortbestehen eines dynamischen, häufig auch emotionsgeladenen Diskussionsprozesses zwischen den Vertretern der verschiedenen Positionen (vgl. Parin 1989 in einer solchen Debatte mit konservativen Berufskollegen).

Erziehungspraktiken, Befragungen, Tests) eine Darstellung der Persönlichkeitsprofile ihrer - maliziös formuliert - Forschungsobjekte geben zu können.

Nach Devereux' Auffassung ist in erster Linie "Angst" ein konstitutionierender Erlebnisfaktor in der sozialwissenschaftlichen, aus o.g. Gründen besonders auch ethnologischen Untersuchung. Die Angst selbst sowie die aus ihr resultierenden Bewältigungs-("Abwehr"-) versuche im Innern des "Wissenschaftlers" sind Hauptthema seiner Monographie "Angst und Methode in den Verhaltenswissenschaften" (1973). Solche Bewältigungsversuche haben unterschiedliche Gesichter: vielfach ließen sie sich hinter dem Drang nach "Objektivierung" vermuten, welche dann vor der "Entmenschlichung" keineswegs mehr haltmache; bei näherer Betrachtung könne man sie aber auch als Grundlage der Distanzierungsbemühungen ausmachen, welche sich hinter der "exotistischen Ethnographie" (vgl. Devereux 1973, S. 241) geschickt verbergen.
Im folgenden nun soll auf die genannten Vorgänge näher eingegangen werden.

Zur Dialektik von Angst und Versuchung. Die Abwehrstrategien des Wissenschaftlers

> *"Jede Kultur behandelt das gleiche psychische Material auf verschiedene Weise. Die eine unterdrückt es, eine andere begünstigt seine offene, manchmal sogar übermäßige Ausprägung, wieder eine andere duldet es als zuverlässige Alternative, sei es für alle, sei es nur für eine bestimmte über- oder unterprivilegierte Gruppe usw. Die Untersuchung fremder Kulturen zwingt deshalb den Anthropologen oft, bei der Feldforschung Material zu beobachten, das er selbst verdrängt. Diese Erfahrung löst nicht nur Angst aus, sondern wird zugleich als 'Verführung' erlebt." (Devereux 1973, S. 67)*

Devereux' Forderung nach Beachtung der eigenen Subjektivität, ja nach Übernahme des psychoanalytischen Arbeitsinstruments der Gegenübertragung in die Ethnologie basiert bei näherer Betrachtung auf einem miteinander verkoppelten Argument: Zum ersten kann er, wie dies weiter oben schon zur Sprache kam, zeigen, in welch starkem Maße gerade die Angstreaktionen des Ethnologen die Ergebnisse seiner Feldforschung beeinflussen (z.B. Devereux 1973, S. 68f.). Des weiteren führt Devereux - wenn auch nur in angedeuteter Form - Gründe auf, die eine gewisse strukturelle Ähnlichkeit von Ethnologie und Psychiatrie/Psychoanalyse (vgl. Anm. 16) belegen: Es handelt sich um den ambivalenten Gefühlskomplex von Angst und Verführung (bzw. Versuchung), welcher offensichtlich in der Ethnologie von zentraler, in der Psychiatrie und Psychoanalyse von nicht geringer Bedeutung ist.

Die Angst nun ist dem Ethnologen im allgemeinen nicht bewußt - zumindest wird in den meisten (klassischen) Monographien kaum darüber berichtet. In jüngerer Zeit jedoch findet sich, möglicherweise auch als Folge der Arbeiten Devereux', eine verstärkte theoretische Hinwendung zu diesem Phänomen: Dies zeigt sich z.B. in der Thematisierung von "Kulturschock" (Beuchelt 1988b, S. 274-275), Isolation und Frustration des Feldforschers (Koepping 1984; Lewis 1985; Kohl 1986). Auch das (drohende) Erleiden des "sozialen Todes" (Erdheim 1984, S. 25-26) als der (für den Ethnologen!) ungünstigsten Folge der genannten Entwicklungen ist natürlich äußerst angstbesetzt; anscheindend ist es der **Beginn** der Feldforschung, zu welcher Zeit die geschilderten Reaktionen ihre höchste Intensität erreichen. Somit kann überwiegend dieser Zeitraum als "Angstphase" aufgefaßt werden, wiewohl die Angst den Ethnologen vermutlich nie ganz verläßt ...

Doch auch eine andere Spur führt zur Angst. Da letztere hier allerdings nur sehr indirekt in Erscheinung tritt, muß ihre Fährte über einen Umweg aufgenommen werden: Dieser Umweg besteht in einer Analogsetzung von Ethnologie und Psychiatrie/Psychoanalyse[71] sowie der Analyse der Motivationslage der jeweiligen Fachvertreter: "Das Fremde verstehen" (Heinrichs 1985) stellt sich für beide (Wissenschaften als auch ihre Repräsentanten) als eines ihrer Hauptanliegen dar.

Sehr treffend schreiben Erdheim und Nadig:

> *"Das Fremde - sei dies zum Beispiel der Wahn in der Psychiatrie oder, in der Ethnologie, die andere Kultur - erscheint als das Bessere, von wo aus die Mißstände der eigenen Kultur kritisiert werden können." (Erdheim/Nadig 1987, S. 167)*

Zunehmend durchmischen sich auch das Bedürfnis nach Verstehen sowohl des eigenen Fremden wie des Fremden im Anderen; in diesem Sinne reflektiert Lévi-

---

71 Beispielsweise zeigt Devereux Parallelen zwischen psychiatrischer und ethnologischer Begegnung auf (1973, S. 67 und entspr. Anm. V.2).

In diesem Sinne sprechen Dubreuil und Wittkower von Ethnologie und Psychiatrie als "Zwillingswissenschaften" (1976), und insbesondere die von Devereux beeinflußten Vertreter der "neueren" Ethnopsychoanalyse wenden sich verstärkt diesem Komplex zu (z.B. Erdheim 1984, S. 24 über Ethnologie und Psychoanalyse). Parin gibt eine soziologische und historische Analyse der (nach seiner Ansicht) parallelen Entwicklung beider Disziplinen, d.h., von Ethnologie und Psychiatrie, (1978); die genannte Analogisierung finde sich erstmals schon bei Kant (Parin 1978, S. 234).

Freud selbst hat ja viele ethnologische Schriften gekannt und z.T. zur Erarbeitung seiner Kulturtheorie verwandt (vgl. z.B. Schoene 1966). Von Freud stammt auch die Umschreibung des eigenen Unbewußten als "inneres Ausland" (vgl. Heinemann 1990, S. 25/26); speziell in bezug auf die Psychologie der Frau vermerkt er, diese sei für ihn stets ein "dunkler Kontinent" geblieben (Freud 1926/1975, S. 303; im Orig. "dark continent"). Noch deutlicher wird dieser Griff zur ethnologischen Metapher in einer neueren Veröffentlichung der Psychoanalytikerin Rohde-Dachser, die die traditionellen Weiblichkeitsparadigmen der Psychoanalyse einer kritischen Prüfung unterzieht: unter Verweis auf die zuletzt zitierte Bemerkung Freuds lädt sie ein zur "Expedition in den dunklen Kontinent" (1991).

Strauss über die Parallelen von Feldforschung und "Lehranalyse" (1958/1967, S. 400).
Ähnlich spricht Kramer von der "Ahnung eines unerschöpflichen Selbstverstehens" (1977, S. 7) in bezug auf ethnologische Feldforschung, und auch Duerr (1978) verweist in seiner Thematisierung der "Wildnis" und ihres Verführungscharakters für den Ethnologen wie für den Psychoanalytiker (in Form des Unbekannten, lockend-gefährlichen Unbewußten) auf die strukturelle Ähnlichkeit von deren Motivation. Ebenso bezeichnet wohl das geflügelte Wort vom "Voyeurismus der Psychoanalytiker" den genannten Sachverhalt.
Ist es aber tatsächlich nur Neugier, Verstehenwollen, Unzufriedenheit mit dem Bekannten (Fischer 1981, S. 72; Kohl 1986, S. 66f., speziell zu Lévi-Strauss), was den Ethnologen in die "Wildnis", den Psychoanalytiker zur Beschäftigung mit dem Unbewußten treibt? Oder ist auch hier nicht schon **Angst** im Spiel - die (latente) Angst vor dem gänzlich Anderen, dem Drohend-Unbekannten, das die eigene Existenzweise und Identität lauernd in Frage stellt? Ist dem so, verspräche der Akt der "Landnahme" - sollte er gelingen! -, des "Habhaftwerdens" des Andern, des Unbekannten im Erkenntnis- bzw. Erfahrungsvorgang, Angstminderung und Identitätssicherung, im besten Falle identitätserweiternde Neuorientierung ...
In diesem Sinne beschreibt Devereux das verführerische und gleichzeitig angstauslösende Verhalten von Psychotikern (im Verhältnis zu ihrem Gegenüber) in unmittelbarem Zusammenhang mit der Feldforschungssituation; letztere rufe im Anthropologen - ist er nur genügend ehrlich mit sich selbst - ähnlich widersprüchliche Regungen von Angst und Versuchung hervor (vgl. Anm. 71). Für die Ethnologie spricht Kohl folgerichtig von der Ambivalenz aus "Abwehr und Verlangen" (1987).

Aus dem Gesagten dürfte deutlich geworden sein, daß der Angst ein zwar nicht offensichtlicher, bei näherer Betrachtung aber **wesentlicher** Stellenwert im Verlauf des ethnologischen, fast gleichermaßen auch psychiatrischen und psychoanalytischen Prozesses zukommt: Anscheinend tritt sie häufig im Gewand von Versuchungs- und Verführungsphantasien auf, welche sich am anderen Pol eines ambivalenten inneren Gefühlskomplexes orten lassen, dem sie mit der Angst zusammen entspringen (vgl. "Angstlust"). Wenn nun die Angst auch auf seiten des psychiatrischen Patienten, des Analysanden oder psychoanalytischen Adepten mit größerer Wahrscheinlichkeit sich manifestiert als auf seiten des Psychiaters oder Psychoanalytikers[72], so ist sie doch mit Sicherheit beim Ethnologen (über die Angst der Einheimischen wissen wir nicht viel).

---

[72] Hat der Psychiater, hat der Psychoanalytiker Angst? Diese ketzerische und auf den ersten Blick etwas abwegige Frage scheint mir insofern berechtigt, als Devereux' Forderung ja darin besteht, Gegenübertragungsreaktionen, wie sie in der Psychoanalyse entdeckt und nutzbringend für den Fortgang der Behandlung eingesetzt wurden, in ihrer Bedeutsamkeit auch für die "Verhaltenswissenschaften" (vgl. Devereux 1973; in etwa sind die Geisteswissenschaften gemeint) aufzuzeigen. Hier nun erkennt er als ein zentrales (Gegenübertragungs-) Phänomen die Angst, womit sich im Umkehrschluß - und zumal dann, wenn man "Ethnopsychoanalyse" als eine Wissenschaft begreift, die Konzepte beider Disziplinen in

In dem Maße aber, wie die Angst des psychiatrischen Patienten häufig das zu therapierende Symptom darstellt, in der Psychoanalyse mit ihrem komplementären Anteil von Verführung und Versuchung[73] verhandelt wird - ja sogar mit diesen in den Gegenübertragungsreaktionen des Analytikers zur Erscheinung und Reflektion

---

sich aufzunehmen den Anspruch hat - die Frage der Angst beim Psychiater und Psychoanalytiker auftut. Daß bei beiden, wiewohl unterschiedlich in Ausmaß und Bewußtheitsgrad, Angst "im Spiel" ist, steht für mich außer Zweifel; leider läßt Devereux, wohl aufgrund der US-amerikanischen Verhältnisse, in seinen Analysen eine klare Trennung beider Disziplinen immer wieder vermissen (vgl. z.B. die bei ihm fast synonymen Bezeichnungen "Ethnopsychiatrie" und "Ethnopsychoanalyse", Devereux 1974, S. 7f. und Devereux 1978a; sowie Anm. 16 d. vorl. Arb.). Allerdings scheint mir in Hinblick auf die genannte Fragestellung und vor dem Hintergrund der europäischen Situation eine solche Trennung doch von großem Vorteil, wie ich sie in den folgenden Ausführungen vornehmen möchte:

Abgesehen von der (zugegebenermaßen sehr bedeutsamen) Tatsache, daß in der Psychiatrie im allgemeinen Patienten mit schwereren Störungen behandelt werden, als dies in der psychoanalytischen Therapie geschieht, ist die Situation in der konventionellen Psychiatrie gekennzeichnet durch die häufig sehr einschneidenden Behandlungsmaßnahmen, die "im Krieg gegen die Krankheit", d.h. vor allem gegen das Unverständliche und Fremde, eingesetzt werden: Maßnahmen der sozialen Aussonderung und Verwahrung, langdauernde und hochdosierte Psychopharmakatherapie, z.T. sogar Elektroschocks und dergleichen. Dies geschieht nach meiner Auffassung zum einen aus mangelndem Wissen um die ablaufenden Krankheitsprozesse und der damit verbundenen relativen therapeutischen Hilflosigkeit; zum anderen jedoch spielen auch die nicht bewußte Aggression und Angst, die "schizophren"-psychotisches, vielleicht auch depressives Verhalten bei den "Trägern" einer "gesunden", "normalen" Weltsicht (d.h. beim ärztlichen und Pflegepersonal) hervorrufen kann, eine große Rolle: Somit wären die genannten therapeutischen Maßnahmen unter anderem als Bemühungen aufzufassen, die bei den Behandlern aufkommende Angst durch Distanzierung abzuwehren. Abwertende diagnostische Etikettierungen wie "Psychopath", "Schizophrener" ebenso wie die hierarchische Struktur des Arzt-Patienten-Verhältnisses tun auf institutioneller Ebene ihr Übriges, um derartigen Bestrebungen zum Erfolg zu verhelfen.

Für die Psychoanalyse, die sich ja Bewußtmachung als eines ihrer Ziele gesetzt hat, und die, zumindest ihrem Anspruch nach, ein stärker egalitäres Verhältnis zwischen Analysand und Analytiker herstellen möchte, stellen sich die Dinge anders dar. Devereux vertritt die (nachvollziehbare) Auffassung, der Psychoanalytiker (und wahrscheinlich seiner Meinung nach auch der psychoanalytisch geschulte Psychiater, s.o.) könne sich aufgrund seiner Profession dem angsterregenden Material, welches der Patient produziert, aussetzen, ohne selbst "übermäßige Angst" zu entwickeln - "jedenfalls, wenn er wirklich **gut** analysiert ist" (Devereux 1973, S. 109, Hervorhebung im Orig.). Hier liegt nun offensichtlich der ausschlaggebende Unterschied zum Psychiater konventioneller Prägung, doch gerade auch angesichts der Einschränkung im Devereux'schen Zitat wird man annehmen können, daß in der psychoanalytischen **Interaktion** Angstgefühle auf seiten des Analytikers - zumindest als Gegenübertragungsreaktion - nicht allzu selten sind.

Besonders interessant ist Devereux' Beschreibung eines Versuchs, der darin bestand, in einer Filmaufzeichnung über australische Beschneidungs- und Subinzisionsriten Psychoanalytiker mit angsterregendem **ethnologischen** Material zu konfrontieren. Deren Träume und körperliche Symptome ließen auf ausgeprägte unbewußte Angstzustände schließen! (Devereux 1973, S. 72-105).

An dieser Stelle sei auch auf meine Deutung zum Zustandekommen von Kardiners Konstruktion der "typischen Persönlichkeit" auf Alor verwiesen: Hier scheint sogar ein psychoanalytisch tätiger Psychiater den Versuchungen erlegen zu sein, aus Angst vor dem ihm fremden ethnologischen Material in die klassisch-psychiatrischen Abwehrmaßnahmen von Abwertung und herabsetzender klinisch-diagnostischer Etikettierung zurückzuverfallen (vgl. "Exkurs" I).

73 Zur "Verführungsthematik" im Verhältnis von Analysand und Analytiker auf allgemeiner, d.h. nichtsexueller Ebene, vgl. Morgenthaler (1978, S. 78).

kommt, blieb der komplexe Charakter von Angst und Versuchung, der der **ethnologischen** Begegnung innewohnt, viel stärker und lange Zeit im Dunkeln. Einzig die Spekulationen über die Anziehungskraft der Feldforschung, über die Aussicht auf "Exotik", die hin und wieder in den Überlegungen zur Motivation des Ethnologen, z.T. auch in den Berichten der Feldforscher selbst sich finden, geben schon seit längerem (indirekte) Hinweise auf ihre, d.h. der Angst, Anwesenheit. Daß es aber mit dem "Das Fremde verstehen" (wollen) nicht sein Bewenden hat, zeigt gerade die Anfangsphase der Feldforschung, wenn nämlich die Angst den Ethnologen "an der kalten Schulter" erwischt. So wird des Ethnologen eingestandenes Motiv, "Das Fremde (zu) verstehen", eh er sich's versieht zur "Angst vor dem Fremden". Diese kann in den wenigsten Fällen zugelassen werden und erscheint noch seltener, erst in jüngster Zeit, in der ethnographischen Darstellung.[74]

Der Hinweis auf das Phänomen der Angst, dessen Einführung in sein theoretisches System erlaubt Devereux nun einen "großen Wurf": mit seinen Thesen zur Angst wird es ihm möglich, einige typische Mechanismen ethnologischer Feldforschung und Theoriebildung näher aufzuschlüsseln und als eine besondere Form von Abwehrbemühungen bloßzustellen:
So sei es die Angst (vor dem Fremden), die allzu häufig zur Entmenschlichung ("Entsubjektivierung") der Einheimischen, d.h. der Anderen geführt habe - im Feldforschungsprozeß nicht sehr viel anders als im Rahmen der kolonialen Repression (Devereux 1973, S. 183f.). In diesem Sinne exemplarisch aufzufassen sind die Tagebücher Malinowskis (1986), in denen dessen herabsetzende und aggressive Beurteilung der Einheimischen offensichtlich wird, oder auch die Einschätzung Kardiners zur "typischen Persönlichkeit" auf Alor (vgl. "Exkurs" I und Anm. 72).
Auch die vordergründig hierzu im Gegensatz stehende "exotistisch-verklärende" Ethnographie (in Anlehnung an Brauner 1986, S. 12), die Devereux als eine spezielle Erscheinungsform des kulturellen Relativismus ansieht, resultiere aus dem Versuch, zwecks Abwehr aufkommender Angst die Distanz zwischen Beobachter und Beobachtetem zu vergrößern. Speziell zur "exotistischen" Ethnographie schreibt Devereux:

> *"Die **exotistische Selektivität** hat die gesamte Anthropologie und Kultur- und Persönlichkeitsforschung von Beginn an behext. Es hat immer die Tendenz gegeben, **in erster Linie** solche Muster und Handlungsweisen zu dokumentieren, die sich von denen, die zur Kultur des Anthropologen gehören, auffallend unterscheiden." (Devereux 1973, S. 241)*

---

74 Koepping spricht in einer neueren Arbeit von der Angst vor "Kontamination", die er zum Aspekt der Verführung und der daraus resultierenden Befürchtung, in der Feldforschung zu "verkanakern", in Beziehung setzt (1984, S. 223).

Zustimmend äußern sich hier beispielsweise Narroll (1970, S. 928) oder auch Stagl (1985a, S. 101). Unverändert aktuell erscheint das obige Zitat gleichfalls im Hinblick auf Freemans Kritik an Margret Meads Samoa-Forschung. Gerade gegenüber der "Uniformitätsthese" der Kultur- und Persönlichkeitsforschung (vgl. Kap. I., 5.) liefern solche Einsichten weitreichende Kritikmöglichkeiten.
Auch die sog. "professionellen Abwehrstrategien" (Devereux 1973, S. 109) - eine von Devereux als Schimpfwort gebrauchte Bezeichnung - müssen in diesem Zusammenhang der Abwehrbemühungen verstanden werden; gemeint sind hiermit alle herkömmlichen, d.h. nicht tiefenpsychologisch fundierten oder zumindest ergänzten Verfahren, die der Gewinnung von Information dienen sollen.

> *"Gerade weil sie Angst abbauen, verwandeln sich diese Manöver oft systematisch in wahrhafte Gegenübertragungsreaktionen, die zu einem zwanghaften Ausagieren führen, das sich als Wissenschaft maskiert. ... [Sie sind] Variationen der Isolierungsstrategie, die angsterregendes Material 'entgiftet', indem sie es verdrängt und seine humane wie persönliche Relevanz leugnet." (Devereux 1973, S. 109; Ergänzung M.A.; vgl. die Zitierung LaBarres in der vorliegenden Arbeit, S. 65)*

Schließlich entlarvt Devereux die "Auffassung der Menschheit als eine Art 'Museum der Sitten und Gebräuche'" (Devereux 1973, S. 112) ebenfalls als ein - von den vorgenannten Manövern nicht gänzlich verschiedenes - Bestreben, die drohende Angst durch Einordnung in wissenschaftlichen Diskurs und kategoriales System kleinzuhalten. Vergleichbar spricht Duerr - wahrscheinlich angeregt durch Devereux - von "Zähmungs- und Neutralisierungsbemühungen", die sich hinter solch "objektiver" wissenschaftlicher Tätigkeit vermuten lassen (Duerr 1978, S. 152; ähnlich Koepping 1984).

Da nun nach Einschätzung Devereux' die Angst, gerade auch die drohende wie die nicht bewußte Angst, erheblichen Einfluß auf den Gang der Dinge ausübt wie auf die Art, diese wahrzunehmen (bzw. sich ihnen theoretisch zu nähern), bleibt für ihn zwangsläufig nur eine Konsequenz: Ähnlich, wie in der Psychoanalyse die Angst sowie die mit ihr verbundenen komplementären Gefühlsinhalte als wichtiges Moment im Geflecht von Übertragungs- und Gegenübertragungsprozessen zur Reflektion und Bearbeitung gebracht werden, sollten auch ethnologisch Tätige eine solche Bewußtwerdung der beschriebenen Mechanismen - hier vorrangig der Angst - sich zur Aufgabe machen. Nur so könnten Deformierungen vermieden, verklärende und übertrieben relativistische ebenso wie einseitig abwertende Darstellungen von einer authentischeren Ethnologie überwunden werden.

Über den Dualismus evidenter und verborgener kultureller Merkmale. Teilnehmende Beobachtung und kultureller Relativismus

Devereux' Thesen zur Angst sowie seine provozierenden Deutungen einiger als unumstößlich gehandelter Wahrheiten und "Anweisungen" im Fach haben ihn zu scharfen Kritiken speziell an der Kultur- und Persönlichkeitsforschung - als der zu seiner Zeit in den USA vorherrschenden Strömung - geführt. Hierauf soll im folgenden näher eingegangen werden.

Ausgehend von seiner Annahme einer selektiven Wahrnehmung durch den Ethnologen kann er - auf etwas allgemeinerer Ebene - den Dualismus evidenter und verborgener kultureller Merkmale als theoretisches Postulat vorstellen; in der Erkenntnis, daß sich hinter den manifesten Äußerungen der Kultur auch gegensätzliche, meist unterdrückte Tendenzen aufspüren lassen, schreibt er:

> *"Wenn eine Kultur offen das Merkmal X überbetont und sein Gegenteil (Nicht-X) implizit oder explizit unterbetont,* ***so ist diese Unterbetonung von Nicht-X tatsächlich ein ebenso wichtiges Kulturmerkmal wie die Überbetonung des Merkmals X*** *... Die Weigerung, diese 'Kehrseite der Medaille' in Rechnung zu stellen, liegt an der Wurzel vieler Simplifizierungen in Kultur- und Persönlichkeitsuntersuchungen wie auch des 'kulturalistischen' Neo-Freudianismus." (Devereux 1973, S. 243)*[75]

Auch mit dieser Haltung bewegt sich Devereux in genuin psychoanalytischem Fahrwasser: Der psychoanalytische (Erkenntnis-, Therapie-) Prozeß besteht ja u.a. darin, jene verdeckten Regungen offenzulegen, die sich mit solchen, die für den Analysanden bzw. Patienten bewußtseinsnäher sind und sich damit als zugänglicher erweisen, oftmals im Verhältnis eines interdependenten Gegensatzes - fast möchte man sagen von Komplementarität - befinden (vgl. z.B. das Phänomen der "Reaktionsbildung", "kontraphobische" Handlungen etc.). Scheint nun die Übertragung eines derartigen Verständnisses von der individuell-psychoanalytischen Situation auf die Betrachtung ganzer Kulturen auf den ersten Blick auch etwas abwegig, kann Devereux immerhin diese seine These anhand eines Beispiels gut belegen:

---

75 Diese "Kehrseite der Medaille" entspricht in etwa den "Modellen des Fehlverhaltens" bei Linton (1936/1964), auf den sich Devereux an anderer Stelle auch bezieht (1974, S. 64). Sie, die "die Selbstverleugnung der Gesellschaft reflektieren" (Devereux 1974, S. 60), dienen in Devereux' **ethnopsychiatrischer** Theorie als Erklärungsmuster für solche Phänomene wie "Amok", "Windigo" usw. (zur Definition solcher - nach Devereux - "ethnischen" Störungen, speziell in Hinblick auf ihren Zusammenhang mit dem Unbewußten des Erkrankten, vgl. Devereux 1974, S. 84. Mittlerweile existiert in der Literatur eine große Anzahl von Abhandlungen zum Thema "kulturgebundene Syndrome"; exemplarisch sei hier genannt Pfeiffer 1971).

> *"Die streng an männlicher Tapferkeit orientierte Kultur der Prärieindianer weist außergewöhnliche Mittel zur Unterdrükkung (negativen Ausbildung) der Feigheit auf. Sie sieht sogar Verstecke oder Zufluchtstätten für feige Männer vor, denen man erlaubt und die man sogar dazu ermutigt, die tapferkeitsorientierte Gruppe zu verlassen und - als Transvestiten - Mitglieder der weiblichen Gruppe zu werden, von der man keinen Mut erwartet, sondern einfach nur, daß sie den Mut respektiert und die Männer zur Tapferkeit anhält." (Devereux 1973, S. 243)*

Anschließend kommt Devereux zu dem Schluß:

> *"Das vollständige reale Muster einer Kultur ist das Produkt des funktionalen Zusammenspiels offiziell bestätigter und offiziell negierter Muster. Dieses Zusammenspiel ... [kann nicht] in den Begriffen von Kardiners Schema der 'primären' und 'sekundären' Institutionen analysiert und verstanden werden." (Devereux 1973, S. 245; Ergänzung M.A.)*

(- und natürlich genausowenig in der konfigurationalistischen Sichtweise von der "Idee" einer Kultur mit entsprechend isomorphen Strukturelementen und Persönlichkeitstypen!)

Die von Devereux geäußerte Überzeugung, nach der "Objektivität" und "empirisches Vorgehen" in den Sozialwissenschaften letztlich Abwehrstrategien zur Vermeidung von Angst seien, läßt ihn ebenfalls die in der Kultur- und Persönlichkeitsforschung häufig geübte Praxis der "teilnehmenden Beobachtung" attackieren: Er spricht von der "Absurdität und Nutzlosigkeit der Fiktion vom teilnehmenden Beobachter" (1973, S. 137).[76]

Am Extrembeispiel der Sexualität - speziell der Vorgänge während des Orgasmus - versucht er, dies darzulegen (womit er natürlich ein schlagendes Argument für seine komplementaristische These der prinzipiellen Unvereinbarkeit von Teilnahme und Beobachtung gefunden hat):

> *"Wir sind mit der paradoxen Situation konfrontiert, daß der teilnehmende Beobachter, wenn er zu Beobachtungen imstande ist, verzerrtes Verhalten beobachtet, während er die entscheidende Reaktion seines Partners auf den Orgasmus nicht*

---

76 Vgl. Heinrichs (1985, S. 148-149). Ähnlich argumentiert auch Stagl (1985b, S. 296).

beobachten kann, wenn er eine normale Bewußtseinseintrübung erlebt." (Devereux 1973, S. 144)

Allgemein gilt: ob als Teilnehmender oder Beobachtender - durch seine Anwesenheit bedingt der Forscher Einbuße an Echtheit, produziert Störung. Verstärkte Teilnahme (in der Absicht, Störung zu reduzieren bzw. "näher am Geschehen" zu sein) ruft Angst hervor, die wiederum sich im Rückzug auf die "objektive" (= abwehrende) Beobachterrolle manifestiert ... (und damit den Störeinfluß verstärkt).

Einseitige Betrachtungsweise, die sich in der Betonung nur bestimmter kultureller Merkmale äußert; "exotistische" bzw. auch verdeckt abwertende Darstellung; sogenanntes "objektives" Vorgehen, das u.a. durch teilnehmende Beobachtung realisiert werden soll - diese alle sind nach Devereux kaum mehr als distanzierende ("abwehrstrategische") Manöver. Auf ihrem Boden gedeihe dann:

*"**ein naiver kultureller und ethischer Relativismus** - die Auffassung der Menschheit als einer Art 'Museum der Sitten und Gebräuche', ... [der] ... kulturelle Daten in einem menschlichen Vakuum betrachtet" (Devereux 1973, S. 112/113; Ergänzung M.A.),*

mit eindeutiger Zielrichtung gegen die "kulturpluralistisch"-relativistischen Positionen der "Kulturalisten" (Kroeber) und der Kultur- und Persönlichkeitsforschung (vgl. Rudolph 1968, S. 104).
Brauner äußert sich, mit Bezug auf Devereux, folgendermaßen:

"Er ortet in den Grundpostulaten des Relativismus paternalistische Züge, nämlich den Verzicht auf jede Kritik an Lebensumständen, die, autoritär oder brutal oder durch Konformitätszwang, die Herausbildung autonomer, handlungsfähiger, mit sich identischer Individuen behindern." (Brauner 1986, S. 222)

Devereux selbst spricht dann allerdings recht ungeniert von "kranken Gesellschaften" (1970/1974, S. 20/21), für deren Charakterisierung er universalistische, aber vage bleibende, letztlich ethnozentristisch anmutende Kriterien: "geltende sittliche Maßstäbe" oder "daß sie (die Gesellschaft) ihr erklärtes Ziel nicht erreicht und einer selbstzerstörerischen Neigung nachgibt, indem sie dysfunktionalen Zielen anhängt", anführt (1973, S. 113).[77] Mit solchen Äußerungen aber verspielt Devereux die

---

[77] Insgesamt ist diese Debatte "Relativismus vs. Universalismus" auch weiterhin nicht zum Abschluß gekommen; vgl. beispielsweise Stagl (1981); Fischer (1981); Schöfthaler (1983); Stagl (1985b); Witherspoon (1985); hierzu äußert sich auch Koepping, der drei Fallberichte zur "existentiellen Ambivalenz

Früchte seiner brillanten Relativismuskritik: nach meiner Ansicht hebt sich an dieser Stelle die Differenz mit seinem kulturalistisch-"revisionistisch" (vgl. "Exkurs" II) argumentierenden Gegner Kardiner in der gemeinsamen Versuchung der psychopathologischen Etikettierung ganzer Gesellschaften wieder auf.

Devereux' Vorstellungen zur Entstehung psychischer Erkrankungen - sowohl des Einzelnen wie, in Form der "typischen" Störungen, vieler, möglicherweise sogar aller Mitglieder größerer sozialer Zusammenhänge - sollen nun im weiteren behandelt werden.

Zum Persönlichkeitsmodell bei Devereux. "Ethnisches Unbewußtes", "Gemeinschaft" und "Gesellschaft". Devereux' Krankheitskonzept

Zur Entwicklung von Devereux' Krankheitskonzept, insbesondere jedoch derjenigen ethnopsychiatrischen Aussagen, die untrennbar mit den ethnopsychoanalytischen Thesen verbunden sind (vgl. S. 76 d. vorl. Arb.), erscheint es vorab sinnvoll, Devereux' Position zur These der "Basis- und Modalpersönlichkeit" und seine Auffassung vom Aufbau der menschlichen Psyche zur Darstellung zu bringen. Im Anschluß daran sollen Devereux' Konzeption des Unbewußten, der Ich- und Über-Ich-Strukturen, speziell im Hinblick auf die Eingebundenheit des Einzelnen in die Gruppensituation, vorgestellt werden: "Ethnisches Unbewußtes", "Gruppen-Ich" sind derartige Konstrukte, die zum einen die Idee einer "Modalpersönlichkeit" aufnehmen (bzw. variieren), sich zum anderen jedoch - modellhaft gesprochen - deren "psychischen Substrukturen" zuwenden. So basieren, wie schließlich zu zeigen sein wird, Devereux' häufig sehr spekulative Thesen zur Ätiologie und Symptomatik psychischer Erkrankungen auf dem diffizilen Wechselspiel der genannten Instanzen mit der umgebenden Gruppe; von einer modernen transkulturellen Krankheitsforschung überwiegend in Frage gestellt, behalten sie jedoch ihren Wert für die weitere ethnologisch-ethnopsychoanalytische Theoriebildung.

Insgesamt scheint Devereux dem Modell der Basis- (oder Modal-) Persönlichkeit nicht ablehnend gegenüberzustehen (1978, S. 93, S. 109); in diesem Zusammenhang warnt er allerdings vor seiner Anwendung in "polysegmentierten, organischen Gesellschaften" (in Anlehnung an Durkheim 1893 und 1895) "hohen Komplexitätsgrades"; hier sei der Begriff nur noch in bezug auf Subkategorien (einzelne "Segmente": "der Städter", "der Fürsorgeempfänger"; 1978, S, 104) von Nutzen. (Vgl. hierzu jedoch auch Devereux' Forderung nach zwei verschiedenen Modellen von "Modalpersönlichkeit" in Abhängigkeit von der soziologischen bzw. psychologischen Perspektive: 1961).

---

der ethischen Haltung in Grenzsituationen" vorstellt und auf die (oft heimlichen) Urteilsbildungen des Ethnographen verweist (1981, S. 98).

Bedeutsam ist Devereux' (Wieder-) Hinwendung zu dem von Freud eingeführten differenzierten Persönlichkeitsmodell, welches, aufbauend auf dem Postulat der psychischen Instanzen Über-Ich, Ich und Es, das Hauptaugenmerk auf die konflikthaften, psychodynamischen Prozesse im Innern des Individuums lenkt. Ähnlich setzt Spiro (1978) dem undifferenzierten "Kultur-Verinnerlichungs-" ("internalization-of-culture"-) Modell der Kultur- und Persönlichkeitsforschung ein authentisches, weil "anspruchsvolleres" Persönlichkeitsmodell entgegen - "eines, welches Persönlichkeit als System begreift, bestehend aus verschiedenen Strukturen, jede mit unterschiedlichen Funktionen" (Spiro 1978, S. 356). Beide stehen damit in der Tradition der (klassisch-"orthodoxen") psychoanalytischen Libido- und Instanzentheorie, die auch Róheim - wenn auch unter anderen Prämissen (vgl. S. 66 und Anm. 52 d. vorl. Arb.) - durchgängig in seiner Auseinandersetzung mit Vertretern der Kultur- und Persönlichkeitsforschung verfochten hatte.
Diese - traditionell psychoanalytisch orientierte - Position der Genannten richtet sich somit gegen die simplifizierende und eindimensionale Vorstellung von Persönlichkeit (der Kultur- und Persönlichkeitsforschung), wie sie in Generalisierungen wie "analer", "oraler", bei Kardiner "von unterdrücktem Haß erfüllter Charakter" (1945, S. 170) sich äußert, wobei meist der Versuch der Unterscheidung verschiedener intrapsychischer Ebenen gar nicht mehr unternommen wird (Spiro 1978, S. 356; zum gesamten Komplex vgl. Schoene 1966; Krafczyk 1978; "Exkurs" II).
In engem Zusammenhang hiermit fühlt sich Devereux auch in **entwicklungspsychologischer** Hinsicht stärker der (orthodox-) psychoanalytischen (Stadien-) Theorie verpflichtet:
Neben der Forderung nach Berücksichtigung aller Phasen begreift er als in bezug auf die Sozialisations- und Anpassungseffekte die **sensibelste** die "ödipale" Phase, (d.h., den ersten Abschnitt der genitalen" Phase, vgl. Anm. 7), welche Ansicht sich nicht decke mit Kardiners und den Theorien anderer Neo-Freudianer bzw. Repräsentanten der Kultur- und Persönlichkeitsforschung, die dem "prägenitalen" Stadium hierfür die größte Bedeutung zumäßen (Devereux 1978b, S. 367; vgl. "Exkurs" II)[78].

---

78 Die (fast ausschließliche) "Betonung der **frühen** Kindheit" (in psychoanalytisch-orthodoxer Terminologie: der "prägenitalen Phase") als dem empfänglichsten Zeitraum für das Wirksamwerden von Sozialisationsprozessen durch die amerikanische Kultur- und Persönlichkeitsforschung (vgl. "These der frühkindlichen Prägung", in Kap. I., 5.), entspringt deren "Tabula rasa"-Verständnis (vgl. S. 55) des neuen Gesellschaftsmitglieds, bzw. in bezug auf das psychoanalytische Strukturmodell, der Vorstellung von der menschlichen Psyche als einer überwiegend aus "Ich-Instanz" bestehenden, eindimensionalen Struktur. Hierbei wäre die logische Folge, daß "Prägung" bzw. "Anpassung" als möglichst frühe Vorgänge, d.h. in den **Anfängen** der Interaktion von Individuum und Umwelt, postuliert werden müssen. Natürlich bringt die Betonung der **frühen** (als der für die Sozialisation entscheidenden) Kindheitsphase in Zusammenhang mit dem "tabula rasa"-Modell auch die Leugnung der "Universalität" des Ödipuskomplexes (vgl. Anm. 58) durch die klassischen Vertreter der Kultur- und Persönlichkeitsforschung, beispielsweise die Kardiner-Schule, mit sich.

Devereux nun unterteilt die psychische Substruktur des Unbewußten (speziell derjenigen Elemente, die zuvor bewußt waren, aber in der Folge verdrängt wurden)[79], in zwei Kompartimente: dasjenige Unbewußte, das von Teilen der "ethnischen Persönlichkeit" gebildet wird - hier hat sicherlich das Modell der "Basispersönlichkeit" Pate gestanden - und ein "idiosynkratisches" Unbewußtes (1974, S. 23):

> *"Das ethnische Unbewußte eines Individuums ist jener Teil seines gesamten Unbewußten, das es gemeinsam mit der Mehrzahl der Mitglieder seiner Kultur besitzt." (Devereux 1974, S. 24)*

Zur Begründung:

> *"Jede Kultur gestattet gewissen Phantasien, Trieben und anderen Manifestationen des Psychischen den Zutritt und das Verweilen auf bewußtem Niveau und verlangt, daß andere verdrängt werden. Dies ist der Grund, warum allen Mitgliedern ein und derselben Kultur eine gewisse Anzahl unbewußter Konflikte gemeinsam ist." (Devereux 1974, S. 24)*

Hingegen ist das "idiosynkratische" Unbewußte

> *"aus Elementen zusammengesetzt, welche das Individuum unter der Einwirkung von einzigartigen und spezifischen Belastungen, die es zu erleiden hatte, zu verdrängen gezwungen war" (Devereux 1974, S. 26)*

- sozusagen diejenigen Anteile, die sich nach "Abzug" des (kultur-) typischen aus dem "verbleibenden" individuellen "Material" zusammensetzen.

Die Zweiteilung in "ethnisches" versus "idiosynkratisches" Unbewußtes nun dient Devereux, in Kombination mit weiteren, hier nicht relevanten Thesen, unter anderem zur Etablierung seiner Theorie der Krankheitskategorien des Schamanismus[80]

Tatsächlich jedoch darf die Bedeutsamkeit früher Entwicklungs**möglichkeiten** nicht im Widerspruch zur Relevanz späterer Entwicklungsschritte (beispielsweise in der ödipalen Phase) begriffen werden - und natürlich vice versa.

79 Der Übersichtlichkeit halber wird hier auf die Erörterung derjenigen Anteile des Unbewußten, "dem, was niemals bewußt war - die psychischen Repräsentanzen des Es, zu denen auch jene der Triebkräfte gehören" (Devereux 1974, S. 23), verzichtet. (Vgl. auch Freuds unterschiedliche Schwerpunkte in seiner Konzeption des Unbewußten; Freud 1915/1975 u. 1918/1969).

80 Die Diskussion um den "Krankheitswert des schamanistischen Status" ist Thema einer Unzahl von Veröffentlichungen; einen guten Überblick geben Brauner (1986, S. 130-151) sowie Hertweck und

einerseits und der "idiosynkratischen" Störungen andererseits. Nicht so sehr auf die sehr zweifelhafte These des Schamanen als eines psychisch Kranken bzw. auf die "idiosynkratischen" Störungen soll hier näher eingegangen werden; vielmehr scheint der Ausgangsbegriff des "ethnischen Unbewußten" als ein großer Gewinn für die Theorie: In seiner inhaltlichen Eigenschaft als Versuch einer Synthese aus dem Konstrukt der "Basispersönlichkeit" und solchen Vorstellungen, wie sie - speziell in bezug auf das Unbewußte - aus der psychoanalytischen Topik (Modell der bewußten versus vor- und unbewußten psychischen Inhalte) resultieren, ist er in der Lage, einen wichtigen Verbindungsstrang zwischen Kultur- und Persönlichkeitsforschung und der "neueren" Ethnopsychoanalyse herzustellen.

Als richtungsweisend für die weitere ethnopsychoanalytische Theorieentwicklung müssen auch die von Devereux (erstmals 1956) vorgestellten Thesen zu einer Art Gruppen-Ich in "primitiven"[81] "Gemeinschaften" - im Unterschied zu seiner Konzeption der Ich-Strukturen in der ("modernen") "Gesellschaft" - eingeschätzt werden (Devereux 1974, S. 103f.; vgl. auch Parin, Morgenthaler und Parin-Matthèy 1971, S. 537; Parin zur Entstehung des Begriffs "Gruppen-Ich" bei Federn (1936) 1978, S. 86; hierzu auch Brauner 1986, S. 123).
Devereux benutzt hier eine Verbindung des auf der Dichotomie von "mechanischer" und "organischer" Solidarität fußenden Sozietätsbegriffs bei Durkheim mit dem von dem deutschen Soziologen Tönnies übernommenen Gegensatzpaar "Gemeinschaft" und "Gesellschaft" (vgl. Hartfiel und Hillmann 1982, S. 244/245) - beide Begriffe bei Devereux im Original Deutsch aufgeführt.[82]
Zur klassifikatorischen Unterscheidung der genannten Gesellschaftstypen dienen ihm der "**Reichtum** einer Kultur an kulturellen **Merkmalen** ... und sodann die Bedeutung der **Komplexität** der Organisation dieser Merkmale ..." (Devereux 1974, S. 190; zur Frage der "Komplexität" der "Moderne" vgl. Parin 1978, S. 132 sowie Erdheim und Nadig 1987, S. 163).

So könne von der "relativ geringen Entfaltung der Rolle und des Konzepts der 'Person' in den primitiven Gesellschaften" (Devereux 1974, S. 109) ausgegangen werden ...

Pfundt (1992, S.161-177). Aufschlußreich auch: Torrey (1974), Duerr (1978, S. 67f.), Pfeiffer u. Schoene (Hg.) (1980), Boyer (1982), Oppitz (1985), Boyer, Boyer u. DeVos (1987), Bleibtreu-Ehrenberg (1987) und natürlich der Klassiker: Eliade (1957). Die meisten der Genannten lehnen Devereux' Auffassung, Schamanismus sei eine Form psychischer Erkrankung, ab.

81 Devereux benutzt diese Charakterisierung ohne Anführungszeichen. (Die meisten der Veröffentlichungen, die Devereux vor seiner Rückkehr nach Frankreich verfaßt hat, sind im Original auf englisch erschienen, wo "primitive" keinen oder nur sehr geringen negativen Beiklang besitzt).

82 Erstaunlicherweise assoziiert Devereux - spiegelbildlich zu Durkheim - die früheren Gesellschaftsformationen (Typ der "Gemeinschaft" nach Tönnies) mit dem Charakteristikum der "organischen Solidarität" und vice versa (Devereux 1974, S. 103). Hier kommt seine moralische Höherbewertung der "Gemeinschaft" mit noch funktionierenden, "organischen" sozialen Beziehungen zum Ausdruck.

Devereux bezieht sich hier auf Mauss (1932/1978; vgl. die Ausführungen zu Freud und Lévy-Bruhl in der vorliegenden Arbeit, S. 11), gegen dessen Betonung des an den engen Gruppenzusammenhang gebundenen "kollektiven" Identitätmodells "früher" (nicht-komplex strukturierter) Gesellschaften verschiedentlich auch Einwände erhoben wurden (z.B. Lévi-Strauss 1955/1979, S. 314; Parin 1978, S. 86; vgl. S. 112 und S. 138f. d. vorl. Arb.). Devereux gibt dem Konstrukt jedoch eine interessante sozialisationstheoretische Wendung:
Neben dem Eingebundensein des Einzelnen in ein übersichtliches, durch feste und nicht widersprüchliche Rollenerwartungen und -Zuschreibungen definiertes Weltsystem (relativ niedrige Anzahl kultureller Merkmale, geringerer Komplexitätsgrad ihrer Organisation, s.o) in der "Gemeinschaft", müsse - aus entwicklungspsychologischer Perspektive - von einer "frühen affektiven Diffusion der libidinösen Bindungen" (beim Kind) gesprochen werden (Devereux 1974, S. 195) :
Dieses gleichzeitige Nebeneinander vieler und wichtiger Bezugspersonen - Devereux findet bei seinen Untersuchungen häufig eine große Anzahl "klassifikatorischer" Mütter (in Absetzung von der auch für das Kind unterscheidbaren, biologischen Mutter: 1974, S. 196), die die Kinderbetreuung bzw. je nach Bedarf sogar das Stillen im häufigen Wechsel mit übernehmen - sei verantwortlich für das außerordentlich stark an die Struktur des "Kollektivs" gebundene Identitätsgefühl[83].
Im Anschluß hieran konstruiert Devereux die These von der Hysterie als der typischen psychiatrischen Störung in der "Gemeinschaft": dem hohen Kollektivitäts- und Uniformitätsdruck setze der Einzelne - in anders nicht mehr behebbaren psychischen Konfliktsituationen - die individuell-hysterische "Inszenierung" entgegen (vgl. die Zitierung Devereux' in der vorliegenden Arbeit S. 97).

Andererseits ließe sich in den "modernen" Gesellschaften, d.h. solchen mit einer "großen Anzahl kultureller Merkmale", deren Mitglieder "nur einen beschränkten

---

83 Vgl. Wulff (1969); Boyer (1979/1982); Morgenthaler, Weiss und Morgenthaler (1984, S. 65-173) sowie DuBois' Bericht über Alor im "Exkurs" I. Liegle bezeichnet den genannten Sachverhalt mit dem in der entsprechenden Literatur offensichtlich geläufigen Terminus "multiple mothering" (1980, S. 209). Er verweist an dieser Stelle auf die auch weiterhin aktuelle Kontroverse darüber, ob ein solches "multiple mothering" (z.B. bei Berufstätigkeit der Mutter) negative Auswirkungen auf die weitere Entwicklung des Kindes habe; letzteres wird von konservativer Seite, die die angestammte Rolle der Frau als Hausfrau und Mutter nicht in Frage gestellt sehen möchte, immer wieder behauptet. Dem stehen, wie Liegle zeigen kann, Ergebnisse von Untersuchungen in israelischen Kibbutzim entgegen. Selbst die (nur kurzzeitig, bis zum Jahr 1990 amtierende!) CDU-Familienministerin Lehr ist in einem Vergleich zwischen Kindern aus Familien mit berufstätigen und Familien mit nicht berufstätigen Müttern zum Schluß gekommen, daß die Bindung des Kindes an seine Mutter sowie seine emotionale Sicherheit nicht mit dem Kriterium der mütterlichen Berufstätigkeit in Korrelation gebracht werden kann (Lehr 1974). Gerade durch solche Untersuchungen wird die tendenziell positive Bewertung der "frühen affektiven Diffusion der libidinösen Bindungen" durch Devereux gestützt.

Damit wird natürlich keineswegs behauptet, daß Kinder für eine regelrechte und günstige Entwicklung gerade in den ersten Lebensjahren nicht in hohem Maße verläßlicher, stabil-kalkulierbarer und sie emotional-tragender Beziehungsstrukturen bedürften.

Sektor" ihrer Kultur kennen (Devereux 1974, S. 192), "keine Diffusion der libidinösen Bindungen und Antagonismen, sondern, im Gegenteil, eine Beschränkung auf den engen Kreis der Eltern und nahen Freunde" (Devereux 1974, S. 201), konstatieren. Verlängerte Puerilität - die "Weigerung, erwachsen zu werden" (Devereux 1974, S. 199) - resultiere nun aus einer derartigen Beschränkung libidinöser Bindungen in den "modernen Kulturen"; sie mache den Einzelnen tendenziell unfähig, konstruktiv und integriert sich gegenüber der Vielgestaltigkeit und strukturellen Heterogenität der "modernen Kultur" zu behaupten. Desorientierung, schwere Ich-Störungen bis hin zur Auflösung der personalen Identität: Schizophrenie als "typische Psychose" dieser Gesellschaft sind die Folge (s.u.).[84]

---

[84] Es scheint jedoch, als würden "schizophrene" Erkrankungen - innerhalb einer gewissen Variationsbreite und mit unterschiedlicher symptomatischer Ausgestaltung - in allen Regionen etwa gleich oft erstmalig auftreten. Allerdings sind Krankheitsdauer und Krankheitsverlauf offensichtlich sehr verschieden, wobei eine stärkere Tendenz zur Chronifizierung in den westlich-industriellen Gesellschaften besteht (z.B. WHO 1973; Giel 1980; vgl. Brauner 1986, S. 158f. und Pfeiffer 1991). Entscheidend macht sich in allen Studien das Problem epidemiologischer Erfaßbarkeit, Vergleichbarkeit der Zuschreibungs- und Aussonderungskriterien (auf Laienebene) sowie häufig uneinheitlicher Diagnosestellung (auf "professioneller" Ebene) bemerkbar. Auch das Kriterium der **Inanspruchnahme** von ("professioneller") Behandlung und der daraus resultierenden Dokumentation als bedeutsamer Variable spielt bei den genannten Unsicherheitsfaktoren eine wichtige Rolle.

Infolgedessen wird bezüglich dieser Frage eine letztendliche Entscheidung immer schwierig bleiben: so dient die oben aufgeführte Studie der WHO (und andere vergleichbare Untersuchungen) sicherlich der Stützung einer "universalistischen", streng an medizinischen Kategorien orientierten Auffassung; letztere jedoch wird weiterhin von solchen Theoretikern kritisiert, die sich dem sog. "labeling" - (in etwa: "Etikettierungs"-)Ansatz verpflichtet fühlen: Hiernach darf psychische, insbesondere "schizophrene" Erkrankung nicht so sehr als eigenständiges ontologisches Phänomen verstanden werden; vielmehr sei entscheidend an ihrem Entstehen beteiligt bzw. überhaupt liege ihre Ursache in fehlgelaufenen Interaktions- und Kommunikationsprozessen, m.a.W. erst durch - kulturell sehr unterschiedliche - Zuschreibungs- und Verstärkungsmechanismen "komme" ein in bestimmter Weise auffällig Gewordener zu "seiner" Krankheit (Zur Theorie des "labeling"-Ansatzes vgl. z.B. Scheff 1973; nicht zuletzt gehen in diese Position solche interaktionistischen Thesen ein, wie sie z.B. Goffman für die Insassen großer abgeschlossener, gesellschaftlicher Institutionen, hier speziell psychiatrische Behandlungs- und Aufbewahrungseinrichtungen, aufgestellt hat: Goffman 1961. Auch der Etnologe Bateson hat mit seinen Theorien zur gestörten Kommunikation im Familienverband zur Entwicklung der genannten Vorstellungen entscheidende Beiträge geliefert: Bateson u.a. 1956/1967. In Zusammenhang mit dem schon erwähnten "Etikettierungs"-Begriff kommt hier dem Phänomen der Kranken**karriere** eine Schlüsselstellung zu.).

Für den transkulturellen Bereich vertritt eine letzterer Position vergleichbare Haltung Marsella in seinem exemplarischen Aufsatz "Cross cultural studies of mental disorder" (1979). Hier wird die inhaltliche Nähe seiner stark kulturrelativistisch ausgerichteten psychiatrischen Krankheitsauffassung zum soziologischen Konzept des "labeling approach" deutlich.

Zusammenfassend kann formuliert werden: Wenn bezüglich des erstmaligen Auftretens, der Inzidenz der "Schizophrenie", die sog. "Universalisten" wahrscheinlich die zutreffende Auffassung vertreten, so gilt dies für die Vertreter einer kulturrelativistisch bzw. kommunikationstheoretisch orientierten Krankheitslehre zumindest insofern, als die Heilungsaussichten "schizophrener" Erkrankungen in westlich - industrialisierten Gesellschaften offensichtlich schlechter sind und die Erkrankungen länger andauern (wodurch ein höherer Krankenstand, sprich Prävalenz, zustande kommt: Pfeiffer 1991); unter solchen Einschränkungen erscheint die Behauptung Devereux', die "Schizophrenie" sei die

Dieses Devereux'sche Thema der krankmachenden Funktion der "modernen Gesellschaften" wurde insbesondere von den Vertretern der "neueren" Ethnopsychoanalyse aufgenommen und weiterentwickelt: Zwar schließen sie sich nicht Devereux' (sehr gewagter!) Schizophreniekonzeption an; dennoch sind in den Ausführungen, die sich z.B. bei Parin über die Vielfältigkeit der Rollenzuschreibungen und -Erwartungen, bei Erdheim über die "verlängerte Adoleszenz" in den westlichen Industriegesellschaften finden lassen, die Nähe zur Devereux'schen Position mit ihrer Kritik an der "Moderne" unübersehbar (Parin 1978, S. 133 und Erdheim 1984, S. 16).

Zusammenfassend kommt Devereux - im Rahmen **seiner** Theorie - zu der zwar interessanten, insgesamt aber fragwürdigen Einschätzung:

> *"Wenn der gewöhnliche Mensch in der Gesellschaft isoliert ist und daher Gefahr läuft, schizophren zu werden, so ist er in der Gemeinschaft beinahe zur Geselligkeit gezwungen und läuft Gefahr, hysterisch zu werden." (Devereux 1974, S. 109)*

Aussagen zur Struktur des Über-Ich finden sich bei Devereux nur spärlich (!); meist sind sie untrennbar mit Devereux' Theorien zum sozialen Wandel verbunden, weshalb im folgenden auf den gesamten Themenkomplex näher eingegangen werden soll.
Einige in dieser Hinsicht besonders relevante Passagen erscheinen in seinem Buch: "Reality and dream: psychotherapy of a plains indian" (1951/1969), in dem er seinen (recht gelungenen) Versuch beschreibt, mit einem psychisch schwer erkrankten, aus einem Milieu rapider kultureller Desorganisation kommenden (Indianer-) Patienten psychotherapeutisch zu arbeiten[85]:

"typische" Erkrankung in "modernen" (d.h. westlich - industrialisierten Gesellschaften), nicht mehr gänzlich abwegig.

Mit diesen Ausführungen dürfte deutlich geworden sein, daß Devereux' Ansatz sich weder eindeutig den hier aufgeführten Theorien einer universalistischen noch denen einer kulturrelativistischen psychiatrischen Krankheitslehre zuordnen läßt: Devereux stellt sein eigenes (universalistisches) Schema auf, anhand dessen er jedoch dann das gehäufte Auftreten bestimmter psychischer Erkrankungen in Abhängigkeit von korrespondierenden typischen Gesellschaftsformationen aufweisen möchte. Ausgesprochen "universalistisch" (bzw. "klassisch-medizinisch/psychiatrisch") erscheint er allerdings in seiner kritiklosen Anwendung dieses doch sehr eigenwilligen Kategorisierungssystems auf ganze Gesellschaften bzw. gesellschaftliche Gruppen. -

Natürlich nimmt die (im Text) genannte Charakterisierung der "modernen Gesellschaften" viele Elemente des Durkheim'schen "Anomie"-Konzepts in sich auf.

85 Devereux nennt dieses Vorgehen auch "transkulturelle Psychotherapie" (im Unterschied zur "inter"- und "metakulturellen Therapie": Devereux 1974, S. 148, Anm. und 1978b, S. 367 und S. 403-404).

"Reality and dream" scheint mir, was den hohen Grad an Systematik sowie die sehr geordnete, nachvollziehbare Darstellung betrifft, von herausragender Qualität; ganz besonders deutlich wird dies im Vergleich mit Veröffentlichungen, auf die in der vorliegenden Arbeit bisher Bezug genommen wurde (z.B. Devereux 1974 oder 1978a; vgl. Anm. 88 und 89 d. vorl. Arb.). In "Reality and dream" kommt

So meint Devereux in der biographisch gefärbten Zusammenfassung seiner Arbeiten, das Über-Ich dessen **gesamter Gruppe** sei "zusammengestückelt und nichtdurchgängig" ("patchy and non-pervasive": 1978b, S. 368). Dies resultiere aus dem Phänomen der "antagonistischen Akkulturation" (Devereux und Loeb 1943) - m.a.W. der Tatsache, daß das einzelne Gesellschaftsmitglied sich mit widersprechenden, meist traditionellen und neueren Kulturelementen, wie sie im Verlauf des kulturellen Wandels lange nebeneinander bestehen können, konfrontiert sieht. Besonders deutlich wird dies an solchen Kulturelementen, die Aufforderungscharakter haben: Diese machen dem Individuum moralische Vorgaben und schlagen sich von daher primär auf der Ebene des Über-Ich nieder.[86] Je stärker nun die aufeinandertreffenden Kulturen sich unterscheiden und je schneller und gewaltsamer der genannte Prozeß vonstatten geht, um so weniger homogen wird - nach Devereux - das Über-Ich eines jeden betroffenen Individuums beschaffen sein. Damit aber steigt die Spannung sowohl **innerhalb** der Instanz des Über-Ich als auch zwischen diesem und den Instanzen von Ich und Es ...
Devereux nimmt kein Blatt vor den Mund: er spricht zu Recht von "brutaler Akkulturation" (1974, S. 192) gerade dann, wenn - wie im Falle seines Indianerpatienten - ein Sozialgefüge vom Typ der "Gemeinschaft" (die Indianer) durch ein solches der "Gesellschaft" (moderne USA) nach der "**realen**" Unterwerfung einem regelrechten **kulturellen** Zerstörungsprozeß unterworfen wird. Letzterer sei gekennzeichnet durch "Schwierigkeiten der Orientierung" für den Einzelnen infolge "Vermehrung der Merkmale ..., ohne daß eine **unmittelbare** Koordination der neuen Merkmale mit den präexistenten Modellen stattfände" (Devereux 1974, S. 192; Hervorhebung im Original). Solche Prozesse nun seien es, die mit ihren widersprüchlichen inneren und äußeren "Anweisungen" Anomie für den Einzelnen produzierten.
Wenn nun, wie Devereux optimistischerweise annimmt,

---

auch die ausgesprochen humane Grundhaltung zum Ausdruck, mit der Devereux offensichtlich seinem Indianer-Patienten begegnet ist; dies steht in gewissem Widerspruch zu seinen sonstigen ethnozentristischen Thesen, insbesondere auch seinem eher leichtfertigen Umgang mit psychiatrischen Krankheitsbegriffen oder psychischer "Devianz" (vgl. S. 114 d. vorl. Arb.).

Eine der wohl wichtigsten Erkenntnisse, die die Lektüre von "Reality and dream" vermittelt, ist folgende:

Psychotherapeutisch-psychoanalytische Behandlung, generell: das für solche Behandlung notwendige wirkliche (tiefenpsychologische) **Verstehen** von Angehörigen fremder Kulturen, ist offensichtlich möglich, wenn zwei besondere Voraussetzungen erfüllt sind: Einerseits darf die an psychoanalytischen Vorgaben erfolgende Gesprächsorientierung nicht "kulturologisch" verkürzt sein (vgl. "Exkurs" II); andererseits muß der Behandelnde bzw. Gesprächspartner über ausgedehnte Kenntnisse der ethnologischen Gegebenheiten der anderen Kultur verfügen (vgl. Devereux 1969, S. 113).

86 Wahrscheinlich sind es auch jene moralischen Vorgaben bzw. Werthaltungen, die im Verlauf von Akkulturationsprozessen am ehesten vom Individuum übernommen werden. Zwar nehmen sie häufig deformierte oder auch synkretistische Formen an, gehen m.E. jedoch im allgemeinen den langsameren Veränderungen auf der Ich-Ebene bzw. der des Unbewußten im Rahmen solchen kulturellen oder historischen Wandels voraus.

> *"die wirkliche, ('nukleare') Schizophrenie niemals bei Bevölkerungen zu beobachten ist, die keiner brutalen Akkulturation ausgesetzt sind",*

glaubt er folgerichtig vorhersagen zu können, daß

> *"die Schizophrenie für einige Zeit eine der verbreitetsten funktionalen Störungen in solchen Gesellschaften sein wird, die, noch vor kurzem primitiv, gegenwärtig rapide kulturelle und soziale Veränderungen durchmachen." (Devereux 1974, S. 188)*

Devereux' These zur Veränderung der Über-Ich-Struktur als Folge raschen und erzwungenen Wandels klingt plausibel, wird jedoch schwer zu beweisen sein. Insbesondere aber gegen den von ihm in diesem Zusammenhang postulierten Entstehungsmechanismus von "Schizophrenie" (im engeren Sinne) müssen erhebliche Einwände erhoben werden. Im weiteren Sinne ist jedoch von einer Zunahme psychischer Erkrankungen und Störungen (z.B. sog. "psychotischer Reaktionen") in derartigen Situationen auszugehen.[87]
In der "neueren" Ethnopsychoanalyse hat in erster Linie Bosse diejenigen Teile des Devereux'schen Denkens aufgenommen und weiterentwickelt, die sich mit erzwungenem kulturellen Wandel und dessen Folgeerscheinungen auseinandersetzen (Bosse 1979/1984).

Abschließend sollte darauf verwiesen werden, daß Devereux die Entstehung von psychischen Erkrankungen im kulturellen Kontext nicht in dem Maß "sektoriell", d.h. in jeweils isolierter Abhängigkeit von den einzelnen Ebenen der psychischen

---

87 Einer solchen, etwas weiter gefaßten Auffassung kommt auch die Einschätzung Leightons, eines transkulturell tätigen Psychiaters, nahe (Leighton 1980). Allerdings, meint Leighton, sei der von Devereux postulierte Zusammenhang kein unumstößliches Gesetz: Zu rasche oder gewaltsame Akkulturationsvorgänge würden hauptsächlich dann zum verstärkten Auftreten psychischer Erkrankung(en) führen, wenn auch schon vorher in der betreffenden Gesellschaft eine überdurchschnittlich hohe Anzahl psychischer Störungen anzutreffen gewesen sei, also m.a.W. diese Gesellschaft sich durch eine präexistente Neigung zur "Desintegration" **infolge** der psychischen Labilität ihrer Mitglieder kennzeichnen lasse. Entsprechend handelt es sich für Leighton in diesem Zusammenhang eher um ein komplexes Interdependenzverhältnis als um eine einfache Ursachen-Wirkungs-Sequenz.

Natürlich darf bei all diesen Überlegungen nicht vergessen werden: Viele andere Faktoren (historische, sozioökonomische, spezielle Art und Weise der jeweiligen Akkulturation) werden hier ebenfalls von großer, vielleicht größerer Bedeutung sein: Gerade die von Devereux und Leighton gemeinten Prozesse "ungesunder" Akkulturation haben ja meist nichts anderes als die militärische und/oder ökonomische Durchdringung einer schwächeren - peripheren - Gesellschaft durch eine überlegene - imperiale - Macht zur Voraussetzung. So wird nicht zuletzt auch die spezifische Dynamik des sich hieran anschließenden Abhängigkeitsverhältnisses (der unterlegenen zur dominierenden Gesellschaft/Kultur) ihre Auswirkung auf die in der Fragestellung angesprochene Problematik haben.

Struktur, begreift, wie dies - aus Gründen der systematischeren Darstellung - hier beschrieben wurde:
Zwar hat Devereux seine Theorie des Schamanismus (als häufigem Krankheitsbild) vor allem mit der Konstruktion des "ethnischen Unbewußten", und seine Vorstellungen zur Entstehung der "typischen Störungen", also von "Hysterie" und "Schizophrenie", mit der Herleitung der für bestimmte Gesellschaftstypen charakteristischen individuellen Ich- bzw. Über-Ich-Strukturen verkoppelt; daneben tritt Devereux in klassisch-psychoanalytischer Tradition jedoch immer wieder für eine dynamische Sichtweise der Entstehung psychischer Erkrankungen ein: letztere müssen als ein Hervorbrechen der meist ins ("ethnische" oder "idiosynkratische") Unbewußte verdrängten Konflikte gewertet werden: Bei nicht mehr ausreichender Abwehrtätigkeit des Ich, z.T. auch Über-Ich: in Situationen erhöhter "kumulativer Verletzbarkeiten" (Devereux 1978a, S. 56) des Einzelnen, könne die prekäre Balance zwischen den einzelnen psychischen Strukturen untereinander sowie im Verhältnis mit der Außenwelt vom Individuum nicht mehr aufrechterhalten werden.
Gerade hier dürfte noch einmal deutlich geworden sein, daß Devereux im Rahmen seiner ethnopsychiatrischen Theorie die Wechselwirkungen von Kulturellem und Psychischem in einem mehrdimensionalen Raster, d.h. vor allem unter Beachtung der sehr komplexen **intra**psychischen Dynamik, aufzuschlüsseln versucht. Daß dieser Versuch inhaltlich und im Hinblick auf Systematik vielfach nicht überzeugen kann, soll in der anschließenden Kritik belegt werden. In jedem Falle bleibt aber festzuhalten, daß Devereux auch mit seinen ethnopsychiatrischen Thesen die recht starre und häufig eindimensionale Perspektive der Kultur- und Persönlichkeitsforschung ganz entscheidend in Richtung auf die Entwicklung der "neueren" Ethnopsychoanalyse erweitert hat.

Kritik und Résumé

Nach dem Versuch, das Devereux'sche Werk - insbesondere soweit es als Verbindungsglied zwischen Kultur- und Persönlichkeitsforschung und "neuerer" Ethnopsychoanalyse von Relevanz ist - in systematisierter Form zur Darstellung zu bringen[88], sollen im folgenden die Thesen Devereux' einer ausführlichen Kritik unterzogen werden. Hierbei wird die Reihenfolge in etwa der in der Darstellung gewählten Bearbeitung entsprechen, wobei im Schlußrésumé nochmals Devereux' Position speziell im Verhältnis zur Kultur- und Persönlichkeitsforschung sowie zur "neueren" Ethnopsychoanalyse zur Sprache kommen wird.

---

88 Es war für mich keineswegs leicht, Devereux' Theorien in einer annähernd systematischen Weise wiederzugeben, ohne einerseits einzelnen seiner Aussagen Gewalt anzutun oder andererseits - was ich nicht hoffe! - in Unverständlichkeiten und Widersprüche zu verfallen!

Kritik

Parallel zu der zur Wiedergabe angemerkten Problematik erscheint mir auch eine Einschätzung von Devereux' Werk aufgrund dessen Umfangs und "hohen Komplexitätsgrades" ausgesprochen schwierig:
So hat Devereux eine Unzahl von Veröffentlichungen verfaßt: Duerr (1987a) führt in der Bibliographie des Devereux gewidmeten Sammelbandes "Die wilde Seele" für die Zeit von 1933 bis 1984 (Devereux ist 1985 verstorben) mehr als 300 Titel an (ohne Buchbesprechungen).
Neben der Vielgestaltigkeit des Werkes, eingebettet in ein häufig unsystematisches Vorgehen (welcher Eindruck allerdings zusätzlich durch den langen Veröffentlichungszeitraum bedingt sein mag)[89], imponieren des Autors selbstsichere und selbstgerechte, ethnozentrische und häufig frauenfeindliche Attitüden im wissenschaftlichen Denken wie im praktischen (Feldforschungs-) Bereich: so thematisiert er zwar Angst (generell: die subjektiven Vorgänge) als zentrales Geschehen beim Beobachter; er selbst jedoch scheint sich, von Selbstzweifeln nicht sonderlich getrübt, wenig von den genannten Prozessen betroffen zu fühlen ...[90]

> *"Aus vielen Gründen ist Devereux für manche Leser ein Ärgernis ... Man fühlt sich zwischen leidenschaftlicher Zustimmung und ähnlicher leidenschaftlicher Ablehnung seiner Thesen hin- und hergerissen ... So besteht kein Zweifel daran, daß*

---

89 Zwei seiner wichtigsten theoretischen Arbeiten, "Normal und anormal" (1974) sowie "Ethnopsychoanalyse" (1978a) stellen Sammlungen von Aufsätzen dar, die erstmals zwischen 1939 und 1965 bzw. 1940 und 1975 erschienen sind!

90 Besonders interessant erscheint mir hier, daß Devereux sich bis zu seinem Tod standhaft geweigert hat, eine zusammenhängende Ethnographie aus seinem über die Sedang Moi gewonnenen Material zu verfassen. Dies habe daran gelegen, daß, in einem ebensolchen Maße, wie er die Mohave geliebt habe - "in denen er eine gute Mutter im Sinne Winnicotts gefunden habe" (Kilborne 1988, S. XVI) - die Sedang Moi ihm verhaßt gewesen wären (ebda.). Somit war Devereux offensichtlich selbst nicht vor solchen Versuchungen der Idealisierung einerseits und Abwertung andererseits gefeit, wie er sie als Grundübel ethnographischer Forschung (unter Hinweis auf ihre Funktion als Äquivalent der Angst) immer wieder gebrandmarkt hat.

Zwar ist sich Devereux solcher Gefühle bewußt, und sie treten entsprechend nicht "durch die Hintertür" in den ethnographischen Bericht (bzw. die von ihm gewählten Fallbeispiele); auch seine Entscheidung, das Sedang Moi-Material (als Ganzes) ruhen zu lassen, um diesem Volk nicht doch Unrecht zu tun, ist löblich. Allerdings kann man sich fragen, warum Devereux - gerade bei seinem wissenschaftlichen und psychoanalytischen Anspruch - nicht bereit war, die Motive seines Hasses auf diese Menschen systematischer zu analysieren (vgl. Kilborne 1988, S. XVI). So bleibt der bittere Eindruck zurück, daß Devereux - auf die Berechtigung von Gefühlen sich berufend - ethnozentrisch-willkürliche Entscheidungen trifft, welche Gesellschaft als sympathisch und welche Gesellschaft als nicht sympathisch zu gelten habe ...

Auch Bleibtreu-Ehrenberg (1987) befaßt sich mit Devereux' spezieller Art von Ethnozentrismus, geht jedoch zusätzlich auf die frauenfeindlichen Tendenzen in seinen Arbeiten ein.

> *sein Werk eine Fundgrube von schlaglichtartigen Einsichten ist." (Wulff 1974, S. 11, in der Einleitung zu Devereux 1974)*

Ähnlich zwiespältig wie Wulff wertet auch Kilborne in seinem Nachruf das Werk Devereux' (Kilborne 1988, S. XXIII-XXIV).
Viele der Arbeiten von Devereux haben den Charakter philosophisch-essayistischer Spekulationen zu Fragen der Kultur-, Krankheitsentstehung usw., die auf psychoanalytischem Hintergrund abgehandelt werden:

Devereux' Vorschlag zum "komplementaristischen" Vorgehen kann eine gewisse Plausibilität in Anspruch nehmen: hiermit wäre beispielsweise der (auf S. 43f.) beschriebene Zusammenhang von langen Stillperioden und (im Wortsinn!) besonders einschneidenden Initiationsriten in diesem doppelten (psychoanalytisch und sozialfunktional orientierten) Diskurs jeweils aufschlußreich zu interpretieren (vgl. Honigmann 1976, S. 300 und dessen Anm. 79). Devereux' Absage an jede Art inhaltlicher Synthese - die von ihm selbst allerdings nicht durchgängig beherzigt wird - ist primär gegen die Thesen der Kultur- und Persönlichkeitsforschung gerichtet.
In seinem Bemühen, die Schwierigkeiten bzw. das Scheitern einer derartigen Unternehmung zu belegen, trifft er sich mit vielen anderen skeptischen Einschätzungen, die sich auf eine ähnlich gelagerte Problematik: die bisherigen Versuche einer solchen Annäherung von Soziologie (bei Devereux stellvertretend für Ethnologie!) und Psychoanalyse[91], beziehen:

> *Keinem ist mit der Forderung nach einer möglichst schnellen Fusion geholfen. Im Gegenteil: prinzipielle Probleme werden bei diesem voreiligen Appell hurtig übergangen oder doch in dem Bemühen, sowohl eine globale Repressions- als auch Befreiungslehre zu finden, in ihrer Bedeutung sehr unterschätzt." (Wehler 1972, S. 7)*

Ähnlich äußert sich Adorno, der eine Art "Abtötungsvorgang" in der simplen Gleichzeitigkeit von psychologischem und soziologischem Diskurs erspäht. Eingebettet in eine dialektische Wendung - speziell gegen die "Revisionisten" in der Psychoanalyse gerichtet (vgl. "Exkurs" II) - schreibt er:

---

[91] Es bleibt natürlich zu fragen, inwiefern die Gleichsetzung von "Soziologie" mit "Ethnologie" legitim ist und damit Aussagen, die sich auf den Versuch einer Synthese von **Soziologie** und Psychoanalyse beziehen, mit gleichem Recht auf **Ethnologie** und Psychoanalyse angewandt werden können - beispielsweise auf die Thesen der Kultur- und Persönlichkeitsforschung, die sich ja häufig betont unsoziologisch, im Gegensatz zur englischen "social anthropology", definiert hat. Ich folge hier jedoch Devereux (vgl. S. 76f. d. vorl. Arb.) und halte dessen Vorgehen im Sinne einer idealtypischen Argumentation für gerechtfertigt.

> *"Je mehr die Psychoanalyse soziologisiert wird, um so stumpfer wird ihr Organ für die Erkenntnis der sozial verursachten Konflikte." (Adorno 1952/1972, S. 28)*

Lorenzer bemängelt in diesem Sinn

> *"das alte Laster beliebiger Gelegenheitsexkursionen von Psychoanalytikern in die Kultur oder freischwebender Raubzüge psychoanalytisch angelesener Kulturwissenschaft ..." (1986, S. 18; zu dieser Diskussion vgl. auch Bastide 1956/1973 und 1972; Lorenzer 1973, S. 52-87; Panahi 1977; Brede 1984 und "Exkurs" II).*

Wulff nun, ebenso wie Brauner, beklagt, daß Devereux explizite Kriterien vermissen läßt, in welchen Fällen die psychoanalytische und wann die ethnologisch-soziologische Betrachtungsweise sinnvoll erscheint (Wulff 1974, S. 15; Brauner 1986, S. 57).
Im weiteren plädiert Wulff für eine historische und dialektische, materialistische Erkenntnislehre, die "komplementaristisches" Vorgehen dadurch ersetzt, daß auf einer höheren Ebene - inhaltliche - Kriterien gefunden werden, die zeigen, "**wo** die psychoanalytische und **wo** die ethnosoziologische Methode ... angebracht ist" (Wulff 1974, S. 17); dem geht voraus die Auffassung, daß komplementaristisches Vorgehen "... eher dazu dient, Widersprüche im theoretischen Zusammenhang vorzeitig aufzulösen" (Wulff 1974, S. 14). Ähnlich argumentiert auch Parin, der Devereux' Komplementaritätsprinzip als modernsten Ausdruck eines unangebrachten naturwissenschaftlich-positivistischen (Verwertungs-) Denkens ansieht, das im Spätkapitalismus Eingang in alle Humanwissenschaften gefunden habe und für deren zunehmende Kompartimentalisierung mit die Verantwortung trage (Parin, Parin-Matthèy und Morgenthaler 1985, S. 45).
Beide, Parin und Wulff, halten eine echte Synthese von Ethnologie und Psychoanalyse im Rahmen eines historisch-materialistischen Gesamtkonzepts für möglich und hilfreich. Solches Vorgehen steht für den überwiegend apolitisch bzw. (wert-) konservativ argumentierenden Devereux jedoch nicht zur Diskussion.

Fruchtbar erscheint auch - in mittelbarer Verbindung mit seiner "Komplementaristhese" - Devereux' "Entdeckung" des "Abtötungsprinzips" und dessen Thematisierung für die erkenntnistheoretische Debatte innerhalb der Ethnologie (bzw. der Sozialwissenschaften im allgemeinen). So konnte an mehreren Stellen gezeigt werden, wie radikal-nomothetische Verfahren - indem sie den Fokus nur verkleinern - den Gegenstand verändern bis hin zu dessen Auflösung.[92] Koepping spricht hier

---

92 Wobei die "Abtötung" der Idee der Basispersönlichkeit bei mir nun nicht gerade Bedauern hervorruft...

von der "atomistischen Fehlvorstellung, daß etwas genauer gemessen werden könnte, je feiner man es aufsplittert" (1984, S. 221).
Zu fragen wäre an dieser Stelle allerdings, wie weit Devereux' Empfehlung, der Gefahr der "Abtötung" des Gegenstands durch "komplementaristischen Diskurswechsel" zu begegnen, führt, wenn man das "Abtötungsprinzip" als den Ausdruck der immanenten Begrenztheit (klassisch-) positivistischer Wissenschaft auffaßt; dieses soll nun umgangen werden durch "komplementaristisches Vorgehen", welches selbst - folgt man Wulff bzw. Parin (s.o.) - nur die modernere Variante einer positivistisch-naturwissenschaftlichen Tradition darstellt und damit kaum tauglicher ist zur Lösung der ganzen von Devereux aufgezeigten Misere.
Immerhin ist Devereux' Empfehlung zum "komplementaristischen Vorgehen" ein erster Versuch, der "Falle" des kulturellen wie psychoanalytischen Reduktionismus zu entrinnen und beide Bereiche - Kulturelles wie Psychisches - **gleichrangig** zueinander in Bezug zu setzen. Beide werden als gleichzeitig aus der biologischen Struktur des Menschen hervorgegangen gedacht (1974, S. 358).
Sehr treffend schreibt er dazu im weiteren:

> *"... die biologische Natur des Menschen muß sowohl vom Ethnologen als auch vom Psychoanalytiker in Betracht gezogen werden. Sie darf allerdings nicht als* ***causa causans*** *der Kultur und der menschlichen Psyche angesehen werden, sondern nur als der Boden, auf dem jene sich entwickeln können, als das Rohmaterial, mit dem die Kultur wie der menschliche Geist arbeiten, und als innere Beschränkung der theoretisch nahezu unbeschränkten Variabilität der Kultur und des Geistes. Diese [biologischen] Merkmale ... können ebensowenig zur Erklärung seiner Psyche und seiner Kultur herangezogen werden, wie die Struktur und Funktionsweise der Uhr aus der Natur des Eisens erklärt werden kann." (Devereux 1974, S. 359; Ergänzung M.A.)*

Mit solchen Anregungen nun hat Devereux eine Brücke geschlagen zur "neueren" Ethnopsychoanalyse: Deren Anliegen besteht ja u.a. darin, daß über eine Wiederaufwertung der genuin psychoanalytischen Theorie der simplen These der "kulturellen Prägung", wie sie die Kultur- und Persönlichkeitsforschung tendenziell unter Einbeziehung passender, aber verstümmelter psychoanalytischer Versatzstücke vertritt, eine angemessenere Betrachtungsweise gegenübergestellt werden soll; allerdings gehen die Vertreter der "neueren" Ethnopsychoanalyse (wie schon angedeutet) insofern über Devereux' Vorgehen hinaus, als sie dessen "komplementaristisches" Vorgehen durch ein synthetisch-dialektisches ersetzen möchten.

Ebenfalls von weitreichender Bedeutung ist Devereux' zweites (von mir so bezeichnetes) "Innovationspostulat" zur Methodologie: Hiermit ist gemeint sein unermüdliches Eintreten dafür, dem "Faktor Subjektivität" in den Sozialwissenschaften, ganz besonders jedoch in der Ethnologie verstärkt Geltung zu verschaffen - ja sogar jenen in den Rang eines zentralen Erkenntnisinstruments zu versetzen. Sein Werk "Angst und Methode in den Sozialwissenschaften" (1973) liefert eine immense Anzahl treffender Fallbeispiele, die belegen, wie die krampfhafte Ausblendung des "subjektiven Faktors" sozialwissenschaftliche Ergebnisse verfälschen, und, im Gegenzug, dessen Berücksichtigung, mehr noch seine bewußte Indienstnahme, solchen Aussagen größere Authentizität verschaffen kann. Nie zuvor hat ein Ethnologe dermaßen pointiert und mit einer solchen Fülle guter Argumente die systematische Hinwendung zum Subjektiven im Erkenntnisprozeß eingefordert.
Zu "Angst und Methode ..." schreibt Heinrichs:

> *"Seine materiale Einlösung (durch ethnographischen Stoff) ist, entgegen naheliegender Befürchtungen, geradezu überwältigend." (Heinrichs 1985, S. 145)*

Zwar hatte beispielsweise schon Mead die Forderung nach einer "konsequenten Bewußtwerdung der eigenen kulturgebundenen Perspektive", gar nach psychoanalytischer Weiterbildung für den Ethnologen erhoben (1952, S. 345), und auch Nadel argumentierte in diesem Sinne (1951, S. 49). Doch blieb es Devereux vorbehalten, die wissenschaftstheoretische Legitimität der systematischen Nutzung von "Gegenübertragungsvorgängen" in der sozialwissenschaftlichen Forschung vorzuführen (vgl. Brody 1981 sowie Davidson 1986).
Diesbezügliche Zustimmung erhielt Devereux von Anfang an von einigen wenigen, (klassisch-) psychoanalytisch orientierten Anthropologen in den USA: Wissenschaftler wie Muensterberger, LaBarre und Spiro (im Rahmen seiner jüngeren theoretischen Entwicklung), die sich der Minderheitsposition von Devereux' und ihrer eigenen Auffassung bewußt sind (vgl. LaBarre 1978 und Spiro 1978).
Wohlwollend rezensiert Spiro "Angst und Methode ...":

> *"La Barre übertreibt in dem von ihm verfaßten Vorwort nur leicht, wenn er schreibt, daß, solange wir uns nicht ernsthaft 'mit dem Problem, das Devereux gestellt hat ...' auseinandersetzen, 'es keine, wie immer geartete Möglichkeit authentischer Sozialwissenschaft gibt'." (Spiro 1969, S. 97 im "American Anthropologist")*

Im übrigen stießen die Anschauungen Devereux' - sofern sie denn überhaupt einem größeren wissenschaftlichen Publikum bekannt wurden - in diesem Lande überwiegend auf Ablehnung; dermaßen radikalen Angriffen auf das vorherrschende natur-

wissenschaftlich-empirieorientierte Wissenschaftsideal konnte wohl nur mit Mißachtung oder aber überheblicher Kommentierung begegnet werden.[93]
Eine entsprechende Schelte beinhaltet die Rezension von "Angst und Methode ..." durch Price-Williams, einen "psychological anthropologist", die im gleichen Band des "American Anthropologist" wie Spiros Besprechung erschien:

> *"Ein entscheidendes Element in dieser Darstellung von Sozialwissenschaften wurde vergessen: Die Reproduzierbarkeit [= Zuverlässigkeit]" (Price-Williams 1968, S. 673; Ergänzung M.A.)*

Auf fruchtbaren Boden jedoch fielen Devereux' Thesen in Europa, besonders dem deutschsprachigen Raum: Hier bestand aufgrund einer stärkeren hermeneutischen Tradition sowie im Gefolge der Tatsache, daß auch schon von anderer Seite - der "Frankfurter Schule" - Vorschläge zur Einbeziehung subjektiver Momente, von "Gegenübertragung", gemacht, generell: die Frage des Erkenntnisinteresses in die Überlegungen zur sozialwissenschaftlichen Forschung einbezogen worden waren, eine stärkere Aufnahmebereitschaft für die empiriekritischen Positionen Devereux'.

Natürlich möchte Devereux **auch** provozieren. Dies gelingt ihm häufig nicht schlecht; es wäre allerdings zu bedenken, ob seine einseitig überspitzten Äußerungen gegen "Methodik", sein Eintreten für die Beachtung des "subjektiven Faktors" - so rhetorisch gut seine Formulierungen an vielerlei Stellen auch sein mögen - inhaltlich in dieser Absolutheit bestehen können:
So kritisiert Spiro, der Devereux' Postulate im Grundsatz begrüßt, die Einschätzung der "Gegenübertragung" als dem erkenntnistheoretischen "Königsweg" in der Ethnologie als zu weitgehend:

> *"... Devereux läßt es aber geschehen, daß er in die Falle seines eigenen **Reduktionismus** läuft. Nicht genug, daß Gegenübertragung als ein wichtiges Instrument bei der Gewinnung von Daten und als eine wichtige Quelle zur Erstellung der Theorie genutzt werden kann; nein es ist das*

---

93 Vgl. z.B. LaBarre (1973, S. 12).

Nach Koepping fristeten solche Positionen, die dem "Faktor Subjektivität" einen zentralen Stellenwert einräumen, und die zum Teil auch unabhängig vom Einfluß Devereux' in den USA hin und wieder vertreten wurden, in der ethnologischen Theoriedebatte dieses Landes auch bis vor kurzem noch ein verfemtes Schattendasein (1984, S. 235, Anm. 9); erst in allerjüngster Zeit scheint hier ein Umdenken in Gang zu kommen: so gibt LeVine (1980, Kap. 19) einen ausführlichen Literaturbericht zu derartigen ethnologischen Arbeiten; ebenso finden sich Hinweise bei Murray (1985, S. 107), Marcus und Fischer (1986), Herdt und Stoller (1987, S. 197) sowie Geertz (1990, S. 152-153, Anm. 2). Vielfach handelt es sich bei solchen Arbeiten um literarische, die Subjektivität des Forschers miteinbeziehende Be- und Verarbeitungen ethnologischer Begegnungen.

> *'allerentscheidendste' Datum jeglicher Sozialwissenschaft." (Spiro 1969, S. 96)*

Diese Warnung ist sicherlich berechtigt, insbesondere vor dem Hintergrund, daß Devereux (empirische) "Methodik" zwar nicht gänzlich ablehnt, aber nur sehr vage Kriterien dafür angibt, wie diese "bewußt" zum Einsatz gebracht werken kann (Spiro 1969, S. 96).
Ähnlich argumentiert Mead (1979), die Devereux vorwirft, die Konzentration auf den Gegenübertragungsprozeß als eines Instruments, das innerhalb eines vorwiegend an Sprache gebundenen Verfahrens - der Psychoanalyse - entwickelt worden ist, werde dem grundsätzlich "multisensorischen" Charakter der Feldforschung nicht in ausreichendem Maß gerecht. Ungenügende Thematisierung "gesellschaftlich produzierter Wahrnehmungs- und Reflektionsfilter" (in ihrer Eigenschaft als einflußnehmende Größe auf die subjektiven, sprich: Gegenübertragungsprozesse) bemängelt Gstettner (1979).

Trotz aller kritischen Einwendungen ist festzuhalten, daß Devereux mit seiner systematischen Hinwendung zum "Faktor Subjektivität" - zumindest, was den europäischen Raum betrifft - stellvertretend steht für eine neuere Tendenz in der allgemeinen Ethnologie, ja sogar für diese in seinen Arbeiten eine theoretische und epistemologische Legitimationsbasis geschaffen hat (bezügl. der Situation in den USA vgl. Anm. 93).
So wird auch von nicht ausgesprochen psychoanalytisch orientierten Ethnologen zwar nicht unbedingt der "Gegenübertragung" als dem "Königsweg", so doch dem Postulat von der Bedeutsamkeit der eigenen emotionalen Prozesse zunehmend und ernsthaft Beachtung geschenkt.

> *"Offenherzig bekennen sich die modernen Feldforscher zur subjektiven Seite ihrer Tätigkeit, zu ihren Sehnsüchten, Wünschen und Frustrationen." (Kohl 1986, S. 11).*

Kohl verweist an dieser Stelle auf einige solcher Arbeiten. Allerdings führt Kohl dieses Phänomen auch auf veränderte Forschungsbedingungen zurück. Diesbezüglich ähnlich äußert sich Koepping (1984) mit einer Diskussion über Stellenwert und Akzeptanz derartiger Positionen innerhalb der ethnologischen Theoriedebatte.
Bei Koepping selbst erscheint der für Devereux unvermeidliche, ja willkommene "Faktor Subjektivität" in einer existenzialistischen Wendung als "Authentizität der Erfahrung" (1987, S. 16), und die Bereitschaft zur (auch emotionalen) Interaktion wird hier, ähnlich dem psychoanalytischen Prozeß, als ein "Sich-zur-Verfügung-stellen" (1987, S. 29), begriffen.[94]

---

94 Anders als Devereux verwirft Koepping, trotz seines Bewußtseins des dualen Charakters von teilnehmender Beobachtung, nicht deren grundsätzliche Möglichkeit (1987).

Im Rahmen der "Aktionsforschung" bezieht sich Moser auf Devereux' Thematisierung der Angst, die er als erhebliches Charakteristikum im "hautnahen Verhältnis der Kooperation" begreift (1975, S. 149).

Insbesondere die Vertreter der "neueren" Ethnopsychoanalyse haben systematisch "Gegenübertragung" als Instrument für ihre Forschungsvorhaben genutzt (s. auch im folgenden). Sie nehmen damit auf einem weiteren Feld Devereux' Anregungen auf, was sie befähigt, unter einem neuen Paradigma feldforscherisch tätig zu werden und die Theoriebildung voranzutreiben. Auf diese Weise umgehen sie die Sackgasse, in die die Anhänger der empirisch-faktorenanalytisch ("nomothetisch") ausgerichteten Tendenz der jüngeren Kultur- und Persönlichkeitsforschung, der "psychological anthropology", hineingeraten waren; deren Vertreter scheinen sich ja zunehmend ihrer Ratlosigkeit bewußt zu sein, womit Devereux' Thesen (und mit ihnen die Arbeiten der "neueren" Ethnopsychoanalyse) zu einer entscheidenden Herausforderung dieser Schulrichtung zu werden beginnen.
Der Ethnopsychoanalytiker Erdheim erwähnt beispielsweise die Konfrontation mit dem bisher wenig beachteten "Alltagsleben" (der anderen Kultur) als emotionale Belastungsprobe für den Ethnologen. Gerade dieses (Alltagsleben) bringe die "Nähe zur Lebenswirklichkeit" (der anderen) und werfe ihn damit - zumal sich Alltägliches weniger zur "exotistischen Verklärung" (Brauner 1986, S. 12) eignet - auf sich selbst zurück. Es lasse ihn sich

> *"auch in Bezug auf den Stamm, in dem er sich befindet, definieren, ... seine eigene Subjektivität bestimmen. Sie wird ihm bewußt an der Mühe und an den im eigentlichen Sinne existentiellen Widerständen, die er überwinden muß, um an sein Objekt heranzukommen." (Erdheim 1973, S. 16)*[95]

So sehr nun auch Devereux' Thesen zur Entwicklung der "neueren" Ethnopsychoanalyse beigetragen haben, so sind sich deren Repräsentanten doch der Risiken bewußt, die mit einer unkritischen - d.h. von den gesellschaftlichen Zusammenhängen losgelösten und politisch nicht reflektierten - Aufblähung des "subjektiven Faktors" einhergehen: In diesem Sinn beklagen Erdheim und Nadig "Rechtsdrall und Verabsolutierung" (1987, S. 175) als mögliche Gefahren einer solchen unhinterfragten Anwendung der "Gegenübertragungsthese" Devereux', womit sie freilich auch dessen eigene, vielfach apolitisch-konservative Haltung zutreffend bezeichnen.

Vor allen anderen Gegenübertragungsmechanismen im sozialwissenschaftlich-ethnologischen Prozeß hat Devereux das Phänomen der Angst im Auge; sie selbst sowie die zu ihrer Abwehr in Gang kommenden Bemühungen werden zur zentralen

---

[95] Man beachte den "Objektstatus", den die Fremden - ganz im Gegensatz zu Erdheims späteren Veröffentlichungen (z.B. 1984) - an dieser Stelle noch haben!

Achse in seinem Argumentationsfeld über die subjektiven Reaktionen des Beobachters, und mit Hilfe dieser Achse vermag er ebenso dessen verzerrte Wahrnehmung wie seine (unbewußte) Einflußnahme auf das Geschehen zu erklären[96].
Wie aktuell Devereux' Ausführungen, speziell zu "Exotismus", "ethnographischem Objektivismus", "manifeste vs. latente Seiten der Kultur" - als Funktionen der Angst und ihrer Abwehr beim Beobachter - nach wie vor sind, zeigt sich anläßlich der neuen erkenntnistheoretischen Kontroverse um Freemans Kritik an Meads Forschungsergebnissen aus Samoa (Freeman 1983 und Mead 1928/1949):
Ähnlich divergente Einschätzungen in bezug auf eine (identische) Kultur, vergleichbar denen von Mead und Freeman über Samoa, sind ja nicht neu in der Geschichte der Ethnologie (vgl. Holmes 1987; Koepping 1987, S. 9); Devereux zitiert Fortunes Untersuchung über die Omaha (Devereux 1973, S. 256 und Fortune 1932), eine Art "re-study" über eine schon recht ausführlich beschriebene Ethnie, die überraschende Ergebnisse - die sozusagen "bis dahin vernachlässigte Nachtseite der Omaha-Kultur" (Devereux 1973, S. 256) - zu Tage gefördert habe. Devereux führt dies auf die Persönlichkeit Fortunes - als eines entscheidenden Gegenübertragungselements - zurück.
Mead selbst kommentiert die unterschiedlichen Ergebnisse ihrer und der Forschungen ihres (zweiten) Ehemannes Fortune, der gleichzeitig mit ihr in Neuguinea arbeitete, folgendermaßen:

> *"Uns war noch nicht aufgegangen, daß die Unterschiede unserer Erfahrungen - die von Reo mit Dobu und meine mit Samoa - beinahe ebensoviel mit uns als Individuen zu tun hatten wie mit der Art der von uns studierten Kulturen." (Mead 1978, S. 159)*

Sicherlich hat das von Devereux beschriebene Phänomen der "exotistischen Selektivität" (Devereux 1973, S. 241; Murray 1985 spricht von "ethnoromantischer Ver-

---

96 Es könnte zudem diskutiert werden, ob die - angesichts der Konfrontation mit dem Fremden - (im Ethnologen) aufkommende Angst als (besonders ausgeprägtes aber) grundsätzlich menschliches Phänomen aufzufassen ist; eine auf solcher "paläoanthropologischer" (biosozialer und biopsychischen) Ebene sich bewegenden Argumentation, die mit ontologisch-existentialistischen Begriffen wie "leibliche Gebundenheit" (an die eigene, physisch-lebensweltliche Primärerfahrung) operiert (z.B. Wittpoth 1990), ist sicherlich nicht im Sinne des Devereux'schen bzw. allgemein-ethnopsychoanalytischen Diskurses (vgl. Erdheim 1984, S. 28). Durch einen solchen Diskurswechsel ließen sich jedoch u.U. wertvolle neue Aspekte und Einsichten, vielleicht sogar Vereinfachungen in der theoretischen Herleitung des Phänomens der Angst (gegenüber der etwas aufwendigeren psychoanalytischen Gedankenfolge) erzielen. Möglicherweise ist bei derartigen Angstreaktionen auch von einer Kombination aus (instinktnaher) "Urangst" und sekundärer, stärker psychogener Angst (entstanden aus der Konfrontation mit dem verdrängten "Material", vgl. meine Zitierung Devereux', S. 82), auszugehen.

Aufschlußreich zu dieser Frage äußert sich auch Bosse (1992), der in frühesten Kindheitserfahrungen in unserem Kulturkreis die Ursache für derartige Angstgefühle, ja sogar für das Auftreten der von ihm angenommenen "Angstlust" auf seiten des westlich sozialisierten Ethnologen anläßlich seiner Begegnung mit dem Fremden, ausmacht (vgl. Anm. 120 d. vorl. Arb.)

suchung") zu **Meads** spezieller und eindimensionaler Sicht der samoanischen Kultur beigetragen; andererseits hätte er wahrscheinlich dem durch **Freemans** Werk sich ziehenden Anspruch einer wissenschaftlichen Widerlegung, dem nach größerer Reliabilität, Validität etc., den Hinweis auf die Subjektivität des Ethnographen, seine Eigenschaft als "Störfaktor", auf "Methodik" als angstabwehrenden Filter, entgegengehalten.
Ganz in diesem Sinne schreibt Holmes, es liege

> *"der besondere Wert methodologischer Wiederholungsstudien darin, daß sie Licht auf die in die Feldforschung eingehenden Persönlichkeitsfaktoren werfen. Einige Anthropologen, die Freemans Buch rezensiert haben, äußerten die Meinung, es sage mehr über Freeman als über Samoa aus." (Holmes 1987, S. 246)*

An den Beispielen dürfte die Berechtigung von Devereux' Kritik an einigen klassischen Mechanismen der feldforscherischen Tätigkeit wie der ethnographischen Darstellung deutlich geworden sein. Speziell die Bemühungen von Vertretern der Kultur- und Persönlichkeitsforschung, die psychischen Strukturen von Angehörigen anderer Kulturen zu ergründen, ohne jedoch sich über ihre eigenen gefühlsmäßigen Reaktionen, über ihre Abwertungs- und Verklärungstendenzen angesichts der und in der Interaktion mit den von ihnen "Erforschten" Rechenschaft abzulegen, erfahren durch diese Devereux'sche Position eine radikale Infragestellung; nicht zuletzt durch die methodenkritischen Thesen Devereux' angeregt, ist auch die im "Exkurs" I der vorliegenden Arbeit geübte Kritik an der Studie Kardiners und DuBois' über die Menschen auf Alor zustande gekommen.

Die Wiedereinsetzung des psychoanalytischen Instanzenmodells läßt Devereux, ähnlich wie Róheim, aber auch Muensterberger, Spiro, LaBarre, zum Anwalt eines Denkens werden, das hinter der behavioristisch-simplifizierenden Übereinstimmung von (äußerem) Handeln und (innerer) Struktur die im Innern des Individuums bzw. auch der Gruppe sich darstellenden, **konflikthaften** Prozesse bezeichnet:

> *"Eine Gruppe, die sehr wenig aggressives Verhalten nach außen zeigt, kann dennoch durch starke (wahrscheinlich unbewußte) Feindseligkeit gekennzeichnet sein; und eine Gruppe, die ein ausgeprägt aggressives Verhalten erkennen läßt, kann trotzdem durch kulturelle Werte sich auszeichnen, die Aggressivität mißbilligen (im letzten Fall wird die Aggression selbstverständlich in sozial akzeptabler Weise zum Ausdruck kommen: als Verschiebung, Projektion usw.) ... Eher als [reale] Unterschiede im Grad der Feindseligkeit zu zeigen, die auf kulturellen Unterschieden beruhen würden, kann die*

Unterschiedlichkeit ihres aggressiven Verhaltens für Unterschiede in der sozialen Kanalisierung von Aggression sprechen, oder auch für das unterschiedliche Verhältnis zwischen den Es-, Ich- und Über-Ich-Anteilen ihrer jeweiligen Persönlichkeiten." (Spiro 1978, S. 358; Ergänzung M.A.)

Mit dem Verweis auf den dynamischen, heterogenen und häufig widersprüchlichen Charakter der intrapsychischen wie intrakulturellen Vorgänge sowie ihrer jeweiligen Interdependenz hat Devereux auf eine weitere Schwachstelle der (klassischen) Kultur- und Persönlichkeitsforschung aufmerksam gemacht: Deren Vertreter waren ja von der Gleichgerichtetheit der kulturell-gesellschaftlichen und individuell-psychischen Strukuren ausgegangen, womit sie den oben genannten Mechanismen eines antagonistisch-systemischen Zusammenwirkens wenig Beachtung geschenkt hatten. Letztere wurden erst im Rahmen der jüngeren Kultur- und Persönlichkeitsforschung - so beispielsweise von Edgerton (1978) - aufgegriffen, der sich "deviantem Verhalten" als dem deutlichsten und aufschlußreichsten Ausdruck solcher Heterogenität zuwendet (vgl. auch Bourguignon 1978 über **institutionalisiertes** "deviantes Verhalten"). Der im gleichen Sammelband erschienene, von Schwartz (1978) verfaßte Aufsatz favorisiert ein ausgeklügelt - sophistisches System heterogener und homogener Strukturen.
Einen anderen Weg gehen die Vertreter der "neueren" Ethnopsychoanalyse in Europa (siehe auch im folgenden): Sie thematisieren Geschichtlichkeit, äußere und innere Konflikte im Rahmen der gesellschaftlichen Machtverhältnisse in der Weiterführung der genannten (klassisch-) ethnopsychoanalytischen Thesen Devereux'.

Devereux' These eines "ethnischen Unbewußten", hergeleitet aus einer inhaltlichen Verbindung von "Basispersönlichkeit" und (einem Sektor) der psychoanalytischen "Topik", besticht vordergründig als geniale Konstruktion. Allerdings ergeben sich ähnliche inhaltliche und methodische Probleme wie bei dem Konstrukt der "Basis"- (bzw. "Modal"-) Persönlichkeit, wollte man dem "ethnischen Unbewußten" realitätsangemessene substantielle Eigenschaften zuschreiben.
Überaus berechtigt fragt Wulff, ob die von Devereux vorgenommene strenge Unterscheidung in "ethnisches" und "idiosynkratisches" Unbewußtes sachlich haltbar ist, ob nicht beide vielmehr in einem dialektischen Verhältnis zueinander stehen (1974, S. 13). Erdheim - in leichter Abänderung vom "gesellschaftlichen Unbewußten" sprechend - verweist auf den Zusammenhang von Machtstrukturen, divergierenden Interessen etc. und der Funktion des "ethnischen" bzw. "gesellschaftlichen" Unbewußten im Repressionsprozeß (1984, S. 220/ 221).
So dient es zunehmend als **modellhaft**-begriffliches Instrument: für Devereux zur Herleitung eines Teils seiner psychiatrisch-ethnologischen Konzeption, für Erdheim im Rahmen seines historisch-kulturvergleichenden Argumentationssystems.

Mit der These eines "Gruppen-Ich" nimmt Devereux ein klassisches Axiom der Anthropologie/Ethnologie wie auch Psychiatrie der Jahrhundertwende auf; häufig wurden das "Gruppen-Ich" bzw. verwandte Konstrukte im Zusammenhang mit evolutionistischen Theorien postuliert, in denen dann, implizit oder explizit, wertende Aussagen (im Sinne der Höherbewertung) über die differenzierteren Ich-Strukturen der Angehörigen "fortgeschrittener", "zivilisierter" Gesellschaften sich anschlossen (exemplarisch Kraepelin 1915; Lévy-Bruhl 1922 über das "primitive Denken"; ebenfalls in diese Richtung weist Freuds These der "Urhorde" sowie seine partielle Gleichsetzung von Kind, Neurotiker und Wildem: vgl. S. 11 d. vorl. Arb.). Diese negativen Konnotationen zur Struktur des "primitiven Ich" finden sich auch in jüngerer Zeit noch in medizinisch-psychiatrischen Abhandlungen, die "hysterische" Symptomatik - ähnlich wie Devereux - mit der Annahme solcher besonderen kollektiv-archaischen Ich-Strukturen in Verbindung bringen (z.B. von Baeyer 1948; Bräutigam 1969, S. 80).
Andererseits steht Devereux in der Tradition einer historisch-romantisierenden Auffassung von "Gemeinschaft", die diese dichotomisch dem "Gesellschafts"-Begriff gegenüberstellt (vgl. Hartfiel u. Hillmann 1982, S. 244-245 zu Tönnies) und ihre humaneren, weniger psychisch deformierenden Eigenschaften betont; für Devereux ist "Gemeinschaft" "locus" des "Gruppen-Ich"; auch von ihm wird sie tendenziell höher bewertet, da sie "**nur**" Hysterie, **nicht** Schizophrenie als "typische Störung" hervorbringe (sofern sie - die "Gemeinschaft" - "authentisch" ist) ... (1974, S. 109 und S. 192).
Hier müßte allerdings gefragt werden, ob Devereux' "Gruppen-Ich" nicht doch eher Ausdruck seines Wunschdenkens ist, als daß hierdurch ein realer Sachverhalt beschrieben werden kann. Komplementär nämlich dazu, wie die vorgenannten Autoren in abwertender Weise das "primitive Ich" als Persönlichkeitsmerkmal von Angehörigen "nicht-zivilisierter" Gesellschaften zu erkennen glauben, sitzt Devereux an dieser Stelle möglicherweise einer idealisierenden Überhöhung auf: Daß mit "Gruppen-Ich" weniger pathologische, psychisch stabilere Strukturen einhergingen - allgemein: in der "Gemeinschaft" das Leben glücklicher (gesünder) sei - bezweifelt der US-Amerikaner Edgerton in seinen Thesen über "deviantes" Verhalten (vgl. S. 111 d. vorl. Arb.). So stellt er grundsätzlich die Berechtigung der schon im Alten Testament, aber auch bei Aristophanes und Tacitus vorfindbaren Scheidung des guten, traditionell einfachen Lebens (auf dem Lande) von den krankmachenden, "sündigen" bzw. "degenerierten" Daseinsformen (der Städter) in Frage (1978, S. 448; vgl. ebf. Reiche, Soziologe und Psychoanalytiker, der eine Zunahme "früher Störungen" in der Neuzeit nicht erkennt: 1991).
Ob die von Devereux in Zusammenhang mit der Einführung des "Gruppen-Ich" benannte Begründung für die (vereinfachende) Gegenüberstellung "traditionaler" "Gemeinschaften" und "moderner Gesellschaften": jeweilige Höhe ihres Komplexitätsgrades - realitätsangemessen und für die Gesamtfragestellung sinnvoll ist, mag dahingestellt bleiben. Ähnlich äußert sich zur Zunahme des Komplexitäts- und Differenziertheitsgrades in industriellen Gesellschaften ja schon Elias (1938/1969);

ebenso Parin in seiner Rollen- und Anpassungstheorie (1978, S. 132); auch Erdheims duales Konstrukt der "kalten" und "heißen" Gesellschaften (in Anlehnung an Lévi-Strauss, s. im folgenden) und der jeweiligen Bedeutung, die er diesen für den Ausgang der Adoleszenz beimißt, kommt solchen Gedankengängen recht nahe.[97]

Eine - dem Sinne nach - Devereux' Konstruktion vom "Gruppen-Ich" vergleichbare Darstellung findet sich schon in der zur frühen Kultur- und Persönlichkeitsforschung gerechneten Ethnographie Meads über Samoa (1928/1949, S. 132f.): Sie beschreibt das ausgedehnte Netz von Bezugspersonen und Interaktionspartnern, das die soziale Entwicklung des Kindes von klein auf bestimmt (vgl. Devereux: "frühe affektive Diffusion libidinöser Bindungen", 1974, S. 195), und dessen sich das erwachsene Individuum in seinem weiteren Leben nicht minder erfreuen kann. (Kritisch hierzu äußert sich natürlich Freeman: 1983, insbes. Kap. 14). Auch die "neuere" Ethnopsychoanalyse steht mit ihren Thesen zum "Gruppen-Ich" in der Tradition dieser tendenziell positiven Wertung der die "Gemeinschaft" kennzeichnenden Situation:
Hier **ermöglichen** intakte Gruppenzusammenhänge die (innerlich) **autonome** und **flexible** Existenz der Einzelpersönlichkeit (Parin, Morgenthaler, Parin-Matthèy 1963, S. 460), wohingegen bei drohendem Rückzug des Individuums aus der Gruppe diese mit Pressionen reagiert, bzw. beim Einzelnen in solchen Situationen verstärkt Angst und Desorientierung auftreten (Morgenthaler, Weiss und Morgenthaler 1984; vgl. auch Wulff 1969).
Aus diesen Ausführungen dürfte deutlich geworden sein, wie ein häufiger - möglicherweise verklärender! - "topos" der "Kultur- und Persönlichkeitsforschung" als "Gruppen-Ich" Eingang in die Theorie Devereux' gefunden hat und in leichter Veränderung von Vertretern der "neueren" Ethnopsychoanalyse, insbesondere der Arbeitsgruppe um Parin, übernommen wurde. Nicht zuletzt beziehen die letztgenannten einen Teil ihres gesellschaftskritischen Argumentationsmusters aus einer Erweiterung dieser These, wenn sie nämlich, wenn auch eher "zwischen den Zeilen", das zunehmende Verschwinden des "Gruppen-Ich" in modernen Gesellschaften, m.a.W. die Vereinzelung des Individuums, beklagen (insbesondere Parin, Morgenthaler und Parin-Matthèy 1963 oder Parin 1978).

Devereux' ethno**psychiatrische** Konzeption bedient sich zwar, neben psychodynamischer Vorstellungen, soziologischer und kultureller Elemente in dem Versuch, die Ätiologie und Symptomatik psychischer Erkrankungen zu erhellen; insofern setzt er - wenn auch in eher essayistisch-spekulativer Form nur angedeutet und unter Durchbrechung seines an anderer Stelle dargelegten Komplementaritätsprinzips -

[97] Auch aus den Reihen einer evolutionistisch-kulturvergleichend ausgerichteten Anthropologie kommt Unterstützung für diese These Devereux': so geben Lomax und Arensberg (1977) Kriterien an, mit deren Hilfe der Grad der Komplexität einer Kultur "gemessen" werden kann, wobei sich (folgerichtig!) für die "modernen" (industrialisierten) Gesellschaften die höchsten Werte ergeben.

eine Art Synthese zwischen interaktionistischer (soziologischer, "labeling"-) und tiefenpsychologischer Theorie zur Entstehung und Aufrechterhaltung psychischer Krankheit (vgl. Anm. 84). Dieser synkretistische Ansatz zeigt dann allerdings in seiner sehr eigenwillig - "universalistischen" Anwendung durch Devereux seine janusköpfige Struktur:
So kommt Devereux mit einzelnen seiner Theorien, beispielsweise der des größeren Risikos von Desorientierung, "Ich-Zerfall" und Schizophrenie in "modernen Gesellschaften" einer "antipsychiatrisch" (!) orientierten Kritik der "Moderne" (der fortgeschrittenen Industriegesellschaft, des Spätkapitalismus), recht nahe.[98]
Andererseits treibt er immer wieder den von ihm attackierten Teufel des "extremen Kulturrelativismus" mit dem schlimmeren Beelzebub ungehemmter, ethnozentrischer psychiatrischer Nosologie und Etikettierung aus (vgl. Parin, Parin-Matthèy und Morgenthaler 1985, S. 45). Speziell Devereux' Auffassung zur Rolle des Schamanen als eines psychisch Kranken scheint ja nicht haltbar.
Er (Devereux) sei in diesem Sinne

> *"in seinen ethnopsychiatrischen Beiträgen weitgehend ein klassischer Psychiater, der die Hierarchien von westlicher und außereuropäischer Kultur, von normal und anormal manifestiert. In seinen europäisch verzerrten Beiträgen zur Ethnopsychiatrie verspielt er die Schärfe seines ethnopsychoanalytischen Denkens." (Heinrichs 1981, S. 174)*[99]

Trotz seiner sehr fragwürdigen ethnopsychiatrischen Konzeption und des damit einhergehenden leichtfertigen Umgangs mit "Devianz", psychischer Erkrankung, ist in jedem Falle bemerkenswert, daß Devereux das Augenmerk auf solche Prozesse gelenkt hat, die auf den ersten Blick nur "Ausnahmen von der Regel" sind; diese sind es aber, die bei näherem Hinsehen auf die Frage des Verhältnisses von Kultur und Persönlichkeit wahrscheinlich besser Aufschluß geben können als die stimmigen

---

98 Zur Position der "Antipsychiater", als deren führendste Vertreter wohl Franco Basaglia, Ronald Laing und David Cooper gelten dürften, vgl. Heinrichs (1985, S. 165f.) oder Jervis (1978, S. 63f.). Von diesen wurde versucht, unter Berücksichtigung der Erkenntnisse der soziologischen "labeling"-Theorie ein "antipsychiatrisches", d.h. kritisch-politisch orientiertes und gegen die konventionelle Psychiatrie gerichtetes Behandlungskonzept zu entwickeln. Eine ihrer Hauptthesen besagt, daß psychische Krankheit - speziell "Schizophrenie" (sofern sie denn überhaupt als eigentliche "Krankheit" akzeptiert wird) - zu großen Teilen auf pathogene Familiensituationen, diese wiederum auf die inhumanen und entfremdenden Lebens- und Arbeitsbedingungen im entwickelten Kapitalismus (d.h. der modernen Industriegesellschaften) zurückgeführt werden können (vgl. Anm. 84).

99 Möglicherweise sind Devereux' nicht-ärztliche Ausbildung und damit zusammenhängende Minderwertigkeitsgefühle im Hinblick auf die Schwierigkeiten, denen man als nicht-ärztlicher Psychoanalytiker, gerade in den USA, immer wieder ausgesetzt war bzw. ist, die Ursache für solch überschießend-kompensatorische psychiatrische Kategorisierungsversuche, die natürlich mit entsprechendem Zuwachs an - auch "ärztlichem" - Machtempfinden verbunden sind (Zur "Medizinalisierung" der Psychoanalyse in den USA vgl. Anm. 16).

Bilder, die von der klassischen Kultur- und Persönlichkeitsforschung allzu oft geliefert wurden, und die ihre theoretische Entsprechung vor allem in der "Uniformitätsthese" (Ähnlichkeit der psychischen Merkmale eines Großteils der Mitglieder einer Kultur) und der "Homogenitätsthese" (Übereinstimmung der inneren Struktur von Kultur und ihren Angehörigen) - beides Grundpostulate dieser Richtung - hatten. Berührungspunkte mit der von Devereux gewählten Perspektive finden sich in solchen Arbeiten, wie sie von einigen jüngeren Vertretern der Kultur- und Persönlichkeitsforschung in den USA in den letzen Jahren vorgestellt wurden (z.B. Edgerton 1978; Bourguignon 1978; aufschlußreich ist hier auch der Appell Honigmanns 1975, S. 619).

Für die weitere Entwicklung der Ethnopsychoanalyse von größerer Relevanz als seine (im engeren Sinne) ethnopsychiatrische Nosologie erscheinen mir Devereux' Vorstellungen zur krankmachenden Funktion sozialer Dekulturationsvorgänge; hier werden - häufig indirekt - neben der Kritik an der (bestehenden) "Moderne" (vgl. S. 96 d. vorl. Arb.) **modernisierungskritische** Töne laut: wenn auch Devereux' These, in "primitiven Gesellschaften" gäbe es keine "wirkliche Schizophrenie", wahrscheinlich einen Euphemismus darstellt, so läßt er mit dieser Auffassung doch keinen Zweifel, daß seine Sympathien (im allgemeinen jedenfalls - vgl. Anm. 90) bei diesen Gesellschaften sind und er ihnen "brutale Akkulturation" (sprich: die üblichen "Modernisierungsprozesse") gerne ersparen würde (1974, S. 192) ...
An dieser Stelle imponiert - in dem Versuch der Analyse der Auswirkungen derartiger Prozesse auf die Psyche des Einzelnen - die zunehmende Einbeziehung der historisch-dynamischen Perspektive, die Devereux (und die nachfolgende "neuere" Ethnopsychoanalyse) von dem eher statischen Denken der klassischen Kultur- und Persönlichkeitsforschung unterscheidet.
Gewaltsamer "sozialer Wandel", verbunden mit der umfassenden Durchsetzung des kapitalistischen Weltsystems, ist Bosses Thema; in diesem Sinne zweifelt er allerdings,

> *"ob Devereux' Ansatz ausreicht, um die psychische Seite der Gewalt zu erfassen, die in den Übergangsgesellschaften auftrifft, wenn sich der alten Gesellschaftsform eine neue, die industrielle, peripher kapitalistische oder sozialistische überstülpt." (Bosse 1984, S. 39)*

Résumé

Der Psychoanalytiker und Ethnologe Devereux, der "Erfinder" der Ethnopsychoanalyse, ist ein brillanter Kasuist; er liefert treffsichere psychoanalytische Interpretationen zum Spannungsfeld von Kultur, Individuum und Beobachter.

Auf methodologischer Ebene kann Devereux das Vorgehen der Kultur- und Persönlichkeitsforschung an zwei Punkten einer radikalen Kritik unterziehen:
Zum einen lehnt er einfache Reduktionen, wie sie die Kultur- und Persönlichkeitsforschung in vielfacher Abwandlung vorführt (vgl. These der "kulturellen Determinierung", Kap. I., 5.), rundheraus ab: Sein Vorschlag ist, Kultur und Persönlichkeit als zwei zwar miteinander verknüpfte, optimal aber nur über zwei verschiedene Zugänge erreichbare Gegenstände: den jeweils getrennten, aber gleichrangigen Diskurs von Soziologie bzw. Ethnologie einerseits und Psychoanalyse andererseits -, begrifflich zu fassen.
Zum zweiten steht er als erster Ethnologe für die Forderung nach systematischer Einbeziehung und Dienstbarmachung des subjektiven Faktors, der "Gegenübertragung", in und für den Erkenntnisprozeß. Auch damit geht Devereux weit über die Vertreter der Kultur- und Persönlichkeitsforschung hinaus, von denen die überwiegende Mehrheit der Auffassung war, durch quasi objektives Vorgehen, unter Auslassung der emotionalen Prozesse beim (beteiligten!) Beobachter Aussagen über die psychische Struktur der Beobachteten bzw. Befragten treffen zu können.

Inhaltlich ist es insbesondere die Wiedereinführung des Freud'schen Instanzenmodells, mit dessen Hilfe Devereux die eindimensionalen Vorstellungen der Kultur- und Persönlichkeitsforscher erweitern kann. Damit eröffnet er den Blick auf die konflikthaften und heterogenen Prozesse, wie sie mindestens ebenso für das Verhältnis der Individuen untereinander und zur Gesamtgesellschaft bzw. Kultur kennzeichnend sind wie die stimmigen Muster und Mechanismen, die uns die Kultur- und Persönlichkeitsforschung - in dem falschen Glauben, diese stünden für die "ganze Wahrheit" - überlassen hat. Dort nun, wo Devereux die These vom "ethnischen Unbewußten", vom "Gruppen-Ich" vertritt, wird das Erbe der Kultur- und Persönlichkeitsforschung in seiner Theorie deutlich: Beides erscheint als eine diskussionswürdige Synthese eines revidierten "Basis"- bzw. "Modalpersönlichkeit"- Begriffs und solchen psychischen "Inhalten" bzw. Teilstrukturen, wie sie sich aus der psychoanalytischen "Topik" (d.h. der Lehre von den bewußten und unbewußten Vorgängen und, bzw. damit in Zusammenhang, der Annahme des Instanzenmodells) ergeben.
In der Thematisierung diachroner Vorgänge, der Bedeutung von kulturellem Wandel für die psychische Struktur des Einzelnen, gelingt es Devereux auf einem weiteren Feld, die sehr statische Betrachtungsweise der Kultur- und Persönlichkeitsforschung zu überwinden.

Die "neuere" Ethnopsychoanalyse, für die Devereux' Theorien das Bindeglied zur Kultur- und Persönlichkeitsforschung darstellen, läßt in ihrem Vorgehen viele Elemente seines Denkens erkennen: Dort, wo sie sich in methodologischer Hinsicht zur theoretischen Synthese (von Kulturellem und Psychischem) bekennt, ist zwar nicht mehr Devereux' Komplementarismusprinzip, immerhin aber das Nicht-Reduktionistische, der Charakter von Gleichrangigkeit, welcher jenem innewohnt, gewahrt; im

Hinblick auf die Bedeutsamkeit des Phänomens der "Gegenübertragung" für den Erkenntnisprozeß schließlich sind sich Devereux und die Vertreter der "neueren" Ethnopsychoanalyse vollkommen einig.
Ebenso wie Devereux bedient sich auch die "neuere" Ethnopsychoanalyse des klassisch-psychoanalytischen Instanzenmodells, und im Verweis auf die Bedeutsamkeit der individuellen Triebhaftigkeit stellt sie den alten (Freud'schen) Antagonismus von Individuum und Kultur wieder her. Daneben übernehmen ihre Vertreter - unter gewisser Modifizierung - Devereux' Vorstellungen zum "ethnischen Unbewußten", zum "Gruppen-Ich" sowie einige seiner Anregungen zu den pathogenen Auswirkungen schnellen und brutalen kulturellen Wandels; gerade bei letzterer These werden jedoch von diesen viel stärker noch politische Argumentationsfiguren gegen das vorderhand zwar ebenfalls gesellschaftskritisch anmutende, tatsächlich aber eher "wertkonservative" Denken Devereux' gesetzt.

Trotz der vielfältig überzeugenden Einsichten und Thesen, mit denen Devereux die Weiterentwicklung der Kultur- und Persönlichkeitsforschung zur "neueren" Ethnopsychoanalyse ermöglicht hat, bleibt festzuhalten, daß seine Ausführungen in systematischer Hinsicht sowie in bezug auf Widerspruchsfreiheit sehr zu wünschen übrig lassen; Devereux' ethnopsychiatrische Theorie gar stellt, auch wenn sie einzelne sehr konstruktive Gedankengänge beherbergt, eine schlichte Zumutung dar. So erscheint mir als seine hervorragendste Leistung die theoretische und praktische Hinwendung zum "Faktor Subjektivität", zum Phänomen der "Gegenübertragung" im sozialwissenschaftlichen Erkenntnisprozeß: Zwar ist die "subjektive Dimension" in den allgemeinen Sozialwissenschaften kein vollständig neues Thema, bedenkt man die sog. "hermeneutische Tradition" im deutschen Sprachraum (und in deren indirektem Gefolge die Thesen der "Frankfurter Schule"). In dieser Konsequenz allerdings wurden derartige Forderungen bis zum Erscheinen von Devereux' grundlegenden Schriften in der Ethnologie nie erhoben, geschweige denn von einem ausgebildeten Psychoanalytiker und Ethnologen erfüllt.
Die sich aus Devereux' psychoanalytisch-hermeneutischer Haltung zwangsläufig ergebende Empirie- und Szientismuskritik mag bei ihm etwas überspitzt erscheinen; welche weitreichenden und erhellenden Interpretationen eine solche, den Positionen Devereux' vergleichbare Perspektive jedoch ermöglicht, zeigt Th. von Uexküll, ein bekannter Psychosomatiker, in seinem Vortrag über die menschenverachtenden Medizinversuche der Nationalsozialisten (1990): Er empfindet diese Greueltaten als schlimmsten Auswuchs einer "vorurteilslosen und absichtsfreien Naturwissenschaft" (S. 447), speziell: der "biotechnischen Medizin" (S. 451), deren Bestreben dahingehe, die emotionalen Regungen des handelnden Subjekts - eigene Ängste, Frustrationen, menschliches Mitgefühl - in der kühl-versachlichenden Distanzierung niederzuhalten: So werde den "Objekten" im "Maschinenparadigma" der modernen Medizin (S. 451) erst definitorisch ihre Eigenschaft als lebendige, ganzheitliche Wesen abgesprochen, um sie schließlich, im ungebremsten Allmachtswahn der faschistischen Menschenexperimente, auch real zerstören zu können.

Doch nicht nur der radikale Objektivismus, den Devereux nicht müde wird zu attackieren, birgt große Gefahren in sich: nicht minder berechtigt erscheinen die schon erwähnten Warnungen Erdheims und Nadigs vor der "Verabsolutierung" des subjektiven Faktors (1987, S. 175) - in anderen Worten vor einer kritiklosen, politisch und historisch nicht reflektierten Extremhaltung, die schließlich in die Beliebigkeit der politischen Position zu münden droht.

Exkurs II:

Kultur- und Persönlichkeitsforschung und "Neo-Freudianismus". Devereux' "Kulturismus"-Kritik

An dieser Stelle sollen einige der zentralen Tendenzen zur Sprache kommen, die für die Weiterentwicklung der psychoanalytischen Theorie in den USA in der auf Freud folgenden Periode kennzeichnend sind. Dies erscheint aus dem Grunde relevant, weil eine solche Darstellung das Verhältnis von Kultur- und Persönlichkeitsforschung und Psychoanalyse - speziell unter Berücksichtigung der Position Devereux' - in einen neuen Bezugsrahmen zu setzen vermag. Notwendigerweise werden die Aussagen zur Psychoanalyse Kennern der Materie sehr verkürzt erscheinen; zur Erhellung dieses besonderen Aspekts innerhalb der Theoriegeschichte der Psychoanalyse mag die gewählte Form jedoch genügen.

Für die Zeit nach 1930 ist bei einem Großteil der psychoanalytischen Schulen der USA eine ausgesprochene "Trendwende" zu konstatieren: Verstärkt wird von ihren Repräsentanten das Augenmerk auf äußere, sozialisationsrelevante Strukturen gelenkt; die These Freuds von der Triebdeterminiertheit des Menschen, die den Konflikt zwischen seinen triebhaften Strebungen und den Anforderungen der Kultur quasi vorprogrammiert erscheinen läßt und als einen zentralen Beweggrund historischer und sozialer Prozesse begreift, wird relativiert und durch Erörterungen über Prägung, Anpassung und soziale Bedingtheit ersetzt (Horn 1971; Panahi 1977; Drews und Brecht 1982).
Am deutlichsten wird dieses Phänomen bei den "Neo-Psychoanalytikern" bzw. "Neo-Freudianern" (im engeren Sinn), die Adorno auch als "Revisionisten" bezeichnet (1952/1972). Zusammenfassend schreibt Bastide:

> *"Dadurch, daß der Akzent der psychoanalytischen Theorie von der Libido auf die Struktur des Ich und seine Abwehrmechanismen verlegt wird, wird der Begriff der Anpassung auf Kosten der Es-Impulse aufgewertet. Diese stärkere Betonung der Anpassung findet sich insbesondere bei den Neo-Freudianern wie Sullivan, Horney und Fromm." (1972, S. 46)*[100]

---

100 Neben den genannten "Neo-Freudianern" (im engeren Sinne) haben sich in dieser Zeit zwei weitere Strömungen herauskristallisiert, für die ebenfalls - ganz allgemein formuliert - eine stärkere Einbeziehung äußerer (kultureller bzw. sozialer) Faktoren in die psychoanalytische Theorie kennzeichnend sind:

Zum einen ist dies die von dem sehr breiten Spektrum der "Freudo-Marxisten" repräsentierte Richtung: Hier wären vor allem Fromm, Reich, Fenichel, in deren Gefolge auch Marcuse, zu nennen. Diese bemühten sich, ausgehend von den soziokulturellen Bedingungen des entwickelten Industriekapitalismus, die Mechanismen von Charakter- und Triebentstehung, die Funktion "falscher" Bedürfnisse und von

Vielfältige Ursachen mögen in diesem Prozeß von Bedeutung gewesen sein, wobei jedoch zwei Phänomene im Vordergrund stehen:
Zum einen scheint die verstärkt therapeutisch-integrative Orientierung der Psychoanalyse in dieser Zeit, ihre zunehmende Ausrichtung auf Fragen der Anpassung und die damit einhergehende Aufgabe ihrer gesellschaftskritischen Dimension, eine Folge der Anlehnung an ihre mächtigere "Schwester", die Psychiatrie (vgl. Anm. 16). Erst diese Anlehnung habe den Weg geebnet für den ungeahnten Erfolg, den die Psychoanalyse in den USA nach dem II. Weltkrieg für sich verbuchen konnte

---

"Ersatzbefriedigungen", schließlich Phänomene wie das der "Entfremdung", mit Hilfe einer Verknüpfung von psychoanalytischer und marxistischer Theorie und Terminologie zu analysieren (vgl. Lorenzer 1973, S. 59f.; hier findet sich auch eine gelungene und informative kritische Kommentierung zur genannten Richtung).

Zu Fromms Werk, insbesondere was die Zeit seiner Zusammenarbeit mit Vertretern der "Frankfurter Schule" im US-amerikanischen Exil betrifft, vgl. auch Anm. 35. Eine ausführliche Besprechung der Arbeiten Fromms in Hinblick auf ihre Relevanz für die Kultur- und Persönlichkeitsforschung gibt Barnouw (1973).

Fromms Theorie hat sich in seinen Spätwerken stärker "neo-freudianisch" ausgerichtet (Lorenzer 1973, S. 69). Dies erklärt den Widerspruch (bzw. die Besonderheit), daß er sowohl als "Freudo-Marxist" wie als "Neo-Freudianer" bezeichnet wird; darüber hinaus mag in dieser Veränderung seiner theoretischen Position einer der Gründe dafür liegen, daß es zwischen ihm und Marcuse ab 1955 zu einer erbitterten theoretischen Auseinandersetzung gekommen ist (vgl. Görlich, Lorenzer und Schmidt 1980 und Anm. 140 d. vorl. Arb.).

Eine Weiterführung der Anregungen Marcuses findet sich u.a. bei dem "neueren" Ethnopsychoanalytiker Erdheim (vgl. Kap. II.2. und Anm. 118). -

Ebenfalls zur Erwähnung kommen müssen hier die bereits in Kap. I. vorgestellten Vertreter der "Ich-Psychologie" sowie Erikson mit seinem "psychosozialen Ansatz" (vgl. S. 67). Sie befürworten - im Gegensatz zu den "Neo-Freudianern" - die Beibehaltung des Instanzenmodells sowie der, wenn auch modifizierten, triebtheoretischen Vorstellungen der orthodoxen Psychoanalyse; allerdings rücken sie die Funktionen des Ich, speziell seine Bemühungen um Abwehr und Anpassung, in den Vordergrund der Betrachtung. Kulturgebundene sowie psychogene Bedingungsfaktoren haben für diese Psychoanalytiker einen etwa gleichen Stellenwert.

Eine gute und kritische Darstellung der "Ich-Psychologie" gibt ebenfalls Lorenzer (1973, S. 77f.). Ähnlich kritisch wie Lorenzer äußern sich beispielsweise Parin (1978, S. 69 und S. 115; 1990, S. 194f.). und Parin und Parin-Matthèy (1986, S. 148). Deren Einschätzungen gehen dahin, zwar die von den "Ich-Psychologen" verstärkt vorgenommene Einbeziehung der gesellschaftlichen und historischen Dimension in die psychoanalytische Theorie als Fortschritt anzuerkennen. Doch drohe dieser verspielt zu werden in der einseitigen Orientierung auf Anpassungsvorgänge an die "im Mittel zu erwartende Umwelt" (Hartmann 1939, zit. nach Erikson 1966, S. 193) - ein ähnliches Phänomen, wie es für die "Neo-Analyse" im Text beschrieben wurde.

Natürlich ist es eine Frage der Perspektive, ob man dem "Ich-psychologischen" Ansatz vorwirft, er predige insgeheime Anpassung an eine zwar zu registrierende, insgesamt aber statisch und kaum veränderlich gedachte Umwelt (in diesem Sinne z.B. Horn 1971), oder aber jenem zugute hält, er wende sich dem Aspekt von "Ermöglichung" zu, durch den eine Gesellschaft sich im Verhältnis zu ihren Mitgliedern (auch) kennzeichnen läßt (vgl. das Zitat Eriksons, S. 68 d. vorl. Arb.).

Nach meiner Auffassung sollten der "psychosoziale Ansatz" eines Erikson bzw. die "Ich-psychologischen" Thesen nicht vorschnell verworfen werden, sind sie doch in der Lage, für die Gesamtfragestellung - das Verhältnis von Kultur und Persönlichkeit - wertvolle Einsichten zu liefern.

(Eissler 1965; Parin 1990a). Für diese Entwicklung, so vermutet Parin, sei sowohl der Ausschluß von Nicht-Ärzten von der psychoanalytischen Praxis als auch die betont angepaßte Haltung vieler exilierter Psychoanalytiker an "ihr" Gastland förderlich gewesen (1990a).[101]

Zum zweiten kann, auf etwas allgemeinerer Ebene, die genannte Schwerpunktverlagerung innerhalb der psychoanalytischen Theorie in Zusammenhang mit gesamtgesellschaftlichen Konstellationen und Ereignissen in den damaligen USA gesehen werden.

Brauner schreibt, mit Bezug auf Devereux:

> *"Die zentrale Rolle, die der Thematisierung der Anpassung im amerikanischen psychiatrischen und kulturrelativistisch modifizierten neoanalytischen Denken zukommt, läßt sich ihm [Devereux] zufolge ... fassen ... als 'Ausdruck eines gesellschaftlichen Mythos oder eines Prozesses kultureller Stereotypisierung' (Devereux 1978, S. 265), der mit Integrationsproblemen angesichts der ethnischen und rassischen Heterogenität der amerikanischen Gesellschaft befaßt ist." (Brauner 1986, S. 227; Ergänzung M.A.)*

In diesem Sinne muß auch das Aufkommen solcher sozialwissenschaftlicher Theorien verstanden werden, welche die bestehenden gesellschaftlichen Konflikte und Prozesse in ahistorisch-integrativer, weniger kausal-genetischer (und kaum historisch-dialektischer!) Weise aufzuschlüsseln versuchten bzw. auch Lösungen für derartige Konflikte versprachen: Die zu dieser Zeit entstandene strukturell-funktionale Theorie in der Soziologie Parsons, behavioristische Vorstellungen in der Psychologie sind ohne den genannten Zusammenhang nicht zu denken.

Gerade die Kultur- und Persönlichkeitsforschung ist mit ihren liberalen Thesen des kulturellen Relativismus, der kulturgebundenen Prägung einerseits ein solches Produkt ihrer Zeit; zum anderen aber hat sie selbst wiederum erheblichen Einfluß auf das gesamtgesellschaftliche Klima, daneben auf die genannten Sozialwissenschaften (Rudolph 1968, S. 94), insbesondere auch auf die im Entstehen begriffene "Neo-Analyse" ausgeübt (Panahi 1977; Görlich in Görlich, Lorenzer und Schmidt 1980, S. 47f.). Entsprechend ähnlich sind die Modifizierungen, die der "psychische Apparat", mit diesem in erster Linie die Triebtheorie, in Kultur- und Persönlichkeitsforschung einerseits und der "Neo-Analyse" sowie Teilen der jüngeren US-amerikanischen Psychoanalyse andererseits erfahren haben.

---

101 Parin berichtet, daß die "politischen Freudianer" (in Anlehnung an Jacoby 1990) - gemeint sind offensichtlich die "Freudo-Marxisten" (vgl. Anm. 100) bzw. auch solche Analytiker, die mit dieser Strömung sympathisierten - teilweise ein ausgesprochenes Doppelleben geführt hätten: einerseits in ihrer bürgerlichen Existenz als lehrende und therapierende - angepaßte - Psychoanalytiker, andererseits im Rahmen eines "Briefzirkel(s), in dem sie ihr gesellschaftskritisches Denken im intellektuellen Untergrund fast zehn Jahre lang weiterführten" (Parin 1990a, S. 193).

Folgerichtig bezeichnet Thompson, die "Historiographin des Neo-Freudianismus" (Görlich in Görlich, Lorenzer und Schmidt 1980, S. 86), jenen auch als "kulturelle Schule der Psychoanalyse" (Thompson 1950/1952). Doch in der Entwicklung zum kulturanthropologisch beeinflußten "Neo-Freudianismus" ging die Psychoanalyse ihres kulturkritischen Anspruchs, ihres "Stachels" (in Anlehnung an Görlich, Lorenzer und Schmidt 1980) verlustig.

Natürlich haben die Repräsentanten einer orthodoxen Analyse den "Neo-Freudianern" erheblichen Widerstand entgegengebracht; speziell den Verlust der **kulturkritischen** Dimension, der unweigerlich auf die Aufgabe der triebdynamischen Sichtweise durch die "Neo-Freudianer" erfolgte, beklagten frühzeitig vor allem die Vertreter einer "kritischen Sozialwissenschaft" (d.h. im engeren Sinne der "Frankfurter Schule"). So schreibt Adorno in seiner Kritik an Horney:

> *"So werden eben die Phänomene, die wegen ihrer Irrationalität der Erklärung am meisten bedürfen, als Prinzipien der Erklärung wieder eingeführt und in Selbstverständlichkeiten verflacht." (Adorno 1972, S. 26; vgl. auch die Zitierung Adornos, S. 103 d. vorl. Arb.).*[102]

Zu Kardiner nun, der ja als einer der zentralen Theoretiker der Kultur- und Persönlichkeitsforschung vorgestellt wurde, daneben aber auch - mit Einschränkungen - der "Neo-Psychoanalyse" zugerechnet werden kann (Ellenberger 1973, S. 866), und der in seiner Person wie mit dem von ihm geleiteten Institut sozusagen als "vereinigende Instanz" zwischen beiden Richtungen steht, schreibt Reiche:

> *"Das Resultat [der Kultur- und Persönlichkeitsforschung im Sinne Kardiners] ist ein leerer, an der Psychoanalyse orientierter Begriffsapparat; dieser beansprucht überhistorische Geltung ... Der Ödipuskomplex wird also relativiert; die 'Universalität' bleibt aber eine Schicht tiefer erhalten, nämlich in Form einer gereinigten und allgemeinen Sozialpsychologie, in der nun zwar nicht mehr naiver Ethnozentrismus wuchert, dafür aber eine andere Frucht um so besser gedeiht: der soziale Konformismus, gepredigt unter dem Deckmantel der 'Anpassung' des Menschen an 'seine' Kultur." (Reiche 1972, S. 167; Ergänzung M.A.)*

---

102 Gemeint ist hier eine Reihe nicht weiter abgeleiteter Motivationen für individuelles Handeln bei Horney, die sich einerseits nahe an der bewußten Ebene befinden bzw. sogar hier repräsentiert sind; andererseits können sie sicherlich keine größere Plausibilität für sich in Anspruch nehmen als die primär gesetzte Libido bei Freud, die sie ersetzen sollen: Horney spricht von "zwei leitenden Prinzipien: Sicherheit und Befriedigung" (Horney, zit. nach Adorno 1972, S. 26).

Auch Devereux wettert immer wieder gegen die "Kulturalisten", und man ist nicht immer ganz sicher, ob nun die Vertreter des "klassischen Kulturreduktionismus" (Kroeber, White, vgl. S. 59 d. vorl. Arb.), der Kultur- und Persönlichkeitsforschung oder "neo-freudianische" Psychoanalytiker gemeint sind (z.B. Devereux 1978a, S. 111f.). Er möchte - wie beschrieben - die Annahme von der Triebdeterminiertheit des Einzelnen gegen ihre eilfertige Aufgabe durch die "Kulturalisten" retten, die Betrachtung des Triebschicksals in ein komplementaristisches Verhältnis zur soziologischen, d.h. makrosozialen Perspektive bringen. Im Gegensatz zu der Position der oben genannten Sozialwissenschaftler (oder auch der Parins bzw. anderer Vertreter der "neueren" Ethnopsychoanalyse) ist **sein** Anliegen jedoch nicht so sehr ein emanzipatorisch-gesellschaftskritisches: Denunziation des versteckten ideologischen Postulats der Anpassung, sondern vielmehr (wenn auch nicht immer! - vgl. Anm. 85) die - ethnozentristische - Etikettierung von ihm als krank erachteter Gesellschaften bzw. einzelner Rollenträger und Individuen, bis hin zum Vorschlag der therapeutischen Intervention.[103] Spätestens letztere mündet dann aber ebenfalls in die Anpassung, wie Devereux' Überlegungen zur "Therapiewürdigkeit" des Schamanen beweisen ... (vgl. Devereux 1974, S. 121). Mit solcher Haltung jedoch hat Devereux die Legitimation **seiner** "Kulturismus"-Kritik verspielt.

---

103 Hier sei nochmals darauf verwiesen, daß auch Kardiner - trotz seiner im Prinzip kulturrelativistischen Positionen - ganz und gar nicht frei ist von solchen Anwandlungen (vgl. "Exkurs" I).

2. Die "neuere" Ethnopsychoanalyse und ihre Vertreter(innen): Parin, Morgenthaler, Parin-Matthèy; Erdheim; Bosse; Nadig. Jüngste ethnopsychoanalytische Publikationen

Kennzeichnend für die weitere Entwicklung des ethnopsychoanalytischen Ansatzes durch die genannten Wissenschaftler ist

1. die Indienstnahme psychoanalytischer **Techniken** als Mittel der Feldforschung im Rahmen von Gesprächssituationen, die sich mehr oder weniger stark an die psychoanalytischen Vorgaben ("Setting") anlehnen (insbesondere Parin und Mitarb.; Nadig sowie Rodrigues-Rabanal)
2. die Einführung des historischen und dialektischen Materialismus zur Analyse des gesellschaftlich-kulturellen "Makro"-Bereichs

(Daneben gelten unverändert die auf S. 83/84 benannten Kriterien).

Im folgenden soll - anhand der Veröffentlichungen der Psychoanalytiker Parin und Morgenthaler und der Psychoanalytikerin Parin-Matthèy - erläutert werden, in welcher Weise die Autoren die genannten Modifikationen in ihrer ethnologischen Forschung entwickelt haben und welche praktisch-theoretischen Konsequenzen sie hieraus ziehen.
Anschließend wird in diesem Teil aufgezeigt, wie der Psychoanalytiker Erdheim, die Psychoanalytikerin Nadig und der Sozialwissenschaftler Bosse die bisherigen Instrumentarien und Ergebnisse der "neueren" Ethnopsychoanalyse für ihre jeweils speziellen Fragestellungen zur Anwendung bringen und die ethnopsychoanalytische Theoriebildung damit fortführen.
Hiernach sollen die zuletzt erschienenen Veröffentlichungen zur "neueren" Ethnopsychoanalyse zur Darstellung kommen; von Interesse sind an diesen vor allem bestimmte methodische Abwandlungen sowie auch sich abzeichnende Schwerpunktverlagerungen in der theoretischen wie thematischen Perspektive.

Trotz mannigfacher Differenzen zur Kultur- und Persönlichkeitsforschung lassen die Autoren an einigen Stellen methodische, stärker noch inhaltliche Elemente erkennen, wie sie auch schon für die Kultur- und Persönlichkeitsforschung beschrieben wurden. Gerade in diesem Zusammenhang muß jedoch immer wieder auf den Einfluß des Devereux'schen Werkes auf die "neuere" Ethnopsychoanalyse, speziell auf dessen Mittlerposition zwischen dieser und der Kultur- und Persönlichkeitsforschung, verwiesen werden (vgl. Parin, Morgenthaler und Parin-Matthèy 1971; Parin 1978, S. 56)[104] So widmet Erdheim - neben seiner langjährigen Lebensgefährtin Maya Nadig - Devereux seine Monographie: "Die gesellschaftliche Produktion von

104 Wenn auch Parin und Mitarb. Devereux in ihrem Literaturverzeichnis (1963) noch nicht aufführen, so ist doch wahrscheinlich, daß sie zumindest einige seiner Schriften gekannt haben.

Unbewußtheit" (1984), und Bosse (1984, S. 37f.) beschreibt sein Vorgehen als in vieler Hinsicht aufbauend auf Devereux'schen Gedankengängen.
Für alle hier zu behandelnden Autorinnen und Autoren konnte eine ausgesprochen kritische Haltung der eigenen Gesellschaft gegenüber gefunden werden. Diese ist Ausdruck einer abgewandelten marxistischen bzw. linkssozialistischen Position, zu der sich die meisten Verfasser/-innen - allen voran Parin - bekennen, und die selbst wiederum vielfach mit der jeweiligen persönlichen Biographie der Genannten verbunden ist: So hatten beispielsweise Parin, Morgenthaler und Parin-Matthèy sich der Partisanenarmee Titos angeschlossen, um in ihr - entsprechend ihrer Ausbildung - ärztlich bzw. medizinisch - helfend tätig zu werden (vgl. Parin und Parin-Matthèy 1986); Erdheim und Nadig haben unter Einbeziehung der in der Studentenbewegung in den späten 60ern und zu Beginn der 70er Jahre gemachten Erfahrungen zu dieser ihrer gesellschaftskritischen Position gefunden.
Ganz offensichtlich ist die Hinwendung zu ethnologischen Fragestellungen auch vor obigem Hintergrund zu sehen; Parin, Morgenthaler und Parin-Matthèy machen entsprechend kein Hehl aus ihrer Motivation, bei den "Anderen" auf die besseren, die humaneren Lebensbedingungen zu treffen (z.B. 1971, S. 549). Nicht zuletzt in **dieser** Hinsicht kommt die "neuere" Ethnopsychoanalyse solchen zivilisationskritischen Tendenzen recht nahe, wie sie an anderer Stelle für die Anfänge der Kultur- und Persönlichkeitsforschung (beispielsweise bei Ruth Benedict oder Margret Mead, vgl. Kap. I., 1.) dargelegt wurden. Auch die feministische Orientierung der Arbeiten Nadigs sowie der in jüngster Zeit erschienenen ethnopsychoanalytischen Publikationen anderer Autorinnen erinnern an diese Tradition.

P. Parin, F. Morgenthaler und G. Parin-Matthèy

Parin, Morgenthaler und Parin-Matthèy haben mit ihren Werken (1963; 1971) den Grundstein für die "neuere" Ethnopsychoanalyse gelegt. Neben diesen beiden zentralen Monographien über ihre Feldforschungen in Afrika haben die Autoren in den letzten Jahren eine Reihe von Aufsätzen, wissenschaftlichen Artikeln und z.T. auch längeren Abhandlungen zu Fragen der Ethnologie wie der Psychoanalyse veröffentlicht.[105] Letztere haben eher allgemeinen Charakter und berühren Probleme der sozial- bzw. kulturwissenschaftlichen wie psychoanalytischen Metatheorie (z.B. Parin 1978; Morgenthaler 1978). Allerdings sind die Erfahrungen, die die Verfasser bei ihren Aufenthalten in Afrika gemacht haben, für viele dieser letztgenannten Überlegungen offensichtlich unabdingbare Voraussetzung - was entweder in der direkten Formulierung oder aber indirekt, zwischen den Zeilen sozusagen, für den Leser ihrer Texte ersichtlich wird.

105 Vgl. jedoch die Darstellung einer ethnopsychoanalytisch strukturierten Feldforschung Morgenthalers, zusammen mit anderen Autoren, über eine Gesellschaft in Papua-Neuguinea (Morgenthaler, Weiß und Morgenthaler 1984).

Während zweier längerer Aufenthalte betrieben Parin, Morgenthaler und Parin-Matthèy 1960 und 1966 psychoanalytisch strukturierte Feldforschung bei den Dogon und Agni in Westafrika (1963, 1971). Beide Ethnien wurden ausgesucht, da sie bisher ausreichend ethnographisch beschrieben waren und die Autoren davon ausgehen konnten, genügend französischsprachige (!) Bewohner aufzufinden (1963, S. 14; 1971, S. 13).
Nach ihrem Aufenthalt bei den Dogon waren die Autoren entschlossen, eine Ethnie zu finden, die - sozusagen in exemplarischer Gegenüberstellung zu den Dogon - sich in ökonomischer, ökologisch-geographischer und historischer Hinsicht sowie in bezug auf die Sozialorganisation ausgesprochen von letzteren unterscheiden sollte: Die Agni als christianisierte, matrilinear organisierte und überwiegend Cash-Crops produzierende Gesellschaft kontrastieren in weiten Bereichen mit den in Subsistenz wirtschaftenden, patrilinear organisierten, "animistischen" Dogon.
Aufschlußreich, wenn auch in dieser Pauschalität kaum glaubhaft, schreiben die Autoren:

> *"Die Dogon kennen Zwang als politisches und pädagogisches Mittel nicht; die Agni erreichen alle sozialen Leistungen fast ausschließlich durch Zwang, Furcht und Strafe. In den Dörfern der Dogon hört man nie ein Kind weinen, es wird sofort getröstet. In Bébou wird der Aufenthalt allein wegen des Tag und Nacht dauernden verzweifelten Weinens der Kinder zur Qual." (Parin, Morgenthaler und Parin-Matthèy 1971, S. 15)*

Insgesamt scheint die Absicht der früheren Monographie (1963) eher zu sein, die Grundthese der Übertragbarkeit der psychoanalytischen Technik auf Angehörige anderer Kulturen zu stützen; auch zeigt der Untertitel (von "Die Weißen denken zuviel"): "Psychoanalytische Untersuchung bei den Dogon in Westafrika" die tendenziell stärkere Gewichtung des psychoanalytischen Materials. Desgleichen findet eine strenge Trennung - fast möchte man sagen: im "komplementaristischen Sinn" - von ethnologischem und psychoanalytischem Teil statt.
Andererseits wird in "Fürchte Deinen Nächsten wie Dich selbst" (1971) das Interdependenzverhältnis von sozialen Phänomenen und solchen psychischen Prozessen, wie sie sich im Laufe der psychoanalytischen Untersuchungen herausarbeiten ließen, unmittelbar synthetisch, anhand bestimmter Problemkreise und im jeweils historisch-politischen Bezugsrahmen, dargestellt. So verweist der Untertitel "Psychoanalyse und Gesellschaft am Modell der Agni in Westafrika" auf das Bestreben der Autoren, beide Bereiche dialektisch, auf der höheren Ebene ihrer Verwobenheit sozusagen, zu behandeln. Damit ist gleichzeitig ein neuer Ausgangspunkt erreicht: In dem Versuch der Rückwendung der im ethnopsychoanalytischen Prozeß gewonnenen Einsichten auf die eigene Gesellschaft lassen sich insbesondere psy-

choanalytische, z.T. auch sozialwissenschaftliche Thesen derart erweitern, daß die Möglichkeit einer echten Synthese beider Disziplinen in greifbare Nähe rückt.

Zur Übertragung der Psychoanalyse in die fremde Kultur

"Analysiert" bzw. in "Gespräche zur Einleitung einer Psychoanalyse" (1963, S. 449) einbezogen wurden 13 bzw. 7 Personen, überwiegend Männer. Daneben wurden eine größere Anzahl Rorschach-Tests und einfachere "Explorationen" durchgeführt, Biographien aufgezeichnet, Praktiken der Kindererziehung beobachtet (und gefilmt!) und, insbesondere während der zweiten Feldforschung bei den Agni, reichhaltiges ethnographisches Material (im traditionellen Sinne!) gesammelt.
Die gering erscheinende Zahl der "Analysierten" legitimiert Parin - ganz im Sinne des kasuistischen Vorgehens der Psychoanalyse - folgendermaßen:

> *"Wir glauben, daß der Beitrag des Psychologen zur Anthropologie darin bestehen sollte, ein psychologisches Phänomen innerhalb der Person möglichst genau und in seinen Zusammenhängen und Auswirkungen zu erfassen und nicht darin, seine Verbreitung festzustellen. Die Qualität einer intensiven psychoanalytischen Untersuchung ist quantitativ ausreichend unterbaut, wenn zwischen dem Untersucher und dem Untersuchten an den Faktoren 'Übertragung-Widerstand-Deutung-Veränderung der Übertragung' ein dynamischer Ablauf zustande gekommen ist und genügend sicher beobachtet werden konnte, um Strukturen und Dynamik des bewußten und des unbewußten Seelenlebens des Untersuchten zu verstehen und nachzuzeichnen. Bei diesem Vorgang wird eine ungewöhnlich große Zahl von einzelnen Informationen verarbeitet." (Parin 1978, S. 135; vgl. Parin, Morgenthaler und Parin-Matthèy 1971, S. 551)*

In diesem Zusammenhang formulieren Parin, Morgenthaler und Parin-Matthèy ausdrücklich:

> *"Wir haben darauf verzichtet, psychologische Typen oder Charakterbilder herauszustellen, und auch darauf, unsere Beobachtungen zu 'Profilen' oder zu einer 'basic personality structure' zu reduzieren. Wir ziehen keine Schlüsse auf den 'Volkscharakter' oder 'die Psychologie des Volkes' der Dogon." (Parin, Morgenthaler und Parin-Matthèy 1963, S. 449)*

Befremdlich erscheint, daß die "Analysen" in französisch durchgeführt wurden, und die "Analysanden" - in Umkehrung des üblichen psychoanalytischen Verfahrens - einen Stundenlohn erhielten. Auch waren es die Analytiker, die sich auf die Suche nach ihren Analysanden machten (vgl. jedoch Morgenthaler 1978, S. 78 und Erdheim 1984, S. 23f., die vom "Verführungscharakter" der Psychoanalyse sprechen, den diese für **beide** Seiten hat!).
Zum Gebrauch der Fremdsprache deuten die Autoren an, dies sei möglicherweise verantwortlich für ein nicht ganz vollständiges Bild, doch gehen sie insgesamt nur sehr oberflächlich auf die Problematik ein (Parin, Morgenthaler u. Parin-Matthèy 1963, S. 451).[106]
In bezug auf die Bezahlung schreiben Parin, Morgenthaler und Parin-Matthèy:

> *"Die Ethnologen hatten ihre Informanten bezahlt. Hätten wir es anders gehalten, wären wir, psychologisch gesehen, in die Rolle der Weißen gedrängt worden, für die man seinerzeit Zwangsarbeit ohne Bezahlung leisten mußte. Diese Projektion wurde vermieden, und die Stunden wurden durch die Entlöhnung als ernste Arbeit von gewöhnlichem Geplauder unterschieden." (Parin, Morgenthaler und Parin-Matthèy 1963, S. 452)*

Generell scheint die Bezahlung der Analysanden durch die Analytiker - zumindest im Falle der Dogon - keinen entscheidenden Einfluß auf Art und Ablauf des psychoanalytischen Prozesses genommen zu haben; in jedem Falle wird diese technische Variante und ihre Bedeutung angemessener reflektiert als die Benutzung der fremden Sprache (vgl. Parin, Morgenthaler und Parin-Matthèy 1963, S. 449f.)
Nicht immer ganz leicht scheint das **Zustandekommen** der psychoanalytisch strukturierten Beziehungen gewesen zu sein:

> *"Bei den Agni, einer matrilinearen Kultur, ging das einige Jahre später sehr viel schwieriger als bei den Dogon ... Auch in ihren Dörfern waren wir ein Fremdkörper, mit dem sie umgehen mußten. Sie waren neugierig, hatten aber ein ausführliches Zeremoniell, eine Etiquette, wie man einen Fremden empfängt, zwischen sich und uns geschoben. Unsere Aufgabe war es, es doch zu diesen täglich wiederholten Einzelgesprächen kommen zu lassen. Ein entscheidender Schritt war, daß wir erkannt haben, daß kein Agni eine wichtige Unternehmung von sich aus macht; er muß, wenigstens im Geiste, sich dazu gezwungen fühlen. Bald arrangierten es einige Agni, daß*

---

[106] Heinrichs beklagt in diesem Zusammenhang ein "kolonialistisches, ein Herrschaftsgehabe", das diesem "Nicht-die-Sprache-lernen" anhafte (1985, S. 66).

> *sie von vornehmen oder höher gestellten Personen, von Älteren, von Brüdern, die Autorität ausübten, gezwungen wurden, mit den fremden Psychologen zu sprechen." (Parin in: Parin, Parin-Matthèy und Morgenthaler 1985, S. 37)*

Für Verwirrungen auf beiden Seiten sorgten auch die Rollenzuschreibungen, mit denen die Ethnopsychoanalytiker - vermehrt zu Beginn ihres Aufenthaltes - konfrontiert wurden: bei den Dogon "Tourist" oder "Ethnologe", wie die Einheimischen ihren "Vorgänger", den Ethnologen Griaule, seinerzeit erlebt hatten; hingegen "vornehmer Fremder", "Freund(e) des Familienchefs", "Goldsucher" bis hin zu "verstorbene Ahnen" bei den Agni (Parin, Morgenthaler und Parin-Matthèy 1971, S. 34; Parin, Parin-Matthèy und Morgenthaler 1985, S. 40).[107] Derartige Rollenzuschreibungen, die immer wieder auftauchten, konnten als Übertragungsphänomene sinnvoll im psychoanalytischen Prozeß selbst genutzt werden, der, einmal in Gang gekommen, "in kürzerer Zeit tiefere Schichten erreichte" (als bei europäischen Analysanden: Parin, Morgenthaler und Parin-Matthèy 1963, S. 454).
Auffällig ist für die genannten Autoren die "Beweglichkeit der Übertragungsformen" (Parin, Morgenthaler und Parin-Matthèy 1963, S. 454); sie werden interpretiert als Resultat der Vielzahl von (real-gegenwärtigen sowie aus der Vergangenheit introjizierten) Beziehungsmustern und Objektrepräsentanzen, die dem Ich relative Flexibilität (bei hoher "Feldabhängigkeit") verleihen (Parin, Morgenthaler u. Parin-Matthèy 1963, S. 460); dies auch im Gegensatz zum eher konstanten Übertragungsverhalten von Analysanden aus dem "abendländischen" Kulturbereich, welches die Abhängigkeit von wenigen, dem engeren familiären Bereich entstammenden Bezugspersonen der frühen Kindheit widerspiegelt (vgl. auch Parin 1978, S. 72).[108]
Natürlich sind - gerade im fremdkulturellen Bereich - Voraussetzung für eine korrekte Interpretation aller, auch der im weiteren Verlauf der Gespräche auftretenden Übertragungsphänomene, gute ethnographische und verwandtschaftsethnologische Kenntnisse der Untersucher.

---

107 Sehr eindrucksvoll zeigt beispielsweise auch Nadig solche Übertragungsfiguren, wie sie auf ihre Person gerichtet waren. In der Darstellung ihrer Feldforschung wird deutlich, daß eine enge innere Verbindung zwischen der "Angst des Ethnologen (bzw. der Ethnologin)", speziell zu Anfang des Feldaufenthalts, und den geschilderten Übertragungsprozessen existiert (Nadig 1986a, S. 23f.; vgl. S. 82 d. vorl. Arb.).

108 Dieses Phänomen der "Beweglichkeit der Übertragungsformen" hatte vor Parin und Mitarb. bereits Simenauer konstatiert. Bei ihm hat es jedoch eher die Form einer Beschwerde, wenn er die mangelnde (positive und konstante) Übertragungsfähigkeit der Afrikaner beklagt: dies aufgrund von deren (sicherlich nicht ganz abwegiger!) Überzeugung, daß der "Weiße ein Teufel ist, der ihm seine Seele rauben und damit vernichten will"; weiter mit der Neigung der Afrikaner, dem Europäer zu Gefallen zu reden, der "Sprunghaftigkeit" (!) der Übertragung etc. Für Simenauer sind dies die Gründe, warum er das Eingehen einer psychoanalytischen Beziehung mit Angehörigen eines fremdkulturellen Milieus - hier speziell mit Mitgliedern einer Bantu-Ethnie - als sehr schwierig bzw. nicht grundsätzlich möglich ansieht (Simenauer 1961/1962, S. 44).

Ganz in diesem Sinne hatte bereits Devereux, speziell in bezug auf die verwandtschaftsethnologischen Kenntnisse, gefordert:

> *"Da familiäre und Verwandtschaftsbeziehungen die mit Abstand wichtigsten menschlichen Beziehungen sind, setzt die korrekte Interpretation von Übertragungsreaktionen die Kenntnis der traditionellen Formen von Familien- und Verwandtschaftsbeziehungen, die zur Gesellschaft des Patienten selbst gehören, voraus." (Devereux 1969, S. 113)*

Diese Bedingungen sind bei den Autoren erfüllt. Damit wird die - der Psychoanalyse entlehnte - Interpretation und Aufarbeitung von Übertragungsprozessen zu einem effektiven Arbeitsinstrument im Rahmen der ethnopsychoanalytischen Methode.

Aber auch die eigenen subjektiven Gefühle der Autoren (vgl. beispielsweise Parin, Morgenthaler u. Parin-Matthèy 1971, S. 17), - speziell ihre Gegenübertragungsreaktionen im Rahmen der psychoanalytischen Gespräche (Parin, Morgenthaler u. Parin-Matthèy 1971, S. 292, 438) - kommen zur Reflektion und werden für den Erkenntnisprozeß genutzt. Damit steht dieses Verfahren in Einklang mit den Vorgaben der orthodoxen psychoanalytischen Theorie ebenso wie mit den ethnopsychoanalytischen Positionen Devereux'.

Dadurch, daß die Autoren - in der Anwendung der psychoanalytischen Technik - ihre Gesprächspartner auch mit Deutungen konfrontieren, verschaffen sie sich nicht nur eine "hervorragende Möglichkeit, ihre Ergebnisse zu überprüfen" (Parin 1962, S. 49); gleichzeitig erfahren die "Erforschten" auch eine Wiedereinsetzung in ihre Rechte:

> *"Die Analysanden wurden wieder zu Subjekten der Analyse und aus dem Objektstatus, über den in der Forschung und Theoriebildung wie auch schon im Kolonialisierungsprozeß verfügt wird, befreit." (Zinser 1984, S. 107)*

Hier wird von Zinser noch einmal sehr prägnant formuliert, daß die ("neuere") ethnopsychoanalytische Methode den Anspruch hat, den "Entsubjektivierungsprozeß", den Devereux sowohl im traditionellen ethnologischen Vorgehen wie dem der Kultur- und Persönlichkeitsforschung als Folge der "professionellen Abwehrstrategien" beklagt (vgl. S. 87 d. vorl. Arb.), rückgängig zu machen. In ähnlicher Weise reflektiert auch Erdheim über das dialektische Verhältnis zwischen dem "Aufstand des Subjekts" und der "Subjektivität des Forschers" (1984, S. 18 u. 23).

Auf allgemeiner Ebene kommen natürlich Zweifel auf an der wissenschaftstheoretischen Legitimation des ethnopsychoanalytischen Vorgehens: Wie berechtigt ist die Übertragung von psychoanalytischem Begriffssystem und ebensolcher Technik von einer im europäischen Kontext entstandenen Behandlungsmethode psychisch Kranker in die fremde Kultur, wo sie zu einem **"Untersuchungsinstrument"** der dort lebenden Menschen wird?
Ablehnend gegenüber einem derartigen Einsatz psychoanalytischer Technik in der Ethnologie hatten sich vor dem Erscheinen der Schriften Parins und Mitarbeiter Róheim (1932, S. 309), Margetts (1958) und Simenauer (1961; vgl. Anm. 108 d. vorl. Arb.) geäußert. Hingegen scheinen die Kriterien einer psychoanalytischen "Arbeitsbeziehung" zwischen einem südafrikanischen Medizinmann und Sachs erfüllt gewesen zu sein (Sachs 1937).
Róheim beispielsweise befürchtet, daß nach Mitteilungen seiner Deutungen das "ausbrechende Feld- und Dorfgeschwätz" nur den Widerstand hätte größer werden lassen, wodurch klare Resultate weniger wahrscheinlich zu erhalten gewesen wären (Róheim 1932, S. 321 zit. nach Zinser 1984, S. 105).
Parin, Morgenthaler und Parin-Matthèy sind in dieser Frage - meines Erachtes **die** Kardinalfrage der Ethnopsychoanalyse - zwar (selbst-) kritisch, kommen insgesamt jedoch zu einem positiven Ergebnis:

> *"Wir haben an dieser Bezeichnung [Psychoanalyse] festgehalten, weil in den Gesprächen wichtige Kriterien der Psychoanalyse, der Übertragung und der Deutung von Widerständen, Rechnung getragen wurde." (Parin, Morgenthaler und Parin-Matthèy 1963, S. 449; Ergänzung M.A.)*

Auch rückblickend bestätigen Parin, Parin-Matthèy und Morgenthaler ihre Auffassung bezüglich der genannten Problematik (1985, S. 36).
An anderer Stelle soll nochmals ausführlicher und kritisch auf diesen Aspekt der "neueren" Ethnopsychoanalyse eingegangen werden (vgl. "Kritik", S. 163f.). Hier sei aber schon vermerkt: So gewagt, wie die Übertragung von psychoanalytischem Begriffssystem und ebensolcher Technik in die fremde Kultur auf den ersten Blick auch anmuten mag, scheinen die über die Dogon und Agni gewonnenen Darstellungen - sowohl, was die Reichweite der Erklärungsmuster als auch die Schlüssigkeit der Argumentation betrifft - die Autoren in ihrem Vorgehen zu bestätigen.

Die synthetische Funktion der Ethnopsychoanalyse. Folgen für die Metatheorie

Die Berufung auf den historischen und dialektischen Materialismus als der zweiten wissenschaftlichen Säule für die ("neuere") ethnopsychoanalytische Theorie findet sich zusammengefaßt bei Parin:

"Da sich Produktions- und Machtverhältnisse ständig verändern, von Menschen gemacht und von ihnen im Prinzip veränderbar sind, dürfen sie nicht als unveränderbar beschrieben werden. Nur ein diachrones funktionelles System, wie es im dialektischen Materialismus vorliegt, kann mit dem diachronen Entwicklungsmodell der Psychoanalyse in Einklang gebracht werden und kann die der Sozialordnung zugrunde liegenden Gesetze und Kräfte, die auf den psychischen Apparat wirken, zur Anschauung bringen." (Parin 1978, S. 46; vgl. Parin in: Parin, Parin-Matthèy u. Morgenthaler 1985, S. 35).

"Konflikte zwischen den Interessen des Individuums und jenen der Gesellschaft, die wir im psychischen Entwicklungsprozeß in bezug auf die Beziehungspersonen und die Erziehungsmodalitäten würdigen, (...) wirken zeitlebens auf das Individuum ein. (...) Eine konfliktfreie Gesellschaft ist für die dialektisch-materialistische Geschichtstheorie ebenso undenkbar wie für die Psychoanalyse ein konfliktfreies Individuum." (Parin 1978, S. 47; vgl. insbesondere Harris' Kritik an der Kultur- und Persönlichkeitsforschung in Kap. I. 5.)

Parin ist sich der Schwierigkeiten einer Synthese von Psychoanalyse und Sozialwissenschaften bewußt (1978, S. 55; vgl. S. 102f. d. vorl. Arb.). Dennoch hält er - im Gegensatz zu Devereux, der sich in "komplementaristisches" Vorgehen "flüchtet" - eine solche Zusammenführung beider Disziplinen für realistisch gerade im und durch den Prozeß der Ethnopsychoanalyse: Im Rahmen der psychoanalytisch orientierten Hinwendung zu Mitgliedern anderer Kulturen bestehe die Chance, die übliche "Betriebsblindheit" aufgrund der häufig mehr oder weniger ähnlichen (sozialen, kulturellen, sprachlichen, klassenbezogenen, etc.) Herkunft von Analysand und Analytiker zu überwinden. Erst dann "tritt der Zusammenhang gesellschaftlicher Einrichtungen und Prozesse mit psychischen Strukturen und Funktionen ungleich klarer hervor" (Parin 1978, S. 55/56) - vorausgesetzt, und das sei hier angemerkt, Verstehen findet tatsächlich statt, die Ethnologen sind sich über ihre Herkunft, Stellung, individuelle "Brille", ihr "Störpotential" im Devereux'schen Sinne im klaren ...

So werden von Parin, Morgenthaler und Parin-Matthèy - nach einer ausführlichen Darlegung der Entwicklung der Plantagenwirtschaft im Rahmen des historischen und kolonialen Prozesses - Gründe aus dem Bereich der seelischen Vorgänge für den (scheinbaren) Widerspruch von ausgedehnter Geldwirtschaft einerseits und dem Fehlen von Akkumulation andererseits bei den Agni zur Diskussion gestellt:

"Gold und Geld haben für die Agni wie für uns eine anale Bedeutung. Geld ist die Repräsentanz analer Triebregungen. Die

anale Besetzung weist bei Europäern eine retentive Komponente auf; man kann Geld behalten, sparen, zählen. Die anale Strebung ist bei den Agni, die in dieser Phase mit Einläufen traktiert worden sind, nie retentiv, sondern mit dem Affekt des Verlustes, dem Gefühl des Nicht-halten-könnens und Beraubtwerdens verknüpft." (Parin, Morgenthaler und Parin-Matthèy 1971, S. 176)

Derartige Strukturen seien das Pendant zu den redistributiven Praktiken, welche sich in aufwendigen Festen äußerten und individuelle Akkumulation verhinderten. Auch die extreme, irrationale Angst der Agni vor (Geld-) Dieben stünde mit genannten psychischen Mechanismen in Zusammenhang ... (Parin, Morgenthaler u. Parin-Matthèy 1971, S. 176).[109]

Im weiteren Verlauf können diese durch fremdkulturelle Distanz gewonnenen

"ethnopsychoanalytischen Erfahrungen ..., aus denen sich uns Einsichten über bis dahin unerkannte oder zu wenig beobachtete Zusammenhänge gesellschaftlicher Einrichtungen mit unbewußten Prozessen ergaben oder sich geradezu aufdrängten" (Parin 1989, S. 103)

auf die eigene Gesellschaft zurückgeführt werden; dies im Rahmen psychoanalytischer Therapien wie der kritisch-sozialwissenschaftlichen (und psychoanalytischen!) Theoriebildung. Hier spricht Heinrichs vom "erkenntnistheoretischen Modell", das die Ethnopsychoanalyse - auf der Basis von Kulturvergleichen - bereitstellt (1985, S. 155). Solche Modifikationen und Erweiterungen der sozialwissenschaftlichen und psychoanalytischen Theorie, wie sie sich im Sinne eines Rückkopplungsprozesses ergeben aus den genannten Arbeitsgängen: Anwendung der Psychoanalyse im fremdkulturellen Milieu, Rückwendung auf die eigene Gesellschaft - seien im folgenden beispielhaft aufgeführt. Es sind dies Thesen zur Bedeutung (bzw. zur Frage der "Universalität") des ödipalen Konflikts, zum "Antagonismus von Familie und Gesellschaft"; daneben zu "Gruppen-Ich", "Clangewissen" und "Identifikation mit der Rolle" - letztere (drei) Phänomene aufzufassen als jeweils verschiedene, zum Teil kulturtypische "Anpassungsmechanismen".

---

109 Ohne Frage gibt das Zitat die Zusammenhänge etwas verkürzt wieder und läßt einen Eindruck von Banalität entstehen. Aus Gründen der Prägnanz wurde es an dieser Stelle gewählt; dennoch muß klar sein, daß die Autoren erst **nach** der Durchführung ihrer psychoanalytischen "Untersuchungen" sowie im Rahmen einer viel komplexeren Gesamtdarstellung solche Verbindungen herstellen; keineswegs liegt dem Ganzen zugrunde ein Kurzschlußverfahren wie: Einläufe in der "analen Phase" produzieren den anal-expulsiven Charakter (den zu finden man sich dann bemüht).

So erfährt der alte Streit um die "Universalität des Ödipuskomplexes" - als Ausdruck der Auseinandersetzung, die die "orthodoxen" Psychoanalytiker mit den Ethnologen (bzw. innerhalb der Psychoanalyse mit den "Kulturalisten") um das Primat des Psychischen vs. Kulturellen geführt hatten - durch die ethnopsychoanalytische Stellungnahme eine kritische Relativierung auf neuer Ebene: einerseits wird die (ontogenetische) Universalität des Ödipuskomplexes (à la Róheim) nicht geleugnet (Parin 1978, S. 196/197), andererseits jedoch dessen - kulturübergreifend - zentrale und häufig pathogene Rolle im Rahmen der individuellen Sozialisation und Persönlichkeitsentwicklung bezweifelt.
Für den Ausgang des ödipalen Konflikts bei den Dogon gibt Parin folgende Darstellung:

> *"Die Mutter, die das Kind bis ins 4. Lebensjahr gestillt, es tags auf dem Rücken getragen und sich nachts nicht von ihm getrennt hat und ihm keinerlei aktive Erziehung durch Lohn und Strenge, Zuwendung und Liebesentzug angedeihen ließ, trennt sich jetzt plötzlich von ihrem Kind, stillt es nicht mehr und überläßt es ganz der 'Gruppe', mit der es schläft, ißt, spielt, mit der es später arbeiten wird ..." (Parin 1978, S. 199)*

> *"... nach der Abstillung, die den ödipalen Konflikt einleitet, (ist) die Neigung zu einer differenzierten kollektiven Einpassung durch aktive Identifikationsmodalitäten das Ergebnis des Konfliktes ... Werden später 'ödipale' Ängste erweckt, haben sie die Form einer Furcht, von der Frau verlassen zu werden oder von ihr keine Nachkommenschaft mehr zu erhalten. Dies ruft nach einer weiteren Festigung der familiären Sicherung durch ein Zweifrauensystem, welches wieder die ungestörte Dyaden-Zeit der Nachkommen ermöglicht." (Parin 1978, S. 212)*

Hingegen konstatiert Parin für die industrialisiert-kapitalistischen Gesellschaften:

> *"Die ödipale Formel, die Mutter zu besitzen und den Vater zu töten, ist bereits eine kulturspezifische Variante" (Parin 1973, S. 245),*

denn:

> *"schon das alleinige 'Besitzen' der Mutter als Ausdruck sexueller Wünsche ist eine Folge der Erziehung des Kleinkindes zu Leistung und Reinlichkeit. Die ersten auf eine Person zentrierten Liebesgefühle zeigen einen anal-retentiven Beiklang:*

sie tragen bereits den Stempel der Produktionsverhältnisse der bürgerlichen Besitzwelt (...). Der Wunsch, den Vater zu töten, ist typisch für europäische Kinder, deren Rivalität in den Trennungskämpfen von der Mutter und im Kampf um die Sauberkeitsdressur eine grausame Färbung erhalten hat." (Parin 1978, S. 212)

Ähnlich schreibt Bosse:

"Der Ödipuskomplex ist die psychoanalytische Version des bürgerlichen Familiendramas und daher kein vordringliches Thema nicht-bürgerlicher Gesellschaften." (Bosse 1984, S. 34)

Diese - durch den ethnopsychoanalytischen Prozeß möglich gewordene - Relativierung der universellen **Bedeutung** des ödipalen Konflikts erlaubt, die starre Begrenztheit der bisherigen (psycho-) analytischen Sichtweisen zu verlassen. Jene haben ihre Ursachen im

"allzu selbstverständliches Hinnehmen der hierarchischen Struktur der Familie als der einzig sozial relevanten und richtigen und die faktische Isolierung des Kindes von seinen Altersgenossen in der Kleinfamilie des städtischen Mittelstandes." (Parin 1978, S. 72)

Entsprechend ziehe sich - nach Erdheim - eine Überbetonung **familienbezogener** Sozialisationsprozesse durch weite Teile der "psychoanalytischen Kulturtheorie"; dies gelte für Róheim nicht anders als für Kardiner und seine Schule (Erdheim 1984, S. XV): Obwohl Kardiner "prima vista" eine ausgesprochen relativistische Position vertritt, die ihn in der Frage der "Universalität des Ödipuskomplexes" in diametralen Gegensatz zu Róheim stellt, scheinen sie gemeinsam diesem "bias" zu erliegen.[110]
Die "neuere" Ethnopsychoanalyse aber läßt ihre Kritik an einer solch einseitigen, nicht-dialektischen Betrachtungsweise, wie sie bei vielen orthodoxen Psychoanalytikern ebenso wie Vertretern der Kultur- und Persönlichkeitsforschung gefunden werden kann, in ein verändertes Theorem münden: Gegen das überwiegend auf die "familiäre Sozialisation" bezogene biographische Denken der Vorgenannten postuliert Parin für das Individuum, im Rahmen seiner Identitätsfindung, ein "sich dia-

---

110 Diese Kritik Erdheims trifft jedoch nicht auf alle Studien der Kultur- und Persönlichkeitsforschung zu; so berücksichtigt das (neuere) "Six Culture Project" der "Whiting-Schule" (vgl. Kap. I., 4.) auch sehr viele **außerfamiliäre** Interaktionsprozesse der untersuchten Kinder (bis einschließlich 11 Jahre): Schulsituationen, Begegnung mit Gleichaltrigen, "Arbeits"vorgänge usw. ..., also in einem eigentlich der Familie "antagonistischen" Milieu (s. dazu weiter im Text).

lektisch in der Zeit entwickelnde(s) Verhältnis zu zwei voneinander verschiedenen Sozialstrukturen" (1978, S. 72), die grundsätzlich verschiedene "Identifikationsräume" (M.A.) mit sich brächten: solche

> *"mit der hierarchisch-vertikalen Organisation der Familie, welche oft in den gesellschaftlichen Institutionen wiederholt und perpetuiert wird, und demgegenüber die Identifikation mit 'horizontalen' Institutionen, mit der Peer-group, dem* ***Gang****, der Altersklasse." (Parin 1978, S. 72)*

In diesem Zusammenhang kommt Parin auf den Antagonismus von "kulturspezifischer Sozialisation" (Erziehungsgewohnheiten, Vermittlung traditioneller Wertsysteme) als "konservativem Faktor" und "gesellschaftlichen Verhältnissen" als "progressivem Faktor" zu sprechen (1978, S. 59). Somit wäre "Familie" bzw. die für die engere Sozialisation relevante Gruppierung nicht, wie im Fromm'schen Sinne, als "Agentur der Gesellschaft" aufzufassen - eine Einschätzung, die auch den unilinearen, "isomorphen" Enkulturationsmodellen der Kultur- und Persönlichkeitsforschung zugrunde liegt (vgl. S. 135 zu deren "Überbetonung der familienbezogenen Sozialisationsprozesse"); erstere, für die (in soziologischer Begrifflichkeit) "**Erst**sozialisierung" "zuständige" Gruppierung, stünde mit der Makrostruktur ("Gesellschaft", "äußere Verhältnisse", "Peer-Group" der Adoleszenten) als den die (soziologisch:) "sekundäre Sozialisation" besorgenden Instanzen in dialektischem Spannungsverhältnis. Und weiter:

> *"Beide Faktoren kann man sich als Koordinaten in einem Koordinatensystem vorstellen, das für die Bestimmung jeder psychoanalytischen Beobachtung unerläßlich ist ... Beide ..., Sozialisation und die gesellschaftlichen Verhältnisse, sind prinzipiell diachrone Phänomene, das heißt, sie sind immer in Veränderung begriffen." (Parin 1978, S. 59)*

Ähnlich hatte schon Freud den "Antagonismus von Familie und Kultur" beschrieben (wobei "Kultur" bei Freud "Gesellschaft", "äußere(n) Verhältnisse(n)" in der Parin'schen Diktion entspricht):

> *"... Eine der Hauptbestrebungen der Kultur ist, die Menschen zu großen Einheiten zusammenzuballen. Die Familie will aber das Individuum nicht freigeben. Je inniger der Zusammenhalt der Familienmitglieder ist, desto mehr sind sie oft geneigt, sich von den andern abzuschließen, desto schwieriger wird ihnen der Eintritt in den größeren Lebenskreis. Die phylogenetisch ältere, in der Kindheit allein bestehende Weise des Zusammenlebens wehrt sich, von der später erworbenen kul-*

> *turellen abgelöst zu werden." (Freud 1930, S. 462-463, zit. nach: Erdheim 1984, S. 277)*

Mit einer derartigen antithetischen Auffassung gelingt der "neueren" Ethnopsychoanalyse (unter Rückbesinnung auf Freud!) eine entscheidende Erweiterung einer der Hauptthesen der klassischen Kultur- und Persönlichkeitsforschung: diese postuliert ja die kulturelle Determiniertheit der Persönlichkeit, unter Ausblendung der historischen Dimension - zeitlos sozusagen -, indem sie, wie gezeigt, überwiegend den "konservativen" Faktor "Familie" im Auge hat bzw. die Identität familialer und kultureller Sozialisationsprozesse annimmt.
Am Beispiel der Agni soll abschließend noch einmal demonstriert werden, wie eine ethnopsychoanalytische Standortbestimmung innerhalb des Koordinatensystems "Sozialisation" und "gesellschaftliche Verhältnisse" aussehen kann. Darüber hinaus wird **in diesem Falle** die Nicht-Identität, der Antagonismus der genannten Koordinaten "Sozialisation" ("Familie") und "gesellschaftliche Verhältnisse" ("Kultur"), besonders deutlich:

> *"Es ist auffallend, wie gut ihr Charakter einschließlich seiner eigentümlichen analen Anteile zu ihren früheren Wirtschafts- und Lebensformen - als Jäger, Sammler und später als Sklavenjäger und Beutekrieger - gepaßt haben muß, und wie schlecht er zu der seit etwa 70 Jahren vorherrschenden Plantagenwirtschaft paßt. Das wäre ein gutes Beispiel dafür, wie sich der doppelte Konservatismus, das Festhalten an herkömmlichen Formen der Kindererziehung und die Fixierung des Erwachsenen an seine frühkindlichen Erlebnisse, entgegen den makrosozialen Notwendigkeiten durchsetzt." (Parin 1978, S. 65; vgl. auch S. 132 d. vorl. Arb.)*[111]

---

111 Leider geht Parin nicht näher auf das allgemeine Problem ein, in welchen Fällen bzw. abhängig von welchen Bedingungen diese "Fixierung des Erwachsenen an seine frühkindliche Sozialisation" sich, im Sinne eines Hinterherhinkens der psychischen Strukturen, "entgegen den makrosozialen Notwendigkeiten durchsetzt" (Zitate wie im Text). Er behandelt diese Frage zwar indirekt in seinen Ausführungen darüber, wann ein "autoritärer Charakter" (im Sinne Adornos; vgl. Anm. 35) aus einem autoritär strukturierten frühkindlichen Milieu sich herausbildet und wann nicht (1978, S. 73). Nach meiner Auffassung nun wird es nur in seltenen Fällen bzw. unter typisierten Konstellationen zum eindeutigen Überwiegen entweder des "konservativen Faktors", der frühkindlichen Sozialisation, oder aber dem der "makrosozialen Notwendigkeiten" (im Hinblick auf die jeweils damit verbundene Entwicklung psychischer Strukturen) kommen; vielmehr werden sich meist Mischbilder bzw. auch gegenläufige Prozesse auf der Ebene des psychischen Geschehens ergeben: Einen derartigen Widerspruch im Bereich der seelischen Vorgänge bei vielen, der "abendländischen Kultur" angehörigen Individuen zeigt Parin anhand des Phänomens der "Entfremdung", wenn nämlich Sozialisationsziele und gesellschaftliche Rollenerwartungen auseinanderklaffen (1978, S. 73/74), jedoch beide gleich intensiv internalisiert sind und entsprechende Anforderungen an das Individuum stellen.

Mit solchen recht punktuellen Darlegungen aber scheint mir dieser insgesamt konstruktive Ansatz nicht zureichend ausgeführt. Speziell für eine Analyse von kulturellen Wandlungsprozessen und den

Speziell das Konstrukt des "Gruppen-Ich" (vgl. S. 94, 112f. d. vorl. Arb.) ist als eine im ethnopsychoanalytischen Prozeß notwendig gewordene Erweiterung (hier: der Instanzenlehre) innerhalb der psychoanalytischen Theorie anzusehen:

> *"Die Entstehung des Gruppen-Ich führen wir auf relativ spannungsfreie identifikatorische Beziehungen zurück, die sich in der Kindheit und Adoleszenz vorzugsweise zu gleichgeschlechtlichen Gleichaltrigen in 'horizontalen' Gruppen etablieren. Sind in einer sozialen Situation Gemeinschaften oder Gruppen vorhanden, in denen wegen ihrer Struktur und der besonderen Psychologie der Mitglieder gegenseitige brüderliche bzw. schwesterliche Identifikationen möglich sind, ist das Gruppen-Ich ein Garant für eine gute, soziale Anpassung (z.B. im Dogon-Dorf). Dieser Anpassungsmechanismus gibt die Gemeinschaftsstruktur der Gesellschaft genauer wieder als andere. In der Kleinfamilie hat er keinen Platz. Im öffentlichen Leben der urbanisierten Industriegesellschaft muß er versagen." (Parin 1978, S. 87)*

Aspekte des "Gruppen-Ich" sind hohe Flexibilität, geringe Objektkonstanz gegenüber der personalen Umgebung (Parin, Morgenthaler und Parin-Matthèy 1971, S. 539) - Ich-Eigenschaften, die sich beispielsweise in "wechselndem Übertragungsverhalten" (vgl. S. 129 d. vorl. Arb.)
Die Entstehung des "Gruppen-Ich" begründet Parin mit den Besonderheiten der kindlichen Sozialisationsbedingungen:

> *"Bei den Dogon bleibt das Gefühl des Einsseins mit der Mutter durch ihre lange fortgesetzte und gewährende Zuwendung viel länger erhalten als bei uns." (Parin 1978, S. 144)*

---

damit verbundenen psychischen Folgen ließe sich über die genannten Thesen ein geeignetes begriffliches Instrumentarium entwickeln; erst Erdheim hat mit seiner Theorie zur Adoleszenz sowie zur Dichotomie von "kalten" und "heißen" Gesellschaften diesbezüglich einige interessante Erweiterungsmöglichkeiten demonstriert, doch verläßt er damit zunehmend die - im weitesten Sinne - marxistische Orientierung dieser Parin'schen Gedankengänge.

Auf einer allgemeineren Ebene kann natürlich gefragt werden, ob der beschriebene Antagonismus von "Kultur und Familie" prinzipiell, d.h. als eine in Zeit und Raum unveränderliche soziale Konstante, gedacht werden kann: Selbst wenn dies für viele Situationen zutreffen mag, besonders für Teilaspekte von Prozessen des kulturellen bzw. sozialen Wandels, ist die genannte These in dieser Allgemeinheit keineswegs bewiesen; indirekt gibt dies auch Parin zu, wenn er nämlich in dem im Text genannten Zitat über die Agni feststellt, daß ihre frühere Lebens- und Wirtschaftsform offensichtlich **nicht** im Widerspruch zur Sozialisation und Charakterentwicklung gestanden habe! (Zum gesamten Komplex vgl. auch die Ausführungen zu Erdheim sowie insbesondere den "kritischen Exkurs").

Die sich anschließende Delegation von Erziehungsfunktionen ab etwa dem 3. bis 4. Lebensjahr an die Gruppe (von Gleichaltrigen, älteren Geschwistern und Verwandten einschließlich der Großeltern)

> *"hat zur Folge, daß das Kind sein Allmachtsgefühl nie ganz aufgibt, sondern es auf die Gruppe verteilt. Das Gefühl, geliebt zu werden und mit der Welt fertig zu werden, hängt von der Zugehörigkeit zur Gruppe ab ..." (Parin 1978, S. 144)*

"Gruppen-Ich" meint hier nicht das von vielen früheren Autoren für nicht-industrielle Gesellschaften vermutete übliche Vorkommen nur unscharf konturierter, wenig individuell ausgeprägter Persönlichkeitstypen, die durch mangelnde Ich-Grenzen und eine Art kollektiven Charakters, sprich "primitives Ich" gekennzeichnet sind (vgl. S. 11, 94f., 112f. d. vorl. Arb.). Vielmehr betont Parin die Bedeutung stets verfügbarer intakter Gruppenstrukturen für das Zustandekommen und die Aufrechterhaltung befriedigender Ich-Leistungen des Individuums (und damit seines psychischen Gleichgewichts).
Wird das Funktionieren des "Gruppen-Ich" beeinträchtigt, beispielsweise im Rahmen von Akkulturationsprozessen, individueller Migration etc., treten häufig Angst, Depression, ja sogar Depersonalisationserscheinungen und psychosenahe Zustände auf. Auch die drohende Herauslösung aus der Gruppe durch die sich einstellende "intime" Beziehung zum (Ethno-) Psychoanalytiker ist ähnlich angstbesetzt und bringt mitunter spiegelbildliche Reaktionen der Gruppe mit sich. Wulff schreibt hierzu, daß

> *"... jede allzu enge 'private' Bindung ... die Gefahr eines ungeordneten Chaos für alle heraufbeschwören (würde) - weshalb sie, wenn sie vorkommen, auch Angst und Aggressionen bei der ganzen Gruppe auslösen, ja nicht selten auch Sanktionen (z.B. soziale Exkommunikation) nach sich ziehen." (Wulff 1969, S. 237)*

Parin, Morgenthaler und Parin-Matthèy beschreiben einen damit zusammenhängenden Mechanismus:

> *"(Es) ... ergaben sich ungewohnte Bedingungen für die analytische Situation ... Die Mitteilung intimer Gefühle und Vorstellungen war leichter möglich, wenn das Gespräch nicht unter vier Augen blieb, und es unseren Partnern gelang, außenstehende Personen herbeizurufen. Bei den Dogon gilt jedes Geheimnis als unanständig. Teilen zwei ein Geheimnis, isolieren sie sich von der Gruppe. Das Gleiche, was anständig ist, wenn es in der Gruppe geschieht, wirkt unanständig, wenn es mit*

einem Partner allein erfolgt." (Parin, Morgenthaler und Parin-Matthèy 1963, S. 453)[112]

Parallel zum "Gruppen-Ich" entwickeln die genannten Autoren auch ihre Vorstellungen zum "Clan-Gewissen" als eine Art in der Gruppenmeinung repräsentierten, "externen" Über-Ichs.

"Die Dogon haben die Bilder der Erziehungspersonen, mit ihrer Forderung, bestimmte Triebregungen nicht zuzulassen, nicht ebenso haltbar verinnerlicht wie wir. Statt die Triebregungen abzuwehren, haben sie die Gestalten der frühen Kindheit ersetzt, ihre Bedeutung aufgeteilt, auf die Mitmenschen des erwachsenen Lebens übertragen ..." (Parin, Morgenthaler u. Parin-Matthèy 1963, S. 500)

Erfreulicherweise

"haben jene Anteile des Clangewissens größere Bedeutung, die das Ich von unerträglichen Ängsten, Schuldgefühlen oder archaischen Vorläufern derselben entlasten helfen, als solche, die ihm zusätzliche Einschränkungen bringen." (Parin, Morgenthaler u. Parin-Matthèy 1971, S. 543)

Somit bedeutet "Clangewissen" zwar "Gruppenabhängigkeit", bringt aber auch "Ich-Erweiterung" und "Ich-Entlastung". Eine große Gefahr allerdings bedeutet die erhöhte Manipulierbarkeit, die sich beim Einzelnen - infolge des nur schwach ausgeprägten autonomen "Über-Ich" - finden lasse (Parin 1978, S. 95).
Auch in Sektoren der westlich-industrialisierten Gesellschaften können solche Mechanismen der Ich-Entlastung institutionell vorhanden sein; sie dienen hier jedoch stärker den Partialinteressen der jeweiligen Institution. Als Beispiel führt Parin die Beichte bei kirchengläubigen Katholiken an; auch die Tatsache, daß der Soldat im Krieg ohne Gewissensqual tötet, kann auf solche Entlastungsprozesse zurückgeführt werden (Parin 1978, S. 93).[113]

---

112 Über ähnliche Erfahrungen bezüglich des Phänomens "Gruppen-Ich" berichten auch Morgenthaler und Weiss in ihrer Darstellung einer ethnopsychoanalytisch ausgerichteten Feldforschung bei den Iatmul in Papua-Neuguinea (Morgenthaler, Weiss und Morgenthaler 1984, S. 65-173).

113 Wie weit eine solche Ich-Entlastung schließlich gehen kann, zeigt Parin in seiner Interpretation des Massakers von My Lai durch den amerikanischen Leutnant Calley, der nach seiner Eingliederung in die Armee und Eintritt in den Vietnam-Krieg sein vorbestehendes ("autonomes") Über-Ich an die Vorgesetzten und Ideale der Führung abgibt; in einer Situation, als der Kontakt mit seinem Befehlshaber abreißt, dekompensiert er und bringt alle Bewohner des Dorfes um. Calley äußert sich in einem Interview mit Sack über seine Beweggründe:

Entscheidende Anstöße zur Entwicklung der Theorie vom "Clangewissen" finden sich natürlich schon, wie Parin auch betont, in Freuds Werk "Massenpsychologie und Ich-Analyse" (Parin in : Parin und Parin-Matthèy 1986, S. 143 und Freud 1921).[114]

"Gruppen-Ich" und "Clangewissen" sind für Parin (u. Mitarb.) bestimmte Formen von "Anpassungsmechanismen", die

> *"das Ich in ähnlicher Weise von der Auseinandersetzung mit der Außenwelt entlasten, wie die Abwehrmechanismen [in Anlehnung an Anna Freuds Theorien] das gegenüber den abgewiesenen Triebansprüchen leisten." (Parin 1978, S. 82; Ergänzung M.A.),*

und die "unbewußt, automatisch und immer gleich ablaufen" (Parin 1978, S. 78). Beide sind - wie beschrieben - auch die typische Art von "Anpassungsmechanismen", wie sie in nicht-industrialisierten, an das intensive Zusammenleben der Gruppe bzw. des Clans gebundenen Gesellschaften sich entwickelt haben.
Ihr Studium verhilft dazu, ähnliche Prozesse, wie sie **in Sektoren** auch der "modernen" Gesellschaften ablaufen, aufzufinden und besser herauszuarbeiten.
Andererseits versetzt der (vergleichende) Blick auf die genannten - afrikanischen - Kulturen die Untersucher in die Lage, die stärkere Rollendiffusion - bei gleichzeitiger zunehmender Isolierung des Einzelnen von der Gruppe - in den europäisch-westlichen Gesellschaften wahrzunehmen: als typischen (Ich-stabilisierenden) Anpassungsmechanismus folgert Parin für diese die "Identifikation mit der Rolle" (1978, S. 96), bzw., dem Sinne nach, mit einer Art "Meta-Ideologie" der verschiedenen Rollen, welche jedoch "die Beweglichkeit des Ichs" einschränke (Parin und Parin-Matthèy 1986, S. 151; vgl. S. 113 d. vorl. Arb.).[115]

> *"... wir waren in My Lai, um (den Kommunismus) zu vernichten. Ich persönlich habe an dem Tag (des Massakers) keinen einzigen Vietnamesen gekillt. Ich betone: ich persönlich. Ich verkörperte nur die Staaten von Amerika. Mein Vaterland." (Sack 1970/1972, S. 83 zit. nach: Parin und Parin-Matthèy 1986, S. 143; Ergänzungen übernommen)*

Letztere Phrase in diesem Zitat ist wahrscheinlich als Versuch zu werten, in der Legitimation mit den "Interessen des Vaterlandes" verlorengegangene, externe Über-Ich-Strukturen auf global-abstrakter Ebene neu zu besetzen und damit Ich-Entlastung zu erreichen ...

114 Daneben scheint eine gewisse, wenn auch nur vordergründige Ähnlichkeit zum "Scham"- (versus "Schuld"-)Konzept bei Repräsentanten der Kultur- und Persönlichkeitsforschung gegeben (z.B. Mead 1942), nicht zuletzt auch zur Konstruktion der "other-directedness" bei Riesman (Riesman, Glazer und Denney 1961; vgl. Anm. 38); in seiner differenzierten Betrachtung kann Parin jedoch die Unterschiedlichkeit der Paradigmen vom "Clan-Gewissen" einerseits und der o.g. Ansätze andererseits aufzeigen (1978, S. 134f.).

115 Parin geht von einer verwirrenden Vielfalt der Rollenzuschreibungen und -erwartungen in den westlichen/"modernen" Industriegesellschaften aus. Zur Begründung formuliert er eine These, die an Deve-

Parins "Anpassungsmechanismen" als besondere Funktionen des Ichs sind **eine** Konsequenz aus der (modellhaften) Annahme eines dynamischen und instanzengebundenen Wesens von Persönlichkeit, die sich entsprechend - im Gegensatz zur kulturreduktionistischen Auffassung der Kultur- und Persönlichkeitsforschung - in ständig **konflikthafter** Interaktion mit der Umwelt befindet. Gleichzeitig führt er den Ansatz der "Ich-Psychologen" weiter, die zwar auch "Anpassung" thematisieren, jedoch mit ihrer Hervorhebung der "im Mittel zu erwartenden Umwelt" (Hartmann 1939, zit. nach Erikson 1966, S. 193) letztere allzu häufig als etwas Gegebenes, positiv zu konnotierendes hinnehmen. Sowohl der Frage ihrer politisch-historischen Gewordenheit wie auch nach dem dialektisch-konflikthaften Wechselverhältnis zwischen Individuum und eben dieser Umwelt werde durch die **überwiegende** Beschäftigung mit Anpassungsprozessen durch die "Ich-Psychologie" nicht genügend Rechnung getragen (Parin und Parin-Matthèy 1986, S. 148; vgl. S. 67 d. vorl. Arb. und "Exkurs" II, insbes. Anm. 100).

---

reux' Vorstellung zur "Komplexität der kulturellen Merkmale der Moderne" erinnert (vgl. S. 112 d. vorl. Arb.).

> *"Die Institutionen, an denen jeder teilnimmt, vermehren und differenzieren sich, und mit ihnen nimmt die Zahl und die ideologische Ausstattung der Rollen, die jedermann zu übernehmen hat, um in dieser Gesellschaft überleben zu können, in bisher nicht gekanntem Ausmaß zu." (Parin 1978, S. 133)*

"... so zahlreiche und widersprüchliche Rollen gleichzeitig und wechselweise auszuführen" (Parin 1978, S. 133) gelinge dem Einzelnen nur über einen Akt der Identifikation mit einer Art Meta-Rollen-Ideologie im Ich. Diese führe aber verstärkt zu "regressiv-narzißtischen Einstellungen" (Parin 1978, S. 133; vgl. Anm. 125 d. vorl. Arb.), mit anderen Worten: Rückzug auf kompensatorische Größen-Selbst-Phantasien bzw. auch "Selbstwertsteigerung" mit Hilfe der narzißtischen Gratifikationen, die sich - allerdings als Ersatzbefriedigungen - durch die multiplen Rollenidentifikationen erwerben lassen. Der hiermit verbundene Verlust an "echter Autonomie" sei die unausweichliche Folge:

> *"Die gesellschaftlichen Verhältnisse haben sich mittels identifikatorischer Anpassungsmechanismen in seinem (d.h. des "Normalbürgers") eigenem Ich installiert und manipulieren ihn von innen her." (Parin 1978, S. 133; Einschub M.A., jedoch unter Verwendung einer wörtlichen Formulierung des Autors im vorherigen Satz.)*

Während nun also "Gruppen-Ich" und "Clangewissen" **auf den ersten Blick** verstärkte Abhängigkeit vom Gruppenzusammenhang, damit erhöhte Manipulierbarkeit von außen bedeuten, i.a. (d.h. für den von Parin beschriebenen **traditionellen** Gesellschaftstyp) aber die Voraussetzung zu "Ich-Erweiterung", zu echter Autonomie des Individuums schaffen, ist dies für die Angehörigen der westlich-industrialisierten Gesellschaften gerade umgekehrt: Die vermeintliche Unabhängigkeit des bürgerlichen Individuums, sein Bewußtsein um seine einzigartige Identität, könnte sich bei näherem Hinsehen als fromme Ideologie erweisen, welche - zugegebenermaßen sehr effektiv - die oben beschriebenen manipulativen Zwänge kaschiert. Damit wirft diese Position ein ganz neues Licht auf die an anderer Stelle dargestellte Kontroverse um die "primitive Psyche" von Mitgliedern sog. "nicht-entwickelter" Gesellschaften und ihr kontradiktisches Pendant, das "bürgerliche Individuum" (vgl. S. 11, S. 94f. d. vorl. Arb.).

Natürlich ähnelt auch der gegenwartskritische Tenor von Parins Konstruktion der "Identifikation mit der Rolle" entfernt Devereux' sehr pessimistischen ethnopsychiatrischen Aussagen zur "Moderne" und der für sie "typischen" Psychose, der "Schizophrenie" (vgl. S. 96 d. vorl. Arb.).

Abschließend sollte aber nochmals darauf verwiesen werden, daß die Thesen der Autoren zum "Gruppen-Ich", daneben ihr (bzw. Parins) Konzept der "Identifikation mit der Rolle" (in den westlich-"modernen" Gesellschaften) - trotz vieler Differenzen - gewisse Übereinstimmungen mit den **gesellschaftskritischen** Tendenzen der frühen Kultur- und Persönlichkeitsforschung (Margret Mead, Ruth Benedict) ebenso aufweisen, wie mit Teilen des ethnopsychiatrischen Denkens von Devereux. In der kritischen Reflektion ihrer eigenen Gefühle und Motivationen, zudem in der überwiegend gelungenen Verschränkung von sozialwissenschaftlicher Kompetenz und narzißmustheoretisch erweiterter psychoanalytischer Orthodoxie (vgl. Anm. 125) können die Autoren für ihre Aussagen jedoch eine größere Differenziertheit und Plausibilität (als die o.g. Richtungen) in Anspruch nehmen.

M. Erdheim

Erdheim nun geht einen etwas anderen Weg: er ist zwar auch Psychoanalytiker und hat Erfahrung mit psychoanalytisch orientierter Feldforschung. Vermehrt bringt er jedoch die aus den Forschungen Devereux' und, stärker noch, die aus den Arbeiten von Parin, Morgenthaler und Parin-Matthèy resultierenden Thesen in der Analyse **historischer** und (allgemein-) **soziokultureller** Prozesse zur Anwendung:
Hierfür bilden zum einen die historische Gesellschaft der Azteken, aber auch der "Sonnenstaat" Ludwigs XIV, ebenso wie das Wiener Milieu der Freud'schen Zeit und die jüngere europäische Geschichte (Faschismus!) den Rahmen; im Verlauf seiner Überlegungen gelingen Erdheim dann auch interessante Weiterentwicklungen und Neuformulierungen, deren Relevanz für die ethnologische und ethnopsychoanalytische Theorie und Praxis er jeweils aufzeigt.
Anders formuliert: mit den Augen des Ethnologen bzw. Ethnopsychoanalytikers nähert er sich Geschichte, und mit dem am geschichtlichen Material gewonnenen (bzw. auch belegten) Erkenntnisinstrumentarium äußert er sich zu ethnologischen und ethnopsychoanalytischen Fragestellungen.
Mit solcher (historischer) Perspektive steht Erdheim auch in einer neueren Tradition der Ethnologie (vgl. Szalay 1981; exemplarisch Kohl 1981); parallel hierzu fordern Historiker die "Anthropologisierung" ihres Faches (vgl. Hausen 1983 und Medick und Sabean 1984). Erdheim nun zentriert seine Überlegungen immer wieder um das Unbewußte in Geschichte und Gesellschaft bzw. Kultur. In diesem Sinne ist auch seine Definition von Ethnopsychoanalyse aufzufassen (vgl. S. 73 d. vorl. Arbeit).
Recht interessant ist hierbei sein Versuch, die von der Psychoanalyse übernommenen erkenntnistheoretischen Thesen zum Unbewußten und dem "Faktor Subjektivität", wie sie in das Werk von Devereux und die "neuere" Ethnopsychoanalyse Eingang gefunden haben, auf Freud und die (historischen) Entstehungsbedingungen der Psychoanalyse selbst zurückzuwenden (Erdheim 1984, S. 41f.).

Zwei Thesen sind für Erdheims Denken, soweit es in dem hier behandelten Zusammenhang von Bedeutung ist, zentral; sie finden sich in seinem Hauptwerk: "Die gesellschaftliche Produktion von Unbewußtheit" (1984) und geben für dieses eine Art theoretischer (Doppel-) Achse.

1.

> *"Während sich die meisten Evolutionstheorien vor allem auf die Entwicklung und Komplexitätssteigerung kognitiver Strukturen, also auf die Evolution des Bewußtseins, konzentrieren, bemühte ich mich aufzuzeigen, daß die kulturelle Evolution auch mit der Produktion von Unbewußtheit verknüpft ist. Diese Evolution vollzog sich ja unter dem Vorzeichen von Herrschaft, und ... das, was unbewußt gemacht werden sollte, (war) die Aggression, welche sich gegen die ihre Macht ausdehnende Herrschaft richtete. (...) In dem Maß, wie sich die Gesellschaft in Klassen spaltete und sich divergierende Klasseninteressen entwickelten, nahm die gesellschaftliche Produktion von Unbewußtheit zu und trat in ein spannungsvolles Verhältnis zur gleichzeitig und notwendig sich entfaltenden rationalen Bewältigung von Natur und Gesellschaft." (Erdheim 1984, S. XIV)*

Die (Produktion von) Unbewußtheit im historischen wie sozio-kulturellen Prozeß dient somit der Verschleierung der wahren (Herrschafts- und Ausbeutungs-) Verhältnisse, mit dem Ziel, Bewußtwerdung zu hintertreiben und damit die Chancen für Veränderung minimal zu halten (vgl. auch "Mystifizierung" bei Marx).
Am Beispiel der Azteken zeigt Erdheim einen solchen Vorgang:

> *"Die aztekischen Krieger legitimierten ihr Herrschaftssystem durch den Mythos, die Sonne brauche Menschenblut und Herzen, um sich am Himmel zu bewegen; würden die Opfer nicht stattfinden, ginge die Sonne unter ..."*
> *"Die Entwicklung der aztekischen Kultur zeigt, daß die herrschende Krieger- und Priesterklasse die Feste um so aufwendiger und blutiger beging, je schärfer sich die Krise der Gesellschaft abzeichnete." (Erdheim 1984, S. 229 und 230f.)*

Die Untermauerung der (kosmologischen) Notwendigkeit und Unabänderlichkeit der so und nicht anders seienden Welt durch regelmäßige, in der Krise zunehmende Inszenierungen von Menschenopfern steht für die ständig stärker werdende Dringlichkeit, die (eigentlichen) Herrschaftsstrukturen unbewußt zu machen. In solchen spannungsgeladenen historischen Situationen bedeuten derartige Vorgänge den

> *"Versuch, das ... System zu erhalten, ohne Änderungen im Bereich der Produktivkräfte und Produktionsmittel in Kauf nehmen zu müssen, welche die bestehendeHerrschaftsordnung ... bedrohen können" (Erdheim 1984, S. 234).*

Das so entstandene Unbewußte - bei Devereux, auf den sich Erdheim auch bezieht, das "ethnische Unbewußte" (vgl. S. 93 d. vorl. Arb.) - wird hier als "gesellschaftliches Unbewußtes" zu einer Art "Behälter, der all das aufnehmen muß, was eine Gesellschaft gegen ihren Willen verändern könnte" (Erdheim 1984, S. 221).
"**Gesellschaftliches** Unbewußtes", weil sich der Begriff des "Gesellschaftlichen" besser (als der des "Ethnischen") nach Klassen, der Zugehörigkeit zur Schicht der Herrscher oder Beherrschten, differenzieren lasse; das "Ethnische" täusche

> *"eine Homogenität vor, die etwa den Situationen des Kulturwandels und den dadurch zugespitzten Machtkämpfen nicht gerecht wird" (Erdheim 1984, S. 220/221).*

Zudem seien es

> *"nicht nur Phantasien, Triebe und andere Manifestationen des Psychischen ..., die ins Bewußtsein zugelassen oder verdrängt werden müssen, sondern auch Wahrnehmungen der äußeren Realität" (Erdheim 1984, S. 221).*

2.

Trotz aller Bemühungen (der Herrschenden), die Sprengkraft innovativen gesellschaftlichen Potentials durch den Akt der Unbewußtmachung zu entschärfen, findet Geschichte ("Evolution") ja nun statt; für Erdheim ist hier die biologische Tatsache der **Adoleszenz** von größter Bedeutung: je nachdem, wie deren Verlauf innerhalb einer Kultur oder Gesellschaft (bzw. innerhalb eines solchen entsprechenden Sektors) sich darstellt, kann gefolgert werden, in welchem Ausmaß die geschilderten Versuche (der Unbewußtmachung) gelingen oder - im Gegenteil - historische und soziale Umwälzungen den Durchbruch des Innovationspotentials anzeigen.
In seiner Theorie zur Adoleszenz stützt sich Erdheim auf Freuds These des Zwei-Phasen-Verlaufs der sexuellen Entwicklung; daneben bezieht sich Erdheim auf dessen Aussagen über das antagonistische Verhältnis von Kultur und Familie (vgl. S. 136f. d. vorl. Arb.). Ähnlich Parin schreibt er der ersten (im engeren Sinne: **Kindheits-**) Phase einen tendenziell konservativen Charakter in bezug auf den Sozialisationsprozeß zu:

"In bezug auf die Kulturgeschichte sind die Instinktreduktion und die Schicksale der frühen Kindheit Voraussetzungen für Institutionen, für ***Dauer*** *im Wandel." (Erdheim 1984, S. XVI; Hervorh. M.A.)*

Hingegen sei die Adoleszenz

"eine der Voraussetzungen dafür, daß der Mensch Geschichte macht, und das heißt: die überkommenen Institutionen nicht nur überliefert, sondern auch verändert" (Erdheim 1984, S. XVI).

Die Tatsache, daß in der **Adoleszenz** nun Bestehendes grundsätzlich in Frage gestellt wird, führt Erdheim auf den (zweiten) Triebdurchbruch in der Pubertät zurück, wie er sich am Ende der Latenzphase darstellt; das zum Abschluß der ödipalen Phase ins Unbewußte verdrängte und während der Latenz hier "ruhende" (sexuelle) Material drängt, bedingt durch die biologische Reifung des Individuums, gewaltsam ins Bewußtsein. Der genannte Triebdurchbruch

"lockert die vorher in der Familie gebildeten psychischen Strukturen auf und schafft damit die Voraussetzungen für eine nun nicht mehr durch den familiären Rahmen beengte Neustrukturierung der Persönlichkeit, die neue Erfahrungen ermöglicht" (Erdheim 1984, S. 276).

Erdheim beruft sich hier neben Freud auf die Psychoanalytikerin Anna Freud (1958) und den Psychoanalytiker Eißler, speziell auf dessen Charakterisierung der Adoleszenz als "zweiter Chance" (Eißler 1958/1966, S. 69): Unverkennbar richten sich Erdheims Thesen zur Adoleszenz gegen die aus dem "Determinismus der frühen Kindheit" resultierende statische und ahistorische Auffassung der Kultur- und Persönlichkeitsforschung, denen damit eine sehr viel dynamischere Betrachtungsweise gegenübergestellt wird.
Das biologische und universelle Phänomen der Adoleszenz nun stellt mit seinen potentiell kulturverändernden Kräften eine Herausforderung für jede Gesellschaft dar:

"jene Kulturen, die sich gegen den Kulturwandel abschirmen, also jene Kulturen, die Lévi-Strauss ... (1962) 'kalt' nannte, frieren die Adoleszenz mittels der Initiation ein; jene Kulturen hingegen, welche dahin tendieren, den Wandel zu beschleunigen ('heiße Kulturen') bauen die Initiationsriten ab, um das in der Adoleszenz liegende Veränderungspotential freizusetzen." (Erdheim 1984, S. XVII)

Natürlich kann sich "kalt" und "heiß" auch auf unterschiedliche (historische) Stadien **einer** (der gleichen) Kultur beziehen; ebenfalls sind "kalte" und "heiße" Elemente nebeneinander, als Ausdruck eines dialektischen Spannungsverhältnisses - einer "Ungleichzeitigkeit", nach Marx - recht häufig (Erdheim 1984, S. 186f.). So konstatiert Erdheim - mit vielen anderen (vgl. Bernfeld 1922; Blos 1962/1978) - einen deutlichen Rückgang von Initiationsriten in den zu schnellem kulturellem Wandel drängenden industrialisierten ("heißen") Gesellschaften; wo man solche noch (oder wieder!) trifft - und Erdheim bezieht sich hier auf Institutionen wie Schule[116] und Armee - funktionieren sie weniger offensichtlich und haben (im Sinne der "Ungleichzeitigkeit") meist retardierenden, die Gesellschaft "kühlenden" Charakter (Erdheim 1984, S. 326f.).
In "kalten" Gesellschaften nun sollen eingreifende Initiationsrituale das Veränderungspotential unbewußt machen und kulturellem Wandel vorbeugen; hier ist die Situation der (männlichen) Initianden dadurch gekennzeichnet, daß

> *"... Triebangst und Realangst nicht mehr voneinander unterscheidbar sind.*
> *Die Angst vor den alten Männern und vor der realen Gewalt, die sie einsetzen, durchmischt sich mit den [ödipalen] Ängsten der Kindheit ... Die Autorität der alten Männer stützt sich wesentlich auf dieses Gemisch innerer und äußerer Angstquellen, die das Denken mit einer Hemmung belegen und die Realitätskontrolle, insbesondere in bezug auf die Autorität, beeinträchtigen." (Erdheim 1984, S. 291; Ergänzung M.A.; vgl. S. 43 d. vorl. Arb.)*

So werde Unterordnung im Unbewußten verankert und die Herrschaft der Tradition ebenso wie traditionelle Herrschaft festgeschrieben ...

Erdheims These vom "gesellschaftlichen Unbewußten" ist die konsequente Anwendung von Devereux' Begriff des "ethnischen Unbewußten" (welches wiederum als Synthese aus "Basispersönlichkeit" und einer Ebene des psychoanalytischen topischen Modells vorgestellt wurde) auf sozioökonomisch und historisch zu definierende Untergruppen. Damit gelingt es ihm, für einen Teil der psychischen Instanz "Unbewußtes" dessen Verwobenheit mit Prozessen und Gegebenheiten auf makrosozialer und historischer Ebene - d.h. mit Vorgängen von Herrschaftserrichtung und -ausübung - aufzuzeigen.

---

116 Erdheim war in Zürich während einiger Jahre als Privatlehrer tätig. Dort versuchte er, in Gesprächen, die in Anlehnung an psychoanalytische Vorgaben strukturiert waren, derartige Vorgänge mit den Schülern herauszuarbeiten.

In dem Maße jedoch, wie diese (erste) These Erdheims einleuchtend erscheint, wird die zweite hier von ihm vorgestellte Konstruktion fragwürdig: Natürlich geht von den ins "gesellschaftliche Unbewußte" ver- (bzw. ge-) drängten psychischen Inhalten wiederum Einfluß auf das historische und soziale Geschehen aus, und Erdheims Verweis auf das mit der Adoleszenz einhergehende innovative Potential mag für viele Situationen zutreffen. Was befremdet, ist die Unerbittlichkeit, mit der Erdheim die Möglichkeit endogener gesellschaftlicher Veränderungen mit der (biologischen) Tatsache der Adoleszenz verkoppelt.[117] Daneben wird die Lévi-Strauss'sche strukturalistisch-dichotome Setzung von "kalten" und "heißen" Gesellschaften - trotz einiger Einschränkungen, die Erdheim macht, - zu unkritisch übernommen: Die Herleitung solcher gesellschaftlichen Zustände mit Hilfe marxistischer bzw. von auf die Produktionsverhältnisse bezogener Termini ist, im Verhältnis zur Darstellung der Adoleszenzproblematik, nicht zureichend erfolgt: Gerade dies wäre aber erforderlich gewesen, ist doch der "Temperaturzustand" einer Gesellschaft - nach Erdheim - das entscheidende Kriterium dafür, wie mit Adoleszenz "umgegangen" wird. So drängt sich dem Leser der Eindruck eines Zirkelschlusses auf, wenn nämlich zunehmend die jeweils vorherrschende Form der Adoleszenz zum Merkmal dafür wird, ob und in welchem Ausmaß Veränderungen stattfinden - m.a.W. eine Gesellschaft als "heiß" oder "kalt" zu gelten habe. Dennoch bleibt die Einsicht, daß Initiationshandlungen der Triebunterdrückung bei den zu Initiierenden dienen (können) und damit eine Möglichkeit der "gesellschaftlichen Produktion von Unbewußtheit" (Erdheim) darstellen.

Nicht zuletzt können Erdheims Thesen als Bemühen verstanden werden, die von Marcuse, einem Vertreter der "Kritischen ("Frankfurter") Schule" gemachten Vorgaben zum Komplex von Geschichte, Kultur und Unbewußtem weiter auszuführen[118]; hierzu bezieht sich Erdheim z.T. auf Devereux'sche, sehr indirekt auch auf Konstruktionen der Kultur- und Persönlichkeitsforschung. Einzelne seiner Argumentationszüge wirken in dieser Hinsicht sehr überzeugend und reihen sich ein in

---

117 Auf die Spitze getrieben, würde dies z.B. bedeuten, daß die französische Revolution nicht allein als das historische Ergebnis von zugespitzten Klassenwidersprüchen - m.a.W. als das einer Auseinandersetzung zwischen einer **historisch** jüngeren und einer **historisch** älteren Klasse - aufzufassen sei; es müßte nämlich zu ihrem Gelingen in vergleichbarem Maße das Veränderungspotential beigetragen haben, welches, ausgehend von der **altersmäßig** jüngeren (adoleszenten) Generation, gegen die korrespondierende ältere Generation freigesetzt wurde. Letzteres war m.E. jedoch von allenfalls marginaler Bedeutung.

118 Fast wie eine Einführung zu Erdheims Thesen zum "gesellschaftlichen Unbewußten" sowie dessen Verhältnis zur Geschichte liest sich das folgende Marcuse-Zitat:

> *"Unterdrückung und Verdrängung sind geschichtliche Phänomene. Die erfolgreiche Unterwerfung des Instinkts unter beherrschende Kontrollinstanzen geht vom Menschen, nicht von der Natur aus." (1957, S. 29)*

und

> *"Es ist die Wiederkehr des Verdrängten, die die unterirdische, tabuierte Geschichte der Kultur speist." (ebda.)*

die gelungene kulturkritische Tendenz der "neueren" Ethnopsychoanalyse (die bei Erdheim, ähnlich wie bei Parin, zudem durch einige narzißmustheoretische Anschauungen gestützt wird). Allzu glatt, zu stimmig präsentiert sich jedoch Erdheims System in seiner Gesamtheit; bei näherer Betrachtung weicht dieser Eindruck dann aber der Erkenntnis, daß verschiedene von Erdheims zentralen Annahmen eher der Komplettierung seines Systems dienen, als daß sie in dieser Absolutheit noch realitätsangemessen sein dürften.

H. Bosse: Ethnohermeneutik

Der Soziologe Bosse bezeichnet sein eigenes Vorgehen als "Ethnohermeneutik" (Bosse 1984, S. 10). Es ähnelt in weiten Bereichen dem von Parin, Morgenthaler und Parin-Matthèy entwickelten Ansatz; verstärkt wendet er sich jedoch größeren sozialen Einheiten zu und versucht, psychische Prozesse von Individuen - speziell im Hinblick auf ihre Einbindung in **kollektive** Formationen - zu **verstehen**:

> *"Die neuen ethnohermeneutischen Verfahren, die ich in der Feldforschung anwende, vor allem die Institutionsanalyse in der fremden Kultur, die aus der teilnehmenden Beobachtung hervorgeht, und das gruppenanalytische Gespräch, ein analytisches Gruppendiskussionsverfahren in der Sozialforschung, unterscheiden sich vor allem durch diesen Punkt von anderen Methoden." (Bosse 1984, S. 11)*

Auch für Bosse ist der historisch-gesellschaftliche Kontext von größter Bedeutung; die Konsequenzen "äußeren sozialen Wandels" in den "abhängigen Gesellschaften" (Bosse) stehen hierbei für seine Überlegungen im Mittelpunkt.

Nadig beschreibt "ethnopsychoanalytische Beziehung" und "ethnopsychoanalytische Tiefenhermeneutik" als zwei Pole innerhalb eines Kontinuums von Ethnopsychoanalyse, an dessen einem Ende ("e. Beziehung") der Anteil der Psychoanalyse, an seinem anderen Ende ("e. Tiefenhermeneutik") der der Ethnologie stärker repräsentiert sei (Nadig 1986b, S. 201); sie selbst benutzt in ihren Forschungen beide Verfahren: "Ethnopsychoanalytische Beziehung" strukturiert die Arbeit mit einzelnen Personen "im Feld", während "ethnopsychoanalytisch-tiefenhermeneutische Interpretation" maßgeblich ist für die Deutung "sozialer Situationen, vertexteter Gespräche, Mythen" (Nadig 1986b, S. 202) - und somit auch von ihr zur "Nachbereitung" eingesetzt wird.

Neben der (Ethno-) Psychoanalyse beruft sich Ethnohermeneutik auf die hermeneutische Tradition der Geisteswissenschaften, speziell die Soziologie Max Webers. Bosse schreibt:

"Der Ethnohermeneutik bieten sich daher Verfahren des Verstehens an, die am lebensgeschichtlichen Verständnis (Max Weber: Verstehen von Sinn) individueller Strukturen orientiert sind und nicht an der Messung einzelner Persönlichkeitsvariablen. Relevant wird unter Umständen auch die Lebensgeschichte des Forschers, ... die Handhabung von Übertragung und Gegenübertragung ... Die Ethnohermeneutik erfaßt an den individuellen Strukturen einzelner Individuen das Kollektive und Gemeinsame." (Bosse 1984, S. 24)[119]

Die entscheidende soziokulturelle Dynamik, die die "vorindustriellen" Gesellschaften in den letzten Jahren und Jahrzehnten erfahren haben, ist ihre gewaltsame Durchdringung durch die industrielle Produktionsweise, ihre Integration in eine Weltwirtschaftsstruktur, die an den Interessen der Metropolen ausgerichtet ist und für diese Gesellschaften zunehmende Abhängigkeit und sozioökonomische Deformierung mit sich bringt.
Diese Kolonialisierung der "äußeren Natur des Menschen" (Bosse 1984, S. 14) sei heute weitgehend durchgesetzt; aber:

"eine von Mission und kolonialer Kulturpolitik begonnene, jedoch noch nicht abgeschlossene Arbeit der Fortschrittsbringer liegt in der Kolonialisierung der 'inneren Natur', in der Enteignung des Bewußtseins" (Bosse 1984, S. 14).

"Die Ethnohermeneutik untersucht die subjektive Seite dieser inneren Kolonialisierung, nachdem sie die objektive Seite, die Transnationalisierung der kapitalistischen Kultur, soziologisch erfaßt hat. (Bosse 1984, S. 15)

Bosse glaubt nun, eine Strategie der heimlichen Verweigerung, die Ausbildung einer latenten Gegenkultur gegen die beschriebenen Prozesse ausmachen zu können (sofern die physischen Voraussetzungen der Betroffenen in den in Frage kommenden Gesellschaften dies überhaupt noch zulassen ...):
Gegenkultur als oppositioneller (Über-) Lebensentwurf, als eines

---

119 Hier bekommt der "subjektive Faktor", das von Devereux propagierte Erkenntnisinstrument der Gegenübertragung, eine etwas andere Tönung: Genannte Phänomene sind nicht mehr traditionell-psychoanalytisch zu bestimmen, sondern sollten aufgefaßt und angewandt werden im Sinne einer "kritisch-dialektischen Hermeneutik", wie sie die - natürlich von der Psychoanalyse stark beeinflußte - "Frankfurter Schule" vertritt (vgl. Hartfiel und Hillmann 1982, S. 298). Besonders auch der - wie Bosse - bis in jüngster Zeit in Frankfurt am Main lehrende Soziologe und Psychoanalytiker Lorenzer hat wichtige und weiterführende Beiträge zur Theorie der psychoanalytisch-tiefenhermeneutischen Verfahren geliefert (z.B. im Rahmen literaturwissenschaftlich-textorientierter "Kulturanalysen" oder auch in bezug auf interaktionelles, "szenisches" Geschehen: 1976, 1982, 1983, 1986).

"unterhalb der Oberfläche von Bewußtsein ablaufenden Vorgangs, der darauf zielt, die herrschende Besatzerkultur zu überwinden. Sie erschließt einen Prozeß, bei dem unter dem herrschenden Selbstverständnis von Inferiorität, von Dummheit und Faulheit sich in verfremdeter Symbolik ein gegen die herrschende Gewalt gerichtetes Selbst-'Bewußtsein' offenbart." (Bosse 1984, S. 15; vgl. hierzu den Titel dieser Monographie: "Diebe, Lügner, Faulenzer")

Ein Teil von Bosses Einschätzungen beruht auf **Sekundärinterpretationen**, die er an ethnologischen und ethnopsychoanalytischen Texten vornimmt (im Sinne der ethnohermeneutischen Textanalyse; vgl. Lorenzer 1982 und 1986 sowie Anm. 119 d. vorl. Arb.): so zeigt er beispielsweise (unter Berufung auf Favre 1971), wie sich die Tzotzil und Tzeltal, Angehörige zweier bäuerlicher Maya-Gruppen im mexikanischen Hochland, **äußerlich** in die kapitalistische Produktionsweise der "ladino"-Bourgeoisie integrierten; als schlecht bezahlte Saisonarbeiter auf den Kaffeeplantagen der "ladinos" erwerben sie sich einen kümmerlichen Lohn, der gerade das Überleben sicherstellen hilft und ansonsten in (den historisch neugeschaffenen Institutionen von) aufwendigen Festen und komplizierten Patronatsbeziehungen "auf den Kopf gehauen" wird. **Tatsächlich** entspreche ein solches Verhalten ihrem Wunsch, keine Akkumulation aufkommen zu lassen, womit sie nicht nur egalitäre Indio-Traditionen - unter veränderten Bedingungen - konservieren, sondern sogar bislang ihre kulturelle Auflösung verhindern konnten:

"Der Preis für diese kollektive Selbstbehauptung ist allerdings hoch. Denn diese Indios können ihre Gegenkultur nur entwickeln und sicherstellen, indem sie selbst an ihrer ökonomischen Marginalisierung, an der Festschreibung ihres ökonomischen Lebensniveaus nahe dem Subsistenzminimum aktiv mitarbeiten und ihre soziale Abhängigkeit von den ladinos zementieren." (Bosse 1984, S. 20)

Heinrichs schreibt hierzu:

"Sie sind weder dumm noch fatalistisch - wie die Soziologen der verschiedensten Schulen hierzu übereinstimmend meinten -, noch bloß abhängig oder widerständig, sie leben in einer ganz eigenen Dynamik von Abhängigkeit und Widerstand, die im ***psycho****dynamischen Sinn eine Identifikation mit dem weißen Aggressor bedeutet. Der Weiße oder "ladino" profitiert von dieser Gegenkultur ... zugleich ist diese Gegen-*

> *kultur aber die letzte Bastion eines kollektiven Bewußtseins. Allerdings ist es sich seiner Chancen und Widerstandskräfte nur begrenzt bewußt." (Heinrichs 1981, S. 189)*

Neben den ethnohermeneutischen Sekundärinterpretationen entwickelt Bosse aus seinen eigenen Feldforschungen (Bosse und Knaus 1984; Bosse 1985) Thesen zu psychodynamisch-kollektiven Vorgängen der Mitglieder von Institutionen, speziell von Schülern und jungen Erwachsenen bzw. Studenten in den Ausbildungssystemen abhängiger Gesellschaften (vgl. Bosses Definition von "Ethnohermeneutik" in der Feldforschung, S. 149 d. vorl. Arb.); mit dieser Verbindung einer "psychoanalytisch orientierten Sozialpsychologie mit einer historisch-materialistischen Bildungssoziologie" (der "3. Welt"-Länder) betritt er ethnopsychoanalytisches Neuland (Bosse 1984, S. 79). In der Hinwendung zu diesem Bereich versucht er, einen Teil der Mechanismen transparent zu machen, über die die "Kolonialisierung der inneren Natur" (s.o.) der Mitglieder abhängiger Gesellschaften vonstatten geht; grundlegend ist die These,

> *"daß die Widersprüche des Bildungssystems den gesellschaftlichen Gesamtwiderspruch abhängiger Gesellschaften ausdrücken. Diese Widersprüche gehen auf die Sozialisationsfunktionen des Bildungssystems über und drücken sich dort u.a. in Form psychischer Störungen im Subjekt aus." (Bosse 1984, S. 80)*

Mit solcher Fokussierung auf Prozesse der "sekundären Sozialisation" steht Bosse in der Tradition der "neueren" Ethnopsychoanalyse, die auch die späteren lebensgeschichtlichen Ereignisse, speziell die Vorgänge während und nach der Adoleszenz, für die Persönlichkeitsentwicklung als bedeutsam erachtet (vgl. die Ausführungen zu Erdheim S. 145f.).
Als Konsequenz aus den beschriebenen Einsichten fordert Bosse, Schule solle - in Wahrnehmung eines emanzipatorischen Auftrags und gegen die "innere Kolonisierung" gerichtet - zur Herstellung von Bewußtsein beitragen.
Abschließend schreibt er - die Parallelen zu Erdheims These vom "gesellschaftlichen Unbewußten" sind nicht zu übersehen -:

> *"'Dem Bewußtsein helfen' könnte eine Aufklärung, die von der psychoanalytischen Einsicht ausgeht, daß Erfahrungen der gewaltsamen Realität zwar aus dem Bewußtsein verdrängt werden können, nicht aber einfach 'untergehen', sondern sich im Subjekt verankern - in sprachlosen Phantasien, Identifikationen, Klischées. Dem Bewußtsein helfen hieße hier, in die Sprachlosigkeit abgedrängte Erfahrung der Sprache wieder zugänglich zu machen." (Bosse 1984, S. 111)*

Bosse geht konsequent einen Weg, den die Psychoanalyse vorgezeichnet hat: Ähnlich, wie ihre Vertreter nach der theoretischen Fundierung der Einzel-Analyse verstärkt mit Gruppen zu arbeiten begannen, weiß auch Bosse um die besondere Perspektive, die das gruppenanalytische Gespräch ermöglicht. Gerade die spezifische Dynamik, die sich unter Angehörigen von Institutionen (bzw. von informellen Gruppen) einstellt, scheint hiermit adäquat erfaßt werden zu können.
Wichtiger allerdings ist meines Erachtens sein Bemühen, besonders solche psychischen Prozesse zum Gegenstand der Betrachtung zu machen, wie sie mit der gewaltsamen ökonomischen und ideologischen, z.T. auch direkt militärischen Durchdringung der peripheren Gesellschaften durch die Metropolen verbunden sind. Er führt damit die von Devereux angeregte Kritik an den "brutalen Akkulturationsvorgängen" (als Synonym für raschen und erzwungenen sozialen Wandel) im Sinne eines hermeneutisch-marxistischen Ansatzes weiter, der das Verstehen subjektiver Prozesse in ihrem Zusammenhang mit den objektiv-sozialen und materiellen Gegebenheiten sich zum Ziel gesetzt hat.
Wahrscheinlich zu optimistisch ist jedoch Bosses Interpretation vieler Verhaltensweisen unter Angehörigen der von ihm dargestellten Gruppen: Ob jene (Verhaltensweisen) unbedingt den verzweifelten Versuch einer Schaffung von "Gegenkultur" bedeuten, als - deformierter - Ausdruck eines hypostasierten "heimlichen Widerstandspotentials" aufzufassen sind, wäre hier noch näher zu hinterfragen: Die Tatsache, daß die Kultur der Unterdrückten von der der Unterdrücker sich unterscheidet, z.T. auch die Merkmale einer "verunglückten" Synthese (aus traditionellen und "modernen" Kulturelementen) trägt, ja im schlimmsten Falle als das auf den Kopf gestellte Abbild der Unterdrücker-Kultur aufzufassen ist, läßt den Schluß der **Gegen**-Kultur (leider!) nicht notwendigerweise zu.[120]

---

120 Auf neuere Forschungsschwerpunkte von Bosse kann an dieser Stelle nur angedeutet eingegangen werden: In einem 1992 erschienenen Artikel befaßt er sich mit Fragen der psychoanalytischen Säuglings- und Sozialisationsforschung, speziell mit der Bedeutung des Vaters, der für das Kind in der westlichen Welt die Möglichkeit der "Triangulierung", sprich: "Rettung" aus der mit zunehmendem Alter als zu eng erlebten dyadischen Beziehung zur Mutter, verspricht. Dabei stünde der Vater gleichzeitig als Repräsentant des Fremden, der Außenwelt (was ja tatsächlich der Sozial- und Arbeitsorganisation der westlichen Kleinfamilie im allgemeinen entspricht) und werde vom Kind mit "Angstlust" erlebt: Angst, weil der Kontakt zu ihm die nahe Bindung zur Mutter zu zerstören drohe, und Lust, weil vor allem in seiner Person die Chance, Neues zu erleben, ein erweitertes Verhältnis zur Außenwelt aufzubauen, dem Kind - symbolhaft und real - sich aufzeigt. So kann Bosse, unter Einbeziehung seiner "ethnohermeneutischen" Überlegungen ebenso wie seiner in der Feldforschung gemachten Erfahrungen, eine mögliche Erklärung dafür liefern, warum der Kontakt mit dem Fremden - nach seiner Auffassung besonders bei Angehörigen des westlich-industrialisierten Kulturkreises und, was hier von besonderem Interesse ist, auch und gerade bei wissenschaftlich Tätigen - ein unerwartet starkes und extrem ambivalentes Gefühl von "Angstlust" auszulösen vermag: Ein Phänomen, das als solches und in seinen Auswirkungen bereits von Devereux beschrieben wurde (insbesondere: 1973) und dem in der vorliegenden Arbeit ebenfalls ein außerordentlicher Stellenwert zukommt.

M. Nadig

Auch Maya Nadig kann, neben Erdheim und Bosse, zur "zweiten Generation" der "neueren" Ethnopsychoanalyse gerechnet werden; Nadigs Anliegen ist die "verborgene Kultur der Frau" (Nadig 1986a).
Damit wendet sie sich einem Bereich zu, der bis in die letzte Zeit auch in der allgemeinen Ethnologie eine nur marginale Rolle gespielt hat (vgl. Thiel 1981; Rajkovic 1988).[121]
Diese "latente Seite der Kultur" - die in Wahrheit ja ganz zentral ist und deren Existenz für den Fortbestand von Kultur (mindestens!) eine ebensolche Bedeutung wie die "manifeste" (männliche) Seite hat - wird meist verleugnet oder unbewußt **gemacht**.
An diesem Prozeß scheinen die meisten Gesellschaftsmitglieder in den verschiedensten Kulturen, jedoch in unterschiedlicher Gewichtung, je nach Geschlechts- und Klassenzugehörigkeit, Alter, etc. ebenso teilzuhaben wie die Ethnologen (und auch häufig Ethnolog**innen**), die diese Gesellschaften untersuchen (vgl. Anm. 121).

> *"Kritische Ethnologie, gesellschaftlich interessierte Psychoanalyse und feministische Sozialwissenschaft stehen sich nahe, da sie in ähnlich gelagerten Gegenstandsbereichen Erkenntnis gewinnen wollen: am Fremden, am Unbeachteten, am Unterdrückten. Es sind Bereiche, die in der herrschenden Kultur keinen Raum haben; sie wurden verdrängt, unsichtbar gemacht oder ideologisiert; es geht um Zusammenhänge, die uns selber unbekannt, in uns tabuisiert sind und an die wir nicht selbstverständlich und mit adäquatem Vorwissen herangehen können." (Nadig 1986b, S. 193)*

---

121 Eine Ursache hierfür ist das Überwiegen von (männlichen) Wissenschaftlern im Fach. Es soll jedoch betont werden, daß **einzelne** Frauen - speziell in der angelsächsischen Anthropologie/Ethnologie - für die Entwicklung der Disziplin von zentraler Bedeutung waren: Mead, Benedict, Bowen (Bohannan), Richards. Auch haben in den letzten Jahren zunehmend (Ehe-) Paare Feldforschung betrieben, wobei sich beide mit jeweils unterschiedlichen - häufig geschlechtsspezifischen - Bereichen befaßten (Kohl 1986, S. 13; Holmes 1987, S. 241). Hier wären für die Kultur- und Persönlichkeitsforschung zu nennen I. und J. Honigmann, G. und L. Spindler, J. und B. Whiting u.v.a.; gerade in der Kultur- und Persönlichkeitsforschung hat nun ja der Lebensraum des Neugeborenen und (Klein-)Kindes - entsprechend dem Paradigma der frühkindlichen Prägung - eine herausragende Beachtung erfahren (vgl. die diesbezügliche Kritik Erdheims, S. 135 d. vorl. Arb.); damit verbunden ist natürlich die Analyse des reproduktiven Sektors als eines zwar partiellen, aber meist bestimmenden Lebensbereichs der Frau.

So ist auch Nadigs Relativierung zu verstehen, die für die Ethnologie - im Verhältnis zu anderen Sozialwissenschaften - noch die geringsten Verzerrungen und Unterschlagungen bezüglich frauenspezifischer Themen konstatiert (1986b, S. 197).

Nadig lehnt sich hier an Devereux' Thesen der "manifesten" und "latenten" Seite von Kultur an (vgl. Devereux 1974, S. 334; vgl. S. 88f. d. vorl. Arb.), gibt ihnen aber, ähnlich wie Bosse, eine entscheidende Wende im Rahmen des Diskurses von Herrschaft und Repression. Ebenfalls erkenntlich an diesem Zitat wird die Bezugnahme auf den (von Erdheim aufgezeigten) Mechanismus der "Produktion von Unbewußtheit", der jetzt auf das Verhältnis der Geschlechter bezogen ist.

Nadig verbindet in ihren Untersuchungen über die Otomi, eine mexikanisch-indianische Bauerngesellschaft, teilnehmende Beobachtung und "ethnopsychoanalytische Beziehung" (vgl. S. 149 d. vorl. Arb.). Letztere ging sie mit fünf Otomi-Frauen ein. Nadigs "ethnopsychoanalytische Beziehungen" scheinen im Grundsatz den "Arbeitsbeziehungen" Parins, Morgenthalers und Parin-Matthèys zu entsprechen, sind jedoch etwas weniger "klassisch" strukturiert als diese:
Anstelle von "Deutungen", die zu sehr die "therapeutische" Situation" charakterisierten, bezeichnet Nadig die der Gesprächspartnerin vorgelegten, der Klärung dienenden Interpretationen und Kommentare als "konfigurative Fragen" (Nadig 1986a, S. 52); in diesem Sinne steht auch ihre Einschätzung der geführten Gespräche als "selbstreflexive" für ein eher an der - äußeren - Biographie der Gesprächspartnerin ausgerichtetes Vorgehen mit dem Ziel der in "assoziativer Weise" gewonnenen "Lebensdarstellung" (Nadig 1986a, S. 52 u. 54).
Für die nach der Rückkehr stattfindende Aufarbeitung ihrer schriftlichen Aufzeichnungen bedient sich Nadig des Verfahrens der "tiefenhermeneutischen Interpretation" (unter Bezugnahme auf Lorenzer 1982, der seine Interpretationen jedoch an einem ihm fremden Text vornimmt; vgl. Anm. 119).
Nadig schreibt:

> *"Die beim Lesen auftauchenden Irritationen und Assoziationen werden als Hinweise auf Bruchstellen oder Widersprüche im manifesten Text ernstgenommen. Wird diesen Bruchstellen nachgegangen und nach weiteren Entsprechungen im Text gesucht, kann der Zugang zur latenten Ebene, zu den unbewußten, aber bestimmenden Momenten der Lebensgeschichte gefunden werden, die gleichzeitig auf unbewußte Sozialmechanismen der betreffenden Kultur verweisen. Diese Interpretationsmethode impliziert die systematische Beteiligung des eigenen Unbewußten." (Nadig 1986b, S. 213)*

Sehr eindrucksvoll legt sie dar, wie sie während ihres Aufenthalts mit der auf sie übertragenen Rolle der "Kommunistin", "Missionarin", "Entwicklungshelferin", "Regierungsbeauftragten" (für Steuererhebung oder Hygienefragen) konfrontiert wurde, und in welchem Ausmaß derartige Zuschreibungen (auf beiden Seiten!) angstauslösend sein können - womit natürlich erhebliche Einflüsse auf die sich entwickelnde Beziehungsdynamik verbunden sind (Nadig 1986a, S. 23f.). Erst nach

Bewußtwerdung und Thematisierung solcher Mechanismen, speziell in der ethnopsychoanalytischen Beziehung, wird deren "Störpotential" abgebaut, ja können sie konstruktiv für den Verlauf der individuellen, psychoanalytisch strukturierten Gespräche ebenso wie zur allgemeinen Kulturanalyse (im ethnographischen Sinn) nutzbar gemacht werden (vgl. S. 129 d. vorl. Arb.). Zu letzterem Vorgang schreibt Nadig:
Die Übertragungen bestanden

> *"aus der Wiederholung kulturspezifischer Umgangsformen mit Weißen, aber auch mit Personen der eigenen Ethnie. In den subjektiven Funktionsweisen können auch kulturtypische Probleme der Angehörigen einer seit vierhundert Jahren kolonialisierten Ethnie verstanden werden." (Nadig 1986b, S. 204)*

Ausgesprochen überzeugend gelingt es Nadig, in ihren Untersuchungen über die Otomi historisch-ökonomische, ethnische und subjektive Faktoren zu einer Synthese zu verbinden.
Beispielsweise kann sie die mit der Wanderarbeit der Männer in die USA und in die städtischen Zentren verbundenen Probleme für die Frauen zu deren ökonomischer Situation ebenso in Bezug setzen wie auch zum Verhältnis der Geschlechter allgemein; das kulturtypische System des "Machismo" scheint hier eine erhebliche ergänzende und verstärkende Rolle auf der psychologischen Ebene zu spielen.
Die genannten Vorgänge sollen abschließend und, wegen ihrer Plasitizität etwas ausführlicher, in Nadigs Worten nochmals zur Darstellung kommen:

> *"Der Mann ist ... gezwungen, das Dorf, seine Ethnie, seine Familie zu verlassen und sich fremden und erniedrigenden Umständen auszusetzen. Für ihn wird die Kontinuität der Arbeit und der Beziehungen immer wieder neu unterbrochen, er muß immer neue Verluste hinnehmen. ... in 'Abwehr' gegen seine Verletzlichkeit und den Schmerz um den Verlust ... (macht er) das aktive und wiederholte Unterbrechen von Beziehungen und Verhältnissen, das Verhindern von Kontinuität zu einer erwünschten Eigenschaft ... und zu einer positiven Identität ... Somit können Abhängigkeiten und Verluste von Liebespartnern nicht mehr schmerzlich, sondern als ehrenhaft und männlich erlebt werden, der Austausch von selbstbestimmter und autonomer Arbeit gegen Lohnarbeit wird zum Abenteuer, zum mutigen Glücksspiel transformiert.*
> *Für den Umgang mit diesen Problemen bietet der Machismo ein kulturelles Verhaltensvorbild." (Nadig 1986a, S. 391)*

Die relativ starke ökonomische Position der Frauen, die im dörflichen Bereich die Grundlagen der Subsistenz aufrechterhalten, wird von den Männern als bedrohlich empfunden; auch hier setzt der Machismo an:

> *"Der häusliche Raum der Frauen muß den Männern ... sehr angenehm und sehr verführerisch erscheinen; sie wissen aber, daß sie wieder fort müssen. (Sie stabilisieren) ... die eigene Instabilität über die Entwertung und Verachtung der Frauen und ihrer kulturellen Räume ... Das Weibliche wird ... als verführerische Bedrohung erlebt, die die geschlechtsspezifische Identität zu verwischen droht. Von daher ist die soziale Rolle des Machismo geeignet, das Schmerzlich-Verlorene abzuwerten und das Schmerzlich-Unausweichliche zum Schmerzlich-Heroischen umzuwandeln." (Nadig 1986a, S. 396 u. 397)*

Nadig steht für die gelungene Verbindung von Ethnopsychoanalyse und feministischer Perspektive. Ihre Ausführungen bestechen durch ihre Klarheit und Unprätentiosität; indem sie sich niemals zu weit weg vom ethnographischen "Material" bewegt, die Dimension der persönlichen Begegnung immer wieder in den Mittelpunkt der meisten ihrer Darstellungen rückt, wirkt sie glaubwürdig. Auch dort, wo sie grundsätzlichere Fragestellungen - beispielsweise die nach der Frauen- und Mutterrolle in verschiedenen Gesellschaften sowie die theoretische Behandlung dieses Themas in der klassischen Psychoanalyse - aus einer psychoanalytisch-feministischen Position heraus bearbeitet, bleibt sie den konkreten Bezügen verhaftet und wirkt keineswegs "abgehoben" (z.B. 1990 oder 1991). So scheint sie vor der Versuchung gewahrt, eine gänzlich neue kulturwissenschaftliche Metatheorie zu konstruieren (wie dies bei Erdheim und zum Teil auch in einigen jüngeren Schriften Parins der Fall ist; vgl. "Kritik", S. 163f.). Daneben mutet der Grundton ihrer Analysen, soweit diese sich um das Thema der heimlichen "Gegenkultur", von verstecktem Widerstandspotential zentrieren, etwas nüchterner - und damit realistischer - an, als z.B. Bosses diesbezügliche Einschätzungen.

Jüngste ethnopsychoanalytische Publikationen

In der Tradition der "neueren" Ethnopsychoanalyse stehen auch einige erst kürzlich erschienene Veröffentlichungen im deutschsprachigen Bereich, die von Frauen erstellt wurden und die sich mit Themen befassen, die vorwiegend oder zum großen Teil der weiblichen Lebenswelt innerhalb der jeweils untersuchten Kultur zuzurechnen sind. Erstaunlicherweise stehen im Zentrum der meisten dieser Untersuchungen die Darstellungen einheimischer medizinisch-therapeutischer Praxis in

ihrer Realisierung durch entsprechende Rollenträgerinnen: Eine "Heilerin" bei U. Zier (1987), eine "Schamanin" bei D. Eigner (1989) und "Mütter" ("mothers") bei E. Heinemann (1990).[122]
Methodisch liegen auch den Arbeiten dieser Autorinnen - neben der marxistisch-soziologischen Orientierung - das psychoanalytisch orientierte Gespräch bzw. Elemente des psychoanalytischen Gesprächs, die Analyse von Übertragungs- und Gegenübertragungsprozessen in der persönlichen Begegnung, nicht zuletzt eine an psychoanalytischen Vorgaben ausgerichtete Reflektion subjektiver Reaktionen im allgemeinen ethnographischen Erlebensvorgang zugrunde. Daneben lassen sich alle Publikationen durch einen mehr oder weniger explizit formulierten feministischen Anspruch kennzeichnen, ähnlich wie er in den Arbeiten von Maya Nadig zum Ausdruck kommt und bereits beschrieben wurde.
Neben den genannten Arbeiten scheint bedeutsam eine ethnopsychoanalytische Untersuchung des Lateinamerikaners Rodríguez-Rabanal, die er zusammen mit seinem Team an einer Randgruppe der eigenen Gesellschaft - den Bewohnern der Slums von Lima - durchgeführt hat (1990). Auch Rodríguez-Rabanals Veröffentlichung ist gekennzeichnet durch ihre kritisch-marxistische Position; allerdings bedient sich das von dem Autor geleitete Team einer relativ "reinen" ethnopsychoanalytischen Methode.[123]
Es sollen hier nun "Die Gewalt der Magie" von U. Zier (1987) und "Mama Africa" von E. Heinemann (1990) behandelt werden, da gerade diese beiden Werke in unterschiedlicher Weise belegen, welche interessanten Erweiterungs- und Kombinationsmöglichkeiten (mit anderen ethnologisch-soziologischen bzw. psychoanalytischen Schulrichtungen) die "neuere" Ethnopsychoanalyse bereithält. Schließlich wird auf Rodríguez-Rabanals "Überleben im Slum" (1990) einzugehen sein: dieses Buch führt in gelungener Weise vor, wie der ethnopsychoanalytische Ansatz bei einer extrem marginalisierten Gruppe realisiert werden kann, deren Angehörige formell zwar zur Gesellschaft des Autors gehören, sich aber in ihrer kulturellen wie sozioökonomischen Lebenswelt radikal von der des Autors unterscheiden.

In "Die Gewalt der Magie" beschreibt die Soziologin und Psychologin U. Zier ihre Erfahrungen mit dem traditionellen Heilsystem, besser der "Volksmedizin" (1987, S. 15) Kolumbiens. In den Mittelpunkt ihrer Darstellung rückt sie Szenen aus der Begegnung mit "Nora", einer Repräsentantin dieses Systems. Neben die ethnopsy-

---

122 Eine ebenfalls ethnopsychoanalytische Arbeit von F. Weiss (1990) bildet hier gewissermaßen eine Ausnahme. Weiss ist zwar auch feministisch orientiert, geht aber ihre ethnopsychoanalytische Beziehung nicht zu einer Heilerin, sondern zu einer "normalen" Angehörigen der von ihr untersuchten Ethnie ein. Das Werk zeichnet sich aus durch eine sehr breite Darstellung der genannten Beziehung. Es ist leicht verständlich und gut lesbar; grundsätzlich neue methodische oder inhaltliche Aspekte vermittelt es jedoch nicht.

123 In nur sehr geringfügiger Abwandlung zu den "klassischen" Strukturierungen als psychoanalytische Gespräche, wie sie sich in den ethnologischen Begegnungen bei Parin, Morgenthaler und Parin-Matthèy (1963, 1971) finden lassen; vgl. "ethnopsychoanalytische Beziehung" bei Nadig (1986b).

choanalytisch reflektierte Beziehung zur Heilerin Nora stellt Zier den Versuch zur theoretischen Erfassung des Spannungsfelds von Kultur, Krankheit, Medizinsystem und Individuum: Indem sie einerseits auf die Parson'sche funktionale Theorie zur kollektiven Bedeutung medizinischer Systeme, andererseits auf den kulturanalytisch-symboltheoretischen Ansatz Lorenzers rekurriert, gelingt es ihr, den subjektiven Sinn von Krankheit mit der jeweiligen Medizinkultur einer Gesellschaft (bzw. einer Gruppe) in ein Verhältnis zu setzen, an dessen Schnittstelle Symbole und ganze Symbolsysteme als "Objektivation menschlicher Praxis" (Lorenzer 1981, S. 23 zit. nach Zier 1987, S. 56) vermittelnd wirksam sind. Damit kann sie den Universalitätsanspruch der westlich-naturwissenschaftlichen Medizin relativieren, kann medizinisch-therapeutische Prozesse ("Praxis") als kulturgebundene Interaktionen in ihrer symbolischen Vermittlung begreiflich machen[124]; nicht zuletzt wird gerade die **latente** Sinnebene dieses Handelns - auf der kollektiven Ebene durch die psychoanalytisch strukturierte (Medizin-) Kultur-Analyse, auf der individuellen Ebene durch die psychoanalytisch ausgerichtete Sinn- und Konfliktanalyse - deutlich.
Mit ihrem Werk zeigt U. Zier, wie "neuere" Ethnopsychoanalyse und Medizinethnologie in eine fruchtbare Verbindung treten können. Obwohl es ihr - trotz ihres theoretischen Anspruches - nicht durchgängig gelungen ist, ihre Beziehung zu Nora auch tatsächlich in ethnopsychoanalytischer Weise konsequent "aufzuarbeiten", hat sie einen authentischen Einblick in die kolumbianische Volksmedizin erlangen können und neue Aspekte für die medizinethnologische Forschung aufgetan. Gleichzeitig bedeutet die Einführung von Lorenzers Symboltheorie sowie seiner interaktionistischen Vorstellungen in das ethnopsychoanalytische Denken für dieses eine sinnvolle Erweiterung, die gerade das Verständnis von medizinisch relevanten Praktiken, Denk- und Verhaltensstrukturen verbessern hilft.

Die Psychologin und Sonderpädagogin E. Heinemann befaßt sich mit dem Thema "Persönlichkeit, Magie und Heilerinnen" auf Jamaica (1990; vgl. den Untertitel ihrer Arbeit). Sie selbst hat in einem Projekt zur Rehabilitation Behinderter (Heinemann: "Beeinträchtigter") in Jamaica gearbeitet und dort Erfahrungen gesammelt, die sie in ihre allgemeineren Überlegungen (zu o.g. Themen) integriert.
Insgesamt hat Heinemann einen sehr breiten Ansatz: Neben der ausführlichen Präsentation von ethnographischem Material zeigt sie Photographien, gibt Schilderungen von jamaicanischen Mythen und Märchen einschließlich ihrer psychoanalytisch

---

124 Krankheit in der kolumbianischen Volksmedizin erscheint - nach Zier - als extreme Ausprägung individueller Schwäche, als weitere Niederlage im Rahmen des existentiellen Grundzustands ständiger materieller Bedrohtheit und Misere und dem damit verbundenen Kampf ums Überleben. Sie wird als aggressive Handlung eines neidischen, rachsüchtigen Mitmenschen, als Verhexung, interpretiert. Gegen solch demütigenden Zustand hilft die Unterstützung durch eine(n) als übermächtig empfundene(n) Heiler/in; zuteil wird diese Unterstützung über ein

> *"Geflecht sinnlich-symbolischer Aktionen ..., welche dem Kranken seine beschämende Schwachheit noch einmal sinnlich-konkret vermitteln und durch Herausforderung von Wut und Aggression den Gesundungsprozeß fördern." (Zier 1987, S. 223-224)*

orientierten Interpretation. Statistiken bzw. die Ergebnisse empirischer Untersuchungen werden in ihrer Arbeit ebenso aufgeführt wie eine aufschlußreiche sozioökonomische und historische Analyse der jamaicanischen Gesellschaft, die sich um das Phänomen des Sklavenhandels und dessen Bedeutung im Rahmen der weltwirtschaftlichen Strukturen zentriert. Auch läßt sie den Leser an "traditionell-psychotherapeutischen" Gesprächen teilhaben, die von einer sog. "mother" durchgeführt werden (vgl. 1990, S. 137f.). Nicht zuletzt versucht sie, aus sprachlichen Besonderheiten des jamaicanischen "Patois" Rückschlüsse auf psychologische Strukturen zu ziehen.
Parallel zu dieser Vorgehensweise entwickelt Heinemann ihre Aussagen über jamaicanische Verhaltensweisen und Charakterstrukturen aus der Analyse ihrer subjektiven Reaktionen auf gesellschaftliche Phänomene ebenso wie auf persönliche Begegnungen; auch die Methode des "szenischen Verstehens" (in Anlehnung an Lorenzer 1983; vgl. Anm. 119) gehört hierher. Damit kommt ihre Untersuchung den "ethnohermeneutischen" Verfahren recht nahe, wie sie von Nadig beschrieben wurden (1986b).
Unter Heranziehung der Kohút'schen Narzißmustheorie glaubt Heinemann nun zeigen zu können, daß in Jamaica vielfach ein narzißtischer Persönlichkeitstyp[125] anzutreffen sei; dessen Ausbildung bringt sie mit der sozioökonomischen Situation des Landes, vor allem aber auch mit dem kollektiv-historischen Trauma von Verschleppung und Versklavung in Verbindung.[126] Mit diesen Thesen hat Heinemann ein Erklärungsraster für häufig zu beobachtende Verhaltensweisen auf Jamaica gefunden - Verhaltensweisen wie: übermäßiger Drogen- (insbesondere Cannabis-) Konsum, ausgeprägte Unstetigkeit in sozialen Beziehungen; Männlichkeitswahn und Neigung zu gewalttätigen Ausbrüchen auf Seiten der Männer, Tendenzen zur Flucht in religiös-magische Praktiken auf dem Boden einer tiefen religiösen Sehnsucht vor allem unter den Frauen. Für beide Geschlechter nun meint Heinemann, einen tief verwurzelten Wunsch nach Rückkehr zur "Urmutter", in die Arme von "Mama Africa" - als Sinnbild für den "primärnarzißtischen Zustand" (Heinemann 1990, S. 93f. und Kohút 1973) - zu erkennen.

---

125 Mit "narzißtischer Persönlichkeit" ist - sehr vereinfachend gesprochen - eine durch "Störung der Regulation des Selbstwertgefühls" gekennzeichnete Charakterstruktur gemeint (Mentzos 1984, S. 146; in Anlehnung an Kohút). Dieses oszilliert häufig zwischen dem Empfinden (bzw. der Ahnung!) von Kleinheit, Ohnmacht und Wehrlosigkeit einerseits und kompensatorischen Allmachtsphantasien andererseits - Allmachtsvorstellungen, die sich in der Fiktion eines übermächtigen "Größen-Selbst" oder der (phantasierten) Verschmelzung mit "idealisierten (Eltern-)Imagines" niederschlagen (vgl. Kohút 1973).

126 Hier liegt nach ihrer Auffassung eine wichtige Ursache für die überwiegend "matrifokale Kultur" (Erikson 1968/1988, S. 284 zit. nach Heinemann 1990, S. 53), die "Zerstörung der Vaterschaft", wie Heinemann dies auch nennt (vgl. 1990, Umschlagrückseite); weiterhin spielt die Tatsache der häufigen Orts- und Milieuveränderungen, welche mit einem fast ebenso häufigen Wechsel von Bezugspersonen (vgl.: "Weggabe des Kindes", 1990, S. 56f.) verbunden sind, in der Persönlichkeitsentwicklung vieler jamaicanischer Kinder eine wichtige Rolle.

Neben ihrer Beteiligung an kultischen Handlungen suchen insbesondere Frauen psychische Erleichterung sowie Hilfe bei Krankheit, bei der Lösung problematischer Lebenssituationen in traditionell-psychotherapeutischen Behandlungen, die von sog. "mothers" durchgeführt werden: Der Erfolg der "Mütter" liegt in ihrer Fähigkeit, den Wunsch nach einer "idealisierten Elternimago" (Heinemann 1990, S. 159 und Kohút 1973) zu erfüllen, durch kontinuierlich-freundliche Zuwendung ihre Klientel zu stützen und über positiv-fortschreitende Identifikationsmöglichkeiten psychische Strukturveränderungen zu erreichen.
Heinemanns Buch ist lesenswert und bietet vielfachen Erkenntnisgewinn. Wiewohl sie sich in einigen Punkten bedenklich solchen Tendenzen nähert, wie sie für die Kultur- und Persönlichkeitsforschung beschrieben und kritisiert wurden - in erster Linie sind gemeint ihre generalisierenden charakterlichen Urteile, daneben ihre etwas zu unidirektionalen Prägevorstellungen[127] -, besticht ihr Vorgehen durch seine Multidimensionalität, die insgesamt plausible These zur Verknüpfung von ökonomischer Situation, kollektiver historischer Erfahrung und psychischer Struktur, schließlich die gelungene Integration der Kohút'schen Thesen in den ethnopsychoanalytischen Forschungsprozeß.

Rodríguez-Rabanal, der Verfasser von "Überleben im Slum" (1990), ist ein in Frankfurt am Main ausgebildeter, derzeit wieder in Lima tätiger peruanischer Psychoanalytiker. Das Ziel der von ihm geleiteten Arbeitsgruppe, deren Mitgliedern es nach anfänglichen Schwierigkeiten gelungen war, mit Bewohnern der Elendsviertel von Lima eine "ethnopsychoanalytische Beziehung" (Nadig 1986b) einzugehen, bestand darin, die psychischen Prozesse und Strukturen ihrer räumlich benachbarten, dabei doch so fremden Landsleute zu erfassen, darzustellen, was "in den Köp-

---

127 Auffällig sind bei Heinemann eine gewisse Ähnlichkeit ihrer Aussagen über kindliche Erlebnismuster und das häufige Auftreten bestimmter psychischer Dispositionen auf Jamaica mit den von DuBois vorgestellten Thesen zur Situation auf Alor (vgl. "Exkurs" I). Allerdings gibt sich Heinemann - im Gegensatz zu DuBois - Rechenschaft über ihre Gegenübertragungsreaktionen angesichts der fremden Kultur, betont ausdrücklich, daß es ihr fernliege, eine ganze Kultur zu "pathologisieren" (vgl. Heinemann 1990, S. 32); wenn nun ihre Einschätzung "narzißtische Charakterstruktur" - trotz aller guten Vorsätze - herabsetzend und recht pauschalisierend anmutet, verweist sie immerhin auf die weltwirtschaftlichen und historischen Prozesse, in denen die Ursache für die **insgesamt prekäre** Situation auf Jamaica zu sehen ist. Schließlich kann sie, wiederum unter Bezugnahme auf Kohút, darauf aufmerksam machen, daß die eher negative Bewertung narzißtischer Persönlichkeitsmerkmale ein immanentes Spezifikum westlich-europäischen Wertedenkens sei, das sich gerade auch in psychoanalytischen Lehrmeinungen niedergeschlagen habe (Heinemann 1990, S. 221-222 und Kohút 1975, S. 209f.); daneben sei der auf Jamaica häufig anzutreffende Humor ein Zeichen für die konstruktiven, nicht verdrängenden Bewältigungsversuche solcher Problematiken, wie sie sich aus den narzißtischen Anteilen vieler Individuen ergeben können (Heinemann 1990, S. 102f. und Kohút 1973, S. 364f.).

Tröstlich für die Jamaicaner, weniger tröstlich für uns, d.h. die (deutschen) Leser, schreibt sie recht zutreffend:

> *"Es gibt keine Kultur, die optimale Entwicklung möglich macht, mit Sicherheit nicht die europäische Kultur, die für die Zerstörung so vieler Kulturen und der Umwelt verantwortlich ist." (Heinemann 1990, S. 32)*

fen" dieser Menschen passiert (womit nicht zuletzt auch die "Beschaffenheit" ihres "gesellschaftlichen Unbewußten" gemeint ist); dies alles speziell in Hinblick auf die verzweifelte ökonomische und humanitäre Situation, in der sie leben: In der Beschreibung vieler Verhaltensweisen und psychischer Merkmale der Gesprächsteilnehmer lassen sich Ähnlichkeiten zu Heinemanns Einschätzung einer vielfach ausgeprägten "narzißtischen Struktur" unter Jamaicanern erkennen; neben schwierigen allgemeinen Lebensbedingungen (bzw. damit in Zusammenhang) scheint hier die Erfahrung der Brüchigkeit zwischenmenschlicher Beziehungen, mit der die Menschen schon seit frühester Kindheit konfrontiert sind, von Einfluß zu sein.

Insgesamt ist auch der Tenor von Rodríguez-Rabanals Darstellung recht pessimistisch und steht im Kontrast zu dem deklamatorischen Impetus, mit dem Bosse seine These einer Art heimlichen Widerstandspotentials, von versteckter Gegenkultur befrachtet. Insofern entsteht ein realistischerer Eindruck, ähnlich dem, wie er sich bereits bei der Lektüre von Nadigs Arbeit abgezeichnet hatte (1986a). In jedem Falle hat der Autor mit seiner Arbeitsgruppe sehr wertvolle Einsichten über die inneren Verarbeitungsweisen und psychischen Strukturen extrem marginalisierter Gruppen erhalten; damit wird ebenfalls ein Licht darauf geworfen, welche Besonderheiten in Berücksichtigung gebracht werden müssen, um - innerhalb der Dimension des Subjekts - besser verstehen zu können, warum bisher bei solchen Gruppen nur sehr selten langfristig-konstruktive Veränderungspotentiale auszumachen sind, warum sozialrevolutionäre Prozesse kaum jemals über ihre Anfänge hinauskommen, wiewohl die objektive Situation hier eigentlich anderes erwarten ließe.

Kritik, "kritischer Exkurs" und Fortführung der Kritik. Résumé

Nach der Vorstellung der Arbeiten, die den Entwicklungsgang der "neueren" Ethnopsychoanalyse repräsentieren, soll im folgenden eine Kritik dieser jüngsten Richtung einer psychoanalytisch orientierten Ethnologie sich anschließen. Es werden insbesondere einige ihrer inhaltlichen wie methodischen Thesen einer Prüfung unterzogen; hierauf soll, nach Einschub eines "kritischen Exkurses", die Frage beantwortet werden, inwieweit die "neuere" Ethnopsychoanalyse als kritische Sozialwissenschaft gelten kann, gar als gelungene Synthese von Marxismus und Psychoanalyse anzusehen ist. Auch das Verhältnis dieser Disziplin zu ihren "Mutterwissenschaften" Ethnologie und Psychoanalyse wird in diesem Zusammenhang zur Sprache kommen.
Bei alldem gilt es, einerseits der sich mittlerweise abzeichnenden Heterogenität der "neueren" Ethnopsychoanalyse gerecht zu werden; nicht minder ist andererseits immer wieder zu hinterfragen, in welchen Bereichen diese Disziplin in Kontinuität zur Kultur- und Persönlichkeitsforschung, stärker noch zum Devereux'schen Denken steht, und in bezug auf welche Elemente sie ihrem Anspruch gerecht werden kann, Antworten auf Fragestellungen bereitzuhalten, für die die vorgenannten Ansätze keine Lösungsmöglichkeiten (mehr) anzubieten hatten. Im Schlußrésumé wird speziell auf diesen letztgenannten Problembereich nochmals zusammenfassend einzugehen sein, um schließlich auf die "Abschließende Betrachtung" (Kap. III) überleiten zu können.

Kritik

Bisher liegen - für die hier "neuere" Ethnopsychoanalyse genannte Richtung - kaum kritische Einschätzungen vor. Ihre eher zögernde Rezeption in der Ethnologie nimmt jedoch nicht so sehr wunder, bedenkt man das noch junge Alter dieser Subdisziplin. Zudem ist in Europa - im Vergleich zu den USA - eine psychologisch orientierte Ethnologie nur rudimentär entwickelt, so daß solche - psychologischen bzw. psychoanalytischen - Ansätze auf viele Fachvertreter befremdlich wirken. (Speziell in bezug auf die Verhältnisse in den USA, vgl. Kap. III).

Die Übertragung psychoanalytischer (bzw. an der Psychoanalyse orientierter) Verfahren in die fremde Kultur, wie sie am prägnantesten von Parin, Morgenthaler und Parin-Matthèy, daneben von Nadig und Rodríguez-Rabanal vorgenommen wurde, basiert auf mehreren Vorannahmen: Zum einen auf der der prinzipiellen Gleichartigkeit der psychischen Struktur des Menschen, zum anderen auf der Auffassung, die Prozesse von Übertragung und Gegenübertragung seien universell, kämen zustande auch zwischen Mitgliedern verschiedener Kulturen (vgl. hierzu insbesondere Devereux 1969 und Nadig 1986a). Darüber hinaus begreifen die Vertreterinnen und

Vertreter der "neueren" Ethnopsychoanalyse - ganz im Freud'schen Sinne und auch ähnlich wie Devereux - den Konflikt zwischen der Triebhaftigkeit des Individuums und den Anforderungen der Kultur als ein zentrales Moment in der Konstitution der menschlichen Existenz. Entsprechend ist Ethnopsychoanalyse, hier vor allem die "neuere" Ethnopsychoanalyse, in viel stärkerem Maße Konflikttheorie, als dies für die Kultur- und Persönlichkeitsforschung gefunden werden konnte: Indem erstere dem revolutionären Gehalt der Psychoanalyse - Freuds Erkenntnis von der Macht unbewußter Konflikte und Prozesse (im Individuum wie in der Gruppe) - verstärkt Eingang in die Ethnologie verschafft hat, kann sie die relativistischen Vorstellungen, die in der Annahme eines undialektischen, kulturtypischen Prägemechanismus durch die Kultur- und Persönlichkeitsforschung gipfelten, überwinden. Denn: Die Einsicht, daß Sein und Scheinen, Fakt und Vorstellung, "Realität und Traum" (in Anlehnung an Devereux 1969) zwar miteinander verkoppelt sind, im allgemeinen sich jedoch keineswegs durch inhaltliche Nähe oder gar Identität auszeichnen - diese Einsicht ist, neben den o.g. Vorannahmen, eine entscheidende Motivation für die Übernahme psychoanalytischen Vorgehens in die Ethnologie. So ist es nur konsequent, wenn die Vertreterinnen und Vertreter der "neueren" Ethnopsychoanalyse ihre Subjektivität, ihre Gegenübertragungsgefühle, die Bewußtmachung eigener unbewußter Mechanismen einsetzen zur Aufdeckung des Unbewußten, nicht Offensichtlichen und doch Bedeutsamen beim "Anderen" wie in dessen Kultur - ähnlich, wie dies Devereux auch getan hat. Allerdings gehen die Autorinnen und Autoren mehrheitlich noch einen Schritt weiter, indem sie nämlich systematisch Gesprächssituationen mit ihren Partnern organisieren, die sie in mehr oder minder freier Anlehnung an das therapeutische "Setting" ausrichten. Hier ist - neben der marxistischen sozialwissenschaftlichen Position, auf die noch einzugehen ist - der entscheidende Unterschied zu Devereux' Ethnopsychoanalyse. Dieser hatte zwar mit einem psychisch kranken Angehörigen einer anderen Kultur psychoanalytisch-therapeutisch gearbeitet (und damit den Beweis für die Möglichkeit einer derartigen Methode erbracht: Devereux 1969), allerdings nicht bzw. nicht in größerem Umfang das systematische psychoanalytische Gespräch zum ethnologischen Erkenntnisinstrument werden lassen.

Insgesamt scheint das von der "neueren" Ethnopsychoanalyse praktizierte Vorgehen sinnvoll und berechtigt. Mit der Einführung psychoanalytischer Techniken (bzw. solcher, die Elemente der psychoanalytischen Gesprächssituation beinhalten) in die ethnologische Feldforschung ist ein neues methodisches Paradigma aufgetan, welches sehr weitreichende inhaltliche Einschätzungen zuläßt. Doch ist es, wie so häufig, eine Frage des "Glaubens", des Vertrauens in die Theorie und Methode der Psychoanalyse, ob derartige ethnopsychoanalytische Verfahrensweisen (einschließlich der durch sie gewonnenen Ergebnisse) akzeptiert oder als Spekulation abgetan werden:

Skeptiker werden fragen, inwieweit die Übertragung des psychoanalytischen Vorgehens (hierher gehört auch die Anwendung des Instanzenmodells) in ein fremdkulturelles Milieu für dieses angemessen ist. Parin, Morgenthaler und Parin-Matthèy

führen zwar Kriterien an, die sie als gegeben einschätzen, um die Beziehungen zu ihren Informanten als psychoanalytische zu qualifizieren; nun entstammen diese Kriterien selbst ja wieder dem psychoanalytischen System ... (vgl. S. 131f. d. vorl. Arb.).
In diesem Sinne verweist Caruso, selbst Marxist und Psychoanalytiker, auf die strukturelle Ähnlichkeit solcher Dreiteilungen wie Es, Ich und Über-Ich zu Schemata wie Hölle, Erde und Himmel; letztere entstammten der jüdisch-christlichen Heilslehre und verwandten Denkmodellen bei den Griechen (Caruso 1966).
Eine andere Schwierigkeit ergibt sich mit der grundsätzlichen Vorstellung der Linearität von Entwicklung, wie sie das europäische Denken beherrscht und als Linearität der psychischen Entwicklung für alle entwicklungspsychologischen Theorien ein inneres Gerüst darstellt. So rät Wulff zur Vorsicht bei der umstandslosen Übernahme solcher Denkhaltung im Kontakt mit Mitgliedern fremder Kulturen; beispielsweise hätten die Vietnamesen sowohl ein eher zyklisches globales Zeitverständnis als auch andere Idealvorstellungen zu "Entwicklung", "Veränderung" im Hinblick auf die individuelle Biographie (Wulff 1985, S. 58).
Bezüglich der Frage der "Validität" der Ergebnisse muß jedoch darauf verwiesen werden, daß Parin, Morgenthaler und Parin-Matthèy in einem zweiten Aufenthalt bei den Dogon - trotz ihrer erklärten Skepsis, während der vorangeganenen Feldforschung möglicherweise ihren eigenen Idealisierungen aufgesessen zu sein - nichts fanden, was ihrem ursprünglichen Eindruck widersprochen hätte (1983, S. 10). Auch die Dogon selbst zollen ihnen Lob:

> *"Nachdem einige Männer aus Sanga "Les blancs pensent trop" [s.u.] gelesen und mit ihren Leuten diskutiert hatten, ließen sie uns sagen: 'Wir sind sehr zufrieden mit eurem Buch. Ihr habt nicht gelogen. Wir sind so, wie uns die Vorfahren gemacht haben, und wie wir mit euch gesprochen haben.'" (Parin, Morgenthaler und Parin-Matthèy 1983, S. 20, unter Bezug auf dies.: "Die Weißen denken zuviel", 1963)*

Möglicherweise werden sich die Kritiker der ethnopsychoanalytischen, speziell der "neueren" ethnopsychoanalytischen Verfahren, ja damit trösten lassen, daß die Verfasserinnen einiger der in jüngster Zeit erschienenen Publikationen die klassisch-stringente psychoanalytische Gesprächsführung und Methode wieder verlassen haben und sich stärker an "ethnohermeneutischen" Verfahren, am "szenischen Verstehen", orientieren (Zier 1987; Heinemann 1990)[128]: So kann Zier die persönliche Beziehung zur Heilerin Nora, ihre Emotionen und subjektiven Reaktionen über den vermittelnden Kontext eines symboltheoretisch-interaktionistischen Rasters zur (im engeren Sinne) ethnologischen "Sphäre" in Bezug setzen, und Heinemann ver-

128 Ist es etwa so, daß die Autorinnen hier aus der "Not" - nämlich der, nicht Psychoanalytikerin zu sein - eine Tugend machen?

sucht, ihre manchmal etwas globalen Einschätzungen psychischer Strukturen über den Rekurs auf statistisches Material mit den sozioökonomischen Gegebenheiten in Einklang zu bringen. Gerade bei Heinemann, z.T. auch bei Zier, kommt damit allerdings die im psychoanalytischen Gespräch erreichbare Tiefe, die Plastizität der individuellen "Vignette" (Falldarstellung), nurmehr in Andeutung zustande.

Auch Erdheim führt nicht in erster Linie psychoanalytische Gespräche in der fremden Kultur: Er hat insofern eine Sonderstellung inne, als er sich konkreten historischen Gesellschaften zuwendet und diese aus psychoanalytischer und soziokultureller Sicht, unter Einbeziehung der in der Ethnopsychoanalyse gewonnenen Erkenntnisse, analysiert. Neben einer ausführlichen Würdigung seiner inhaltlichen Thesen in der weiteren Besprechung sei in dem hier interessierenden Zusammenhang allerdings vermerkt, daß Erdheim ein Dilemma nicht aus der Welt schaffen kann - das des fehlenden Gesprächspartners bei der "Betrachtung" vergangener Gesellschaften, denn: (Ethno-) Psychoanalyse als (kritische) Kulturwissenschaft aufzufassen, ist eine Sache (vgl. dazu im folgenden). Fehlt jedoch der "Abgleich" mit den lebenden Individuen (im psychoanalytischen Gespräch), die Bezugnahme auf die Interaktion, auf den Gehalt der subjektiv erlebten Szene, so droht die Interpretation starr, einseitig und apodiktisch zu werden. Immerhin besteht bei der Durchführung psychoanalytischer Gespräche in der fremden Kultur - ein sicherlich gewagtes Unterfangen, wie dies versucht wurde darzulegen - die Möglichkeit der Rückfrage, die (durch die kulturelle Verschiedenheit um so größere) Notwendigkeit, den Befragten entsprechende Deutungen vorzulegen und diese abzusichern. In diesem Sinne wird auch von Erdheim selbst der "Aufstand des Subjekts", dessen Wiedereinsetzung in seine Rechte, als Demokratisierungsprozeß in der und durch die (Ethno-) Psychoanalyse positiv konnotiert (1984, S. 18, 23, 161f.). Entsprechend wäre aber zu wünschen gewesen, daß Erdheim auf diese Schwierigkeit, die sich durch das Fehlen des persönlichen Gegenübers bei einer psychoanalytisch orientierten Analyse historischer Gesellschaften ergibt, zumindest aufmerksam gemacht hätte: Gerade bei der "Betrachtung" vergangener Epochen kann die Andersartigkeit von Lebenswelt, kultureller Sinn- und Symbolstruktur zu derjenigen des Analytikers nicht (mehr) im Aushandeln einer gemeinsamen "Wahrheit", in der Entwicklung einer intersubjektiven Realität dem Verstehen geöffnet werden[129]; die umstandslose Übertragung der in der Ethnopsychoanalyse gewonnenen Erkenntnisse und Methoden auf historische Gesellschaften ist damit aber in Frage zu stellen (vgl. Lorenzer 1986, S. 68f.).

---

129 Dies ist natürlich ein Problem vieler anderer "reiner" psychoanalytischer "Kulturanalysen" historischer Gesellschaften, nicht zuletzt entsprechender Versuche bei Freud selbst oder auch bei Erikson.

Keineswegs soll der Einwand eine generelle Kritik an der Psychoanalyse in ihrer Eigenschaft als kritische Kulturtheorie bedeuten: allerdings sollten die dergestalten Schwierigkeiten einer kulturanalytischen "Betrachtung" historischer Epochen nicht verleugnet werden (vgl. Zinser 1984, S. 104).

Dennoch muß die Einbeziehung der **historischen** Dimension grundsätzlich für alle hier vorgestellten Studien als sehr positiv hervorgehoben werden; sie läßt den Kultur- und Gesellschaftsbegriff der "neueren" Ethnopsychoanalyse dynamisch und prozeßhaft erscheinen, wodurch diese gegenüber der Kultur- und Persönlichkeitsforschung ebenso wie gegenüber Devereux' Theorie glaubwürdiger und wirklichkeitsnäher wird.

Natürlich ist die Erweiterung um die historische Perspektive, welche den ethnopsychoanalytischen Prozeß auszeichnet, auch Ausdruck der materialistisch-dialektischen Geschichtstheorie, auf die sich die Autorinnen und Autoren - immanent oder explizit - berufen. Vielfach ist das Verhältnis der "neueren" Ethnopsychoanalyse zum Marxismus jedoch nicht genügend ausgeführt: So hilfreich, wie auf der Ebene der **konkreten** Analyse marxistische Konzepte sich in den meisten Fällen auch erweisen, fehlt doch durchgängig eine theoretische bzw. methodische Klärung auf höherer Ebene, welche marxistischen Thesen warum herangezogen werden, welche allgemein als brauchbar zu erachten und welche zu verwerfen sind. Insbesondere liegt der (klassisch-) marxistischen Geschichtstheorie ja eine besondere Art von Evolutionismus zugrunde: Ihre - vorerst diskreditierte - Annahme eines unablässigen Voranschreitens der gesellschaftlichen Entwicklung, die mit dem Eintritt der kommunistischen Heilserwartung ihren Abschluß findet, scheint ja von der "neueren" Ethnopsychoanalyse nicht geteilt zu werden (vgl. Erdheim 1988, S. 161). Man vermißt hier jedoch ausführlichere Stellungnahmen, speziell auch eine Stellungnahme zu dem Widerspruch, der sich ergibt zwischen diesem Optimismus der (klassisch-) marxistischen Theorie und dem Pessimismus der Kulturtheorie Freuds, wonach - grob gesprochen - der zivilisatorische Prozeß mit zunehmender individueller Triebunterdrückung einhergeht.

Nun haben ja viele (neo-) marxistische Richtungen sich in den letzten Jahren stärker der (historisch orientierten) **Analyse** gesellschaftlicher, speziell auch ethnologischer Sachverhalte zugewandt (vgl. Ortner 1984, S. 138f.) und dem Feld der Prognose, der Voraussage künftiger Entwicklung, den Rücken zugekehrt: es scheint, als ob auch die "neuere" Ethnopsychoanalyse sich - meist unausgesprochen - über weite Bereiche mit solchen Richtungen identifiziere (beispielsweise der der "politischen Ökonomie" oder auch des "strukturellen Marxismus").[130] Doch der oben konstatierte Mangel einer näheren Positionsbestimmung im Hinblick auf den Marxismus im allgemeinen bestimmt auch das Verhältnis der "neueren" Ethnopsychoanalyse zu den letztgenannten, neo-marxistischen Theorien; er steht in auffälligem Widerspruch zu vielfach ausgedehnten Reflektionen auf der psychoanalytischen (Meta-) Ebene.

Komplizierend kommt hinzu Erdheims eigener Versuch, eine Art historischer Metatheorie mit Hilfe des Modells vom "Antagonismus von Kultur und Familie" zu schaffen: so sind in seinem Werk "Die gesellschaftliche Produktion von Unbe-

---

130 Ich beziehe mich hier ebenfalls auf die Aussagen Ortners zu neomarxistischen Strömungen in der Ethnologie (1984, S. 138f.).

wußtheit" wenigstens noch einige Überschneidungspunkte zwischen dieser Modellvorstellung und der (in irgendeiner Form auch von ihm anerkannten) marxistischen Geschichtstheorie zu erkennen (Erdheim 1984); zunehmend reduziert er jedoch, insbesondere in dem vor einiger Zeit erschienenen Sammelband seiner Aufsätze, die "Bewegkräfte" von Geschichte auf den genannten, zum eindimensionalen System verabsolutierten "Antagonismus von Kultur und Familie" (Erdheim 1988; vgl. "Kritischer Exkurs" d. vorl. Arb.).

Viele der von der "neueren" Ethnopsychoanalyse vorgestellten inhaltlichen Thesen bedeuten in erkenntnistheoretischer Hinsicht einen großen Fortschritt für Theorie und Praxis der Ethnologie. Insbesondere die Erdheim'sche These des "gesellschaftlichen Unbewußten", nicht zuletzt auch dessen theoretische Herleitung aus der Analyse historischer Vorgänge und gesellschaftlich relevanter repressiver Strukturen, ist hier von zentralem Stellenwert[131]: Die aus der Synthese von "Modalpersönlichkeit" (Kultur- und Persönlichkeitsforschung) und unbewußter Struktur des Individuums resultierende Konstruktion des "ethnischen Unbewußten" bei Devereux wird von Erdheim folgerichtig zum "gesellschaftlichen Unbewußten" umgedeutet; Erdheims neuer Begriff ist eine Antwort auf einen bedeutsamen Einwand, der sich gegen "Modalpersönlichkeit" ebenso wie "ethnisches Unbewußtes" anführen läßt: Schließlich war es ja gerade die fehlende historische Perspektive, die ungenügende Berücksichtigung gesellschaftlicher Antagonismen, kurz: die einseitig **kulturelle** Betrachtungsweise, die der Analyse von Klassen, Schichten oder anderen gesellschaftlichen Untergruppen entgegenstand. Damit jedoch war der Blick auf die sehr unterschiedliche Lebens- und Entwicklungsgeschichte der betreffenden Individuen, ihre jeweilige Interessenslage, in diesem Zusammenhang aber auch auf ihre verschiedenen Persönlichkeitsstrukturen und Organisationsformen ihres Unbewußten, verstellt.

Mit dem "gesellschaftlichen Unbewußten" nun ist eine definitorische Form erreicht, die, indem sie die genannte Kritik berücksichtigt, eine entscheidende Vorbedingung darstellt für die Analyse solcher Prozesse, wie sie zwischen psychischer Struktur und makrosozialen Phänomenen sich ergeben. Der Anspruch der Psychoanalyse, unbewußte Strukturen aufzudecken, wie der einer modernen Ethnologie, historischen Verläufen ebenso wie innergesellschaftlichen Widersprüchen stärkere Beachtung zu schenken, findet in dieser Konstruktion ihren Niederschlag. Das "gesellschaftliche Unbewußte" ist das bisher letzte Produkt in einer Reihe von Begriffsdifferenzierungen; es hat als inhaltlicher Dreh- und Angelpunkt einer gelungenen Synthese aus Ethnologie und Psychoanalyse zu gelten.

Gerade für die, in erster Linie von Frauen durchgeführten, jüngsten ethnopsychoanalytischen Untersuchungen ist das "gesellschaftliche Unbewußte" eine nicht mehr wegzudenkende Argumentationsfigur. Es verhilft dazu, Zugang zu der - bisher ver-

---

131 Es gilt dies mit den auf S. 166 gemachten Einschränkungen, sofern sich "gesellschaftliches Unbewußtes" auf **vergangene** Gesellschaften bezieht.

nachlässigten - Lebenswelt der Frauen zu finden, hierüber aber auch zu einer angemesseneren Sicht der ganzen Kultur vorzudringen. Die Tatsache nun, daß dieser "feministische Zweig" innerhalb der "neueren" Ethnopsychoanalyse zudem eine Brücke zu anderen theoretischen und methodischen Ansätzen schlagen kann - hier war von Lorenzers symboltheoretischen Thesen die Rede ebenso wie von Kohúts Narzißmustheorie - zeigt die "Kompatibilität" von Ethnopsychoanalyse, speziell der gedanklichen Konstruktion des "gesellschaftlichen Unbewußten", mit den genannten Richtungen.

Manch andere Thesen der "neueren" Ethnopsychoanalyse könnten allerdings Zweifel an ihrer Berechtigung wachrufen: Zweifel dürften aufkommen beispielsweise anläßlich der Vorstellung des "Gruppen-Ich" bei Parin, Morgenthaler und Parin-Matthèy: Trotz ihrer oben aufgeführten Argumentation (betr. die inhaltliche "Validität") fragt man sich doch, ob solche Setzungen nicht auch als Ausdruck eines idealisierenden Wunschdenkens aufgefaßt werden könnten, das die Autoren das (noch) funktionierende Kollektiv und seine Gruppensolidarität in den afrikanischen Gesellschaften suchen und finden ließ. Andererseits könnte die positive Besetzung der Gruppe und die These vom "Gruppen-Ich" auch als Spiegelung, "Projektion" der eigenen, anscheinend wohlfunktionierenden Gruppenstruktur der Autoren auf die Außenwelt verstanden werden ...
Ähnlich geht es dem Leser bei der Konfrontation mit Bosses "Gegenkultur": als Phänomen mag es diese geben, doch scheint Bosse ihr indirekt - wahrscheinlich aus einer optimistischen Erwartungshaltung heraus - eine zu hohe gesellschaftspolitische Bedeutung beizumessen; vergleichbar argumentiert allerdings auch der Schweizer Soziologe Ziegler in seinem 1988 erschienenen Werk. Die diesbezüglichen Aussagen Nadigs (1986a) oder Rodríguez-Rabanals (1990) sind jedoch durchweg vorsichtiger gehalten.
Auffällig ist weiterhin das Bestreben, das etwas ungewöhnliche Vorgehen der Ethnopsychoanalytiker und -analytikerinnen mit der These vom "Verführungscharakter" zu rechtfertigen. Denn: Es kann in der ethnologischen Forschungssituation nicht primär vom "Leidensdruck" des Analysanden gesprochen werden, der diesen zum Analytiker "treibt". Vielmehr machen sich ja die Analytiker auf die Suche nach ihren Analysanden; entsprechend wird, in der Hoffnung auf bessere Legitimation solch unerwarteter Umkehrung, die These vom "**Verführungscharakter**" der psychoanalytischen Situation etwas überstrapaziert, den diese - im "Feld" angeblich nicht anders als in der Therapiesituation - für **beide** Seiten haben soll ...
Neben den genannten Thesen erscheint besonders problematisch die vereinfachend-starre antithetische Setzung von "Familie" und "Kultur", (bzw. "Gesellschaft"), "vertikaler" und "horizontaler" Sozialisierung, "Kindheit" und "Adoleszenz", wobei zudem der jeweils erste "Raum" sich durch konservierende Funktionen charakterisieren lasse, der entsprechende antagonistische Bereich hingegen gekennzeichnet sei durch die fortschrittlichen und Veränderungsimpulse, die er beim Individuum fördert. Gegen diese von Parin (z.B. 1978) vertretene Position, die von Erdheim

weitergeführt wird und schließlich in dessen allzu schematisierende Auffassung von der zentralen und kulturverändernden Bedeutung mündet, die dem Einbruch der Adoleszenz als dem "lebensgeschichtlichen Ausdruck des antagonistischen Verhältnisses zwischen Kultur und Familie" zukomme (Erdheim 1984, S. XVI), müssen **erhebliche** Einwände erhoben werden. Wegen ihrer tragenden Funktion, die diese doppelte These in Erdheims theoretischem System innehat, soll sie im folgenden "kritischen Exkurs" ausführlich behandelt werden. Hiernach wird die an dieser Stelle entwickelte Argumentation in der Fortführung der Kritik zur weiteren Positionsfindung beitragen.

Kritischer Exkurs

Ähnlich wie bei Erdheim wurden auch in der (westdeutschen) Familiensoziologie der 60er und 70er Jahre derartige Thesen des "Antagonismus von Familie und Kultur bzw. Gesellschaft" vertreten (zusammenfassend Rosenbaum 1973, S. 106). "Familie" wird hier als "geschützter Raum", als Sphäre der "Privatheit" aufgefaßt; die genannten Eigenschaften sollen optimale Sozialisationsbedingungen schaffen, die dem Kind in seiner bevorstehenden Auseinandersetzung mit der zunehmend komplexeren und nach rein rationalen Gesetzmässigkeiten strukturierten Außenwelt entsprechende Stabilität ("Ich-Stärke") verleihen. Andererseits sei eine ihrer Funktionen, die außerfamiliär produzierte Vereinzelung und Anonymisierung des Menschen in der Geborgenheit und Überschaubarkeit intimer familiärer Beziehungsmuster wieder aufzuheben (Rosenbaum 1973 mit bezug auf z.B. Schelsky oder König). Auch Mühlmann argumentiert in diesem Sinne:

> *"Vieles spricht dafür, daß die Familie am besten dort gedeihen wird, wo sie sowohl auf die Intervention ihrer Interessen in das Gemeinganze verzichtet, als auch allzu heftigen Übergriffen dieses Gemeinganzen in ihren Kreis zu begegnen weiß." (Mühlmann 1970, S. XIX)*

Rosenbaum kann nun überzeugend darstellen, daß eine solche Dichotomie (möglicherweise ein spätes Relikt der "Gemeinschafts"-"Gesellschafts"-Gegenüberstellung, vgl. S. 94 d. vorl. Arb.) keineswegs als historisch-anthropologische Konstante aufzufassen ist; vielmehr scheint die genannte Trennung legitim und naheliegend für die besondere Situation der westlichen Gesellschaften im Rahmen ihrer Entwicklung hin zur (spät-) kapitalistischen Produktionsweise (ähnlich Ariès 1960/1978). Hier wären als bedeutsame Faktoren zu nennen die Scheidung von Arbeits- und Lebensbereich, von "öffentlich" und "privat", von Arbeits- und "Frei"-Zeit. Ebenso schulische Erziehung (der Kinder) nach übergeordneten, gesamtgesell-

schaftlich nützlichen Richtlinien entgegen der familiären Sozialisation und Aufgabenzuteilung usw.[132]
Es scheint, als hätte Erdheim, ähnlich wie die von Rosenbaum attackierten "bürgerlichen" Familiensoziologen, mit solcher grundsätzlichen Dichotomie der genannten Bereiche eine ahistorische und eurozentrische Setzung vorgenommen; trotz seiner historischen Orientierung und wiederholter Verweise auf seine kritisch-sozialwissenschaftlichen Positionen erliegt er an dieser Stelle der Versuchung einer starren (und unmarxistischen!) "Dialektik", die dem sich **wandelnden** inneren Abhängigkeitsverhältnis von Familie und Gesellschaft in der historischen Dimension bzw. in vergleichend anthropologischer Hinsicht nicht gerecht wird[133].

---

132 Allerdings kann auch in den industrialisierten Gesellschaften der Neuzeit "Familie" nicht als **unabhängiger** Gegenpol zu "Gesellschaft" gedacht werden; entscheidend für ihre Ausgestaltung, innere Beziehungsdynamik etc. ist natürlich auch hier der makrosoziale Bereich, mit dem "Familie" sich ja - trotz ihrer phänomenologischen Gegensätzlichkeit - in einem ständigen gegenseitigen Beeinflussungsverhältnis befindet (vgl. jedoch Anm. 135).

133 In einem jüngst erschienenen Aufsatz (1992) untermauert Erdheim seine These vom "Antagonismus von Kultur und Familie" mit solchen strukturalistischen Argumenten, wie sie von Lévi-Strauss (1956/1985) erstmals zum Verhältnis von Inzesttabu und Exogamiegebot vorgestellt wurden; insbesondere stehe, so Erdheim in Anlehnung an Lévi-Strauss, das Inzesttabu - ein universell existierendes soziales und psychologisches Phänomen - ebenso wie sein Gegenpart, das Exogamiegebot, für die jeweiligen Bereiche "familiäre Struktur" und "Gesamtgesellschaft".

Abgesehen davon, daß sich Erdheim an dieser Stelle ganz eindeutig auf die Seite der Strukturalisten schlägt und auf seine Argumentation mit den üblichen Einwänden einer sich wirklich historisch bzw. historisch-marxistisch verstehenden Sozialwissenschaft geantwortet werden kann (womit auf einem neuen Feld die Auseinandersetzung zwischen Strukturalismus und historischem Marxismus eröffnet wäre), muß konkret folgendes angeführt werden: Zum einen ergibt sich aus der polaren Struktur von Inzesttabu und Exogamiegebot keinesfalls zwangsläufig der parallele Gegensatz "Familie versus Kultur" (insbesondere angesichts der im Text erwähnten Vielgestaltigkeit der familiären und kulturellen Verhältnisse), sondern wäre erstgenannte mindestens genauso vereinbar mit dem klassischen Freud'schen Gegensatz von individuellem Trieb (hier: nach Durchbrechung des Inzesttabus) und kulturellen Anforderungen (hier: nach Exogamie). Zudem ist es ja gerade - zumindest in den westlich-industrialisierten Gesellschaftsformationen - die Familie, die die Voraussetzung darstellt, sozusagen den Boden abgibt für das Entstehen der Liebeswünsche zum gegengeschlechtlichen Elternteil (im übertragenen Sinne: den Inzestwunsch) beim Kind, die aber gleichfalls die kulturelle Norm des Inzestverbots (im allgemeinen jedenfalls) bei diesem aufrichtet, womit dessen ödipale Phase zum Abschluß kommt: Somit stünde Familie sowohl für individuellen Triebwunsch als auch gesellschaftliche Forderung, letztlich also zwischen beiden; entsprechend wäre der "Antagonismus von Familie und Kultur", wenn dieses Verhältnis denn als solcher überhaupt bezeichnet werden darf, nur einer "zweiter Ordnung", nachgeordnet dem eigentlichen und Hauptwiderspruch zwischen individuellem Triebwunsch und versagender Kultur.

Schließlich soll darauf verwiesen werden, daß Inzesttabu wie Exogamiegebot vielfach eher symbolischen und sozial-strukturierenden Charakter haben: sie dienen in vielen Kulturen der Aufteilung der Gesellschaft in Hälften, Viertel oder weitere klassifikatorische Untergruppen. Gerade wenn nun eine Gesellschaft per Inzesttabu und korrespondierendem Exogamiegebot in zwei hälftige Gruppen geteilt ist, wird man - selbst beim besten Willen nicht - die eine mit "Familie", die andere mit "Kultur" (und schon gar nicht in einem allgemeinen Antagonismus zueinander stehend) zureichend charakterisieren können.

So ist - allgemein gesprochen - "Familie" wahrscheinlich nicht nur (konservativer) Gegenpol zur "Gesellschaft", wie in der "neueren" Ethnopsychoanalyse vermutet; desgleichen kommt ihr aber auch nicht fortwährend und ausschließlich die Eigenschaft einer "Agentur der Gesellschaft" (Fromm bzw. dem Sinne nach die meisten Vertreter der Kultur- und Persönlichkeitsforschung) zu. Vielmehr sind in ihr beide Aspekte in je unterschiedlichem und ständig wechselndem Ausmaß vereinigt.
Treffend beschreibt diesen Sachverhalt schon Horkheimer (1936!)

> *"Ebenso wie die anderen Elemente des gegenwärtigen kulturellen Zusammenhangs befindet sich die Familie zu ihnen wie zum Ganzen nicht bloß in einem fördernden, sondern auch in einem antagonistischen Verhältnis." (Horkheimer 1936/ 1968, S. 345)*

- dies, nachdem er in einem historischen Abriß die **eher** gleichgerichteten Tendenzen von "Kultur" und "Familie" in vorbürgerlichen Gesellschaftsformationen dargestellt hat und im folgenden auf die veränderte Situation in der bürgerlichen Gesellschaft zu sprechen kommt.
Segalen - eine französische Anthropologin und Soziologin - zeigt in einer neueren Untersuchung die ausgesprochen komplexe Interdependenz von Familie und Gesellschaft im historischen Verlauf (1987/1990). Auch nach ihrer Ansicht ist nicht in eindimensionaler Weise vom Widerspruch zwischen (konservativer) Familie und (progressiver) Gesellschaft auszugehen; vielmehr hätten sich gesellschaftliche Situation und familiäre Institutionen in unterschiedlicher Weise gegenseitig bedingt, ja gefördert, manchmal gehemmt (S. 305f.). Große Theorien, monokausale Erklärungen seien nicht geeignet, das komplexe Verhältnis von Familie und Gesellschaft angemessen zu behandeln (S. 8). Im übrigen spricht vieles dafür, daß von einer einheitlich-geschlossenen Erscheinungsform "Familie" (als Gegenpol zur Gesellschaft) selbst in der jüngeren "Moderne" keineswegs mehr die Rede sein kann (vgl. Anm. 135).

Interessant ist ebenfalls in diesem Zusammenhang, daß Freud die These vom "Antagonismus von Kultur und Familie" in dem Sinne, der Erdheims Argumentationssystem zugrundeliegt, nur an einer einzigen Stelle aufführt, wie Erdheim auch selbst betont (Erdheim 1984, S. XV)!

Sobald die These vom (immerwährenden) "Antagonismus von Kultur und Familie" jedoch verlassen wird, muß auch die Allgemeingültigkeit von Erdheims hiermit verknüpfter Auffassung bezweifelt werden, nach der Adoleszenz - in Zusammenhang mit der biologisch begründeten Zweizeitigkeit der sexuellen Entwicklung - sich durch einen "Triebdurchbruch" kennzeichnen lasse, der, jedenfalls zunächst einmal, in allen Gesellschaften grundsätzlich mit gleicher Heftigkeit einzusetzen

und die soziale Ordnung in Frage zu stellen drohe[134]: Wahrscheinlich ist das mit der Adoleszenz verbundene explosive Potential tatsächlich da vorhanden, wo Familie und Kultur in einem Antagonismus sich befinden, die Adoleszenten nach der Latenzphase unvermittelt und radikal zur Kultur sich "hin-" und von der Familie "wegbewegen": Vor allem die Jugendlichen in westlich-europäischen Gesellschaften, die heranwachsenden Männer noch stärker als die jungen Frauen (sofern sie den jeweils "geschlechtstypischen" Rollenerwartungen nachkommen) mögen entsprechende Verhaltensweisen zeigen; **hier** kann der Übergang von der (abgeschlossenen) Kleinfamilie zu den makrosozialen Strukturen, wie er bevorzugt nach Ende der Latenzzeit, in der Adoleszenz erfolgt, tatsächlich als besonders einschneidender Umbruch angesehen werden.[135]
Für andere kulturelle Zusammenhänge aber, in denen die beschriebene Dichotomie (von Kultur und Familie) weniger ausgeprägt oder auch gar nicht nachweisbar ist (vgl. z.B. Nadig 1989, S. 267 oder Nadig 1990), kann entsprechend Adoleszenz nicht mehr die Eigenschaft zukommen, **der** "lebensgeschichtliche Ausdruck des antagonistischen Verhältnisses von Kultur und Familie" zu sein (Erdheim 1984, S. XVI): Natürlich bedeutet auch in solchen Gesellschaften der Eintritt der Adoleszenz eine Zeit psychophysischer Umstellung, damit einhergehend eine Phase allgemeiner Verunsicherung für das Individuum wie seine Umgebung; dieser Umbruchsprozeß wird sich jedoch - und hier scheint die "kulturalistische" Argumentation naheliegender - viel weniger dramatisch äußern - nicht etwa (nur) deswegen, weil, wie Erdheim meint, in den "kalten Kulturen" einschneidende Initiationsriten das Veränderungspotential der Adoleszenz "einfrieren". Vielmehr lassen eine tendenzielle Ähnlichkeit von kindlicher und Erwachsenenwelt, die stärkere Verwobenheit von "familiären" und makrosozialen Strukturen, weniger aggressiv - in Frage stellende Verhaltensweisen der Jugendlichen (den Erwachsenen gegenüber) erwarten, als dies klassischerweise in den westlich-industrialisierten Gesellschaften der Fall ist (vgl. Meads Studie über Samoa 1928; ähnlich Holmes 1987, S. 241). Solche relativierenden Vorbehalte träfen sich auch mit der von Parin u. Mitarb. vertretenen These der

---

134 Die folgenden kritischen Ausführungen zu Erdheims Adoleszenztheorie beziehen sich ausschließlich auf die Funktion, die Adoleszenz in Zusammenhang mit seiner These vom "Antagonismus von Kultur und Familie" obligatorisch haben soll; es bedeutet nicht, daß Adoleszenz von untergeordnetem Stellenwert in der Untersuchung gesellschaftlichen Lebens oder der individuellen Biographie sein sollte (vgl. z.B. die bei Erdheim zitierte Charakterisierung der Adoleszenz als "zweiter Chance" durch Eißler, S. 146 d. vorl. Arb.).

135 Dies ist jedoch ebenfalls sehr pauschal und wird der Komplexität der Materie höchstens in grober Annäherung gerecht: bezieht man schichtenspezifische Differenzierungen oder Phänomene des **jüngsten sozialen Wandels** mit ein (verlängerte Ausbildungszeiten, Arbeitslosigkeit von Jugendlichen und jungen Erwachsenen, verstärkte Berufstätigkeit der Frauen, Zunahme von Trennungen und das Eingehen neuer, nicht mehr der Ursprungsfamilie entsprechender privater Verbindungen, vermehrte Anzahl von Alleinlebenden und Alleinerziehenden - kurz: eine "Pluralisierung" der Lebensformen, die allein durch das Gegensatzpaar "Familie" versus "Kultur" nicht mehr hinreichend charakterisierbar geworden sind), relativiert sich die These sogar für die industrialisierten Gesellschaften der Neuzeit (vgl. z.B. Meyer und Schulze 1989 oder Beck und Beck-Gernsheim 1990).

geringeren Bedeutung des Ödipuskomplexes in vielen Kulturen (vgl. S. 134 f. d. vorl. Arb.) sowie der von Devereux getroffenen Feststellung, daß in einigen der von ihm untersuchten Gesellschaften eine Latenzphase nicht nachweisbar sei (Devereux 1969, S. 102): Tatsachen, die für einen weniger plötzlich einsetzenden und stürmisch verlaufenden "Triebdurchbruch" beim Eintritt in die Pubertät bzw. Adoleszenz sprechen und deren Potential, sozialer Sprengstoff zu sein, reduzieren. Nach den vorgenannten Einwänden kann Adoleszenz nicht mehr **der** Motor sein, aus dem sich das (in **dieser** von Erdheim vorgestellten Form zu hinterfragende) Spannungsgefälle zwischen Familie und Kultur auf ewig speist.

Zusammenfassend imponiert Erdheims Konstruktion vom "Antagonismus von Kultur und Familie" als recht schematisch und starr; zudem nähert er sich auffallend einer besonderen Art von psychoanalytischem Biologismus, wenn er nämlich zunehmend der biologischen Tatsache der "Zweizeitigkeit der sexuellen Entwicklung" - im engeren Sinne der Adoleszenz - eine kulturübergreifende und zentrale Funktion in der Schaffung und Aufrechterhaltung dieses Antagonismus zuweist[136]: Mit solchen Ausführungen erscheint der Anspruch der "neueren" Ethnopsychoanalyse, in der Synthese aus Psychoanalyse und Ethnologie kritische Sozialwissenschaft zu sein, nicht mehr einlösbar.

Kritik (Fortführung)

Alle genannten Autorinnen und Autoren haben den Wunsch, mit der "neueren" Ethnopsychoanalyse kritische Sozialwissenschaft zu betreiben; in ihrem Bestreben nach Kulturanalyse und Kulturkritik befinden sie sich ebenfalls in der **erkenntnistheoretischen** Tradition der Psychoanalyse. Deren Vertreter (häufig Nicht-Ärzte) setzten sich ja seit den Anfängen der Psychoanalyse ständig und zunehmend auseinander mit jenen, die Psychoanalyse nur als Therapie, als Krankenbehandlung verstanden und (im doppelten Sinne:) praktiziert wissen wollten.
Gerade Freud, wiewohl selbst Arzt und therapeutisch tätig, hat sich immer wieder für die Psychoanalyse als nicht-ärztliche, als Kulturwissenschaft verwendet (vgl. "Prolog"; hierher gehören auch Freuds Versuche zu einer allgemeinen Kulturtheo-

---

136 Ungemein teleologisch (in Hinblick auf seine eigene Theorie) wirkt dann die folgende Passage bei Erdheim:

> *"Sieht man vom Antagonismus zwischen Kultur und Familie ab, so vermag man die Notwendigkeit der Zweizeitigkeit der sexuellen Entwicklung gar nicht einzusehen: Das Individuum müßte sich nur der Familie anpassen und hätte im gleichen Zug sich auch die Kultur angeeignet - wozu also die ganze Verwirrung der Adoleszenz?" (Erdheim 1988, S. 253)*

m.a.W.: Die Funktion des - biologisch begründeten - Phänomens der Adoleszenz ist darin zu sehen, Erdheims These vom "Antagonismus von Familie und Kultur" zu stützen?!

rie). Beispielhaft für die genannte Diskussion ist die "Frage der Laienanalyse" (Freud 1926/1975), die auch heute noch die Gemüter bewegt: Freud hat in dieser Diskussion - gegen einen Großteil seiner Kollegen - sich im Sinne des erweiterten, auch kulturkritischen, Auftrags der Psychoanalyse für die Zulassung von Nicht-Ärzten als Psychoanalytiker eingesetzt (Leupold-Löwenthal 1984; vgl. Anm. 16).
So meinen gesellschaftkritisch eingestellte Psychoanalytiker, daß mit der zunehmenden "Medizinisierung" der Psychoanalyse (Parin und Parin-Matthèy sprechen von "Medicozentrismus": 1986, S. 61) ihre gesellschaftliche Anpassung gekommen sei:

> *"Die unbestreitbaren ... Fortschritte in der Erforschung des therapeutischen Prozesses und der Anwendung psychoanalytischer Verfahren auf zuvor unzugängliche psychopathologische Erscheinungsformen ... ging einher mit der Abwendung von der kulturkritischen Dimension der Psychoanalyse." (Kennel 1986, S. 212)*

Mit der "neueren" Ethnopsychoanalyse scheint ein Mittel gefunden, dem Voranschreiten dieses Prozesses - der "Schwächung" der Psychoanalyse als kritischer Kulturtheorie - Einhalt zu gebieten; sie bringt neues "Material", welches die Relativierung bestimmter Thesen und Erhellung bisher verborgener Aspekte der psychoanalytischen Theorie insgesamt verspricht.

Wenig hilfreich in dieser Hinsicht erscheint die "neuere" Ethnopsychoanalyse allerdings dort, wo sie das Ziel verfolgt, zur "Kulturwissenschaft" schlechthin zu werden und damit ihrem eigenen Größenwahn erliegt. Am augenscheinlichsten wird dieses Bemühen in den Arbeiten zweier ihrer Vertreter - wohl nicht zufällig beide Männer - die die "neuere" Ethnopsychoanalyse von einer Theorie der "mittleren Reichweite" zu einer Theorie "großer Reichweite", zu einer neuen Kulturphilosophie, einer totalen Kulturwissenschaft mit umfassendem Erklärungsanspruch, weiterentwickeln möchten: So haben die jüngeren Veröffentlichungen Parins eher essayistisch-spekulativen Charakter. Sie treffen Aussagen zu allgemeinen Problemen der Kultur, zu politischen Prozessen und gesamtgesellschaftlichen Fragestellungen (vgl. Parin in Parin und Parin-Matthèy 1986 oder Parin 1990b)[137]. Abgehandelt werden sie auf einer theoretischen Ebene, die zwar von Parin wie selbstverständlich (und etwas vorschnell!) als die Einlösung des Versprechens einer gelungenen Synthese aus Psychoanalyse und kritischer Sozialwissenschaft (Marxismus) in Vorstellung gebracht wird; letztlich resultieren aber allzu häufig pauschalisierende

---

137 In letzterem Artikel möchte Parin - sicherlich in guter Absicht - die Faschismusbewältigung "der Italiener" der eher gescheiterten Faschismusbewältigung "der Deutschen" gegenüberstellen. In dieser globalen Dimension halte ich dies jedoch für nicht gerechtfertigt; ja sogar könnte man, etwas überspitzt formuliert, hierin einen Rückfall in das überwunden geglaubte Konzept des Nationalcharakters erblikken.

Einschätzungen, deren sozialwissenschaftliche Ausgangspositionen zunehmend weniger reflektiert wirken.
Noch deutlicher erscheinen mir Tendenzen der in den letzten Jahren erschienenen Publikationen Erdheims. Nicht genug, daß er die These des immerwährenden, aller historischen Bewegung wie kultureller Variation präexistenten "Antagonismus von Kultur und Familie" fast schon zur determinierenden Triebkraft geschichtlicher und gesellschaftlicher Dynamik erhebt; mit manchmal erschreckender Nonchalance analysiert und interpretiert er geschichtliche Verläufe und politische Ereignisse neben kulturellen Phänomenen, psychischen Prozessen von Einzelnen wie von Gruppen, individuellem wie an Institutionen gebundenem Verhalten; ja sogar ist man versucht zu sagen, Erdheim bemühe sich, "die ganze Welt" in diesem seinem (wirklich noch?) ethnopsychoanalytischen Raster zu erklären. Da nimmt es auch nicht wunder, wenn ohne viel Federlesens die politische Position eines Staates in ähnlichen Kategorien gesehen und verstanden wird, wie sie von der Psychoanalyse für bestimmte, meist unbewußte Vorgänge im Seelenleben des Individuums entwickelt und für brauchbar gefunden wurden.[138]
In dem Maße also, wie die "neuere" Ethnopsychoanalyse sich zur "kulturwissenschaftlichen Supertheorie" aufschwingen möchte, rückt ihr selbstgesetztes Ziel, kritische Kulturwissenschaft, gar **die** Synthese aus Psychoanalyse und Marxismus zu sein, wieder in die Ferne; der Verweis auf marxistische Grundpositionen (die dann aber nicht zureichend ausgeführt werden) wirkt in diesen Fällen nur noch rhetorisch. Umgekehrt sind es - neben den klassischen Studien von Parin, Morgenthaler und Parin-Matthèy - vor allem die in jüngster Zeit erstellten Arbeiten von Frauen, die diesem Anspruch eher gerecht werden. Sie tun dies, weil ihre Verfasserinnen dem konkreten ethnologischen "Material", den wirklichen Personen und ihren kulturbezogenen Biographien verbunden bleiben - m.a.W. die Ebene der "mittleren Reichweite" nicht verlassen. Gerade Maya Nadig hat in bestechender Weise ihre Interpretationen und Analysen in ihre Untersuchungen einfließen lassen, ohne in Übersystematisierung oder in spekulative (Kultur-) Metatheorien zu verfallen: In klarer Sprache und ohne illusionäre Beimischungen hat sie anhand von Einzelschicksalen derjenigen Frauen, mit denen sie eine ethnopsychoanalytische Beziehung eingegangen ist, deren äußere und innere Lebenszusammenhänge in ihrer soziokulturellen Verwobenheit aufgezeigt (1986a).[139]

---

138 Ist es wirklich der **"Wiederholungszwang"**, der, gespeist aus den kollektiven leidvollen Erfahrungen des jüdischen Volkes, den israelischen **Staat** zu seiner kompromißlosen und aggressiven Haltung den Palästinensern gegenüber bewegt? Ungeachtet dessen, daß ich die politische Einschätzung Erdheims bezüglich der Haltung Israels teile, erscheint mir eine derartige Bezeichnung - so sehr sie sich auf den ersten Blick auch anbieten mag - schlicht unzulässig (Erdheim 1988, S. 362).

139 Selbst da, wo die ethnopsychoanalytische Beziehung nicht mehr Thema ist und Nadigs Darstellung sich eher in Richtung auf eine theoretisch-allgemeingültige Ebene zubewegt, bleiben ihre Aussagen noch konkret und schlüssig durch ihren ethnologischen Bezug: so in einem Artikel, in dem sie die Frauen-, speziell die Mutterrolle in zwei verschiedenen Kulturen vergleicht -

Damit ist Ethnopsychoanalyse als kritische Kulturwissenschaft dort gelungen, wo sie - oszillierend zwischen individueller Begegnung und theoretischer Stellungnahme, zwischen Bezugnahme auf die persönliche Biographie (der eigenen wie der der anderen) und kulturtheoretischen Überlegungen - ihre Thesen entwickelt. Dies ist natürlich immer eine Gratwanderung; nur so kann jedoch ein Abgleiten in die eine oder andere Richtung, das heißt die individualistische, nur noch dem Konkret-Gegebenen verhaftete, oder aber die generalisierend-spekulative, vermieden werden.[140]

Diese Tendenz zur "kulturwissenschaftlichen Supertheorie", wie sie hier beklagt wurde, schmälert natürlich nicht die Verdienste der "neueren" Ethnopsychoanalyse bezüglich der Erkenntnisse, zu denen sie in Hinblick auf bisher nicht beschriebene Organisationsformen der psychischen Vorgänge gelangt ist; hier hat sie offensichtlich in einem hohen Ausmaß zur Erweiterung des psychoanalytischen Theoriege-

---

> *"... die 'individuelle' Mutterschaft, wie sie z.B. in der Schweiz oder der Bundesrepublik üblich ist, mit der 'sozialen' Mutterschaft in einer bäuerlichen Maya-Ethnie ..." (1990, S. 53)*

Ihre Schlußfolgerungen sind relevant für die **psychoanalytische** Metatheorie; sie dienen auch in diesem Artikel nicht der Konstruktion einer neuen "kulturwissenschaftlichen Supertheorie".

Im übrigen ist der Artikel ein schöner Beleg dafür, in welchem Maß der "Antagonismus von Kultur und Familie" (vgl. Erdheims These, insbesondere den "Kritischen Exkurs" in d. vorl. Arb.) kulturabhängig ist!

140 Noch 1984 (S. 162) beklagt auch Erdheim die häufig anzutreffende Trennung von (konservativer) psychoanalytischer **Therapie** und (fortschrittlicher) Kultur-**Theorie**, wie sie von der "Frankfurter Schule" konstatiert und z.T. auch gerechtfertigt wird (vgl. die Kontroverse zwischen Fromm und Marcuse, in der Fromm seinen Gegnern vorwirft, nicht psychoanalytisch-therapeutisch tätig zu sein, während Marcuse bei Fromm dessen zunehmende "Praxislastigkeit" [M.A.] und den in gleichem Maße schwindenden kritischen Gehalt seiner Theorie beklagt; Görlich in: Görlich, Lorenzer und Schmidt 1980, S. 8 und S. 61f.).

In diesem Sinne einer Integration von (ethno-)psychoanalytischer Praxis und Theorie äußern sich Parin, Morgenthaler und Parin-Matthèy:

> *"Als Psychoanalytiker sind wir wegen der lebendigen Erfahrung mit Afrikanern freier und mutiger geworden, besser imstande auf die sozialen Beziehungen unserer Analysanden in Europa einzugehen, und weniger geneigt, ein Verhalten, das von unserem eigenen abweicht, als krankhaft anzusehen. Das hat auch auf unsere theoretischen Anschauungen zurückgewirkt." (Parin, Morgenthaler und Parin-Matthèy 1983, S. 18)*

Sehr weise formuliert Erdheim in einem (ebenfalls 1984) gehaltenen Vortrag:

> *"... je größer die Neigung ist, die Kulturtheorie (z.B. als bloße Spekulation) auszublenden, desto größer wird die Anpassung der Psychoanalyse an die herrschenden Verhältnisse sein; ... aber ...: je kulturtheoretischer die Psychoanalyse unter Vermeidung des psychoanalytischen Prozesses wird, desto esoterischer und belangloser werden ihre Ergebnisse werden." (zit. nach 1988, S. 129)*

Doch bleibt dies leider ohne Konsequenzen: wie gesagt, "driften" Erdheim, im Ansatz auch Parin, zumindest im Rahmen ihrer publizierten Texte, zunehmend in Richtung "reiner" Kulturtheorie, wofür sich Erdheim in der Folge auch unumwunden stark macht (1988, S. 66).

bäudes, fast möchte man sagen: zur "Universalisierung" der theoretischen Grundannahmen dieser Wissenschaft, beigetragen. In diesem (streng psychoanalytischen) Sinne sind die "metatheoretischen" Aussagen der "neueren" Ethnopsychoanalyse - trotz gewisser Zweifel, die sich an mancher Stelle regen mögen (vgl. S. 169 d. vorl. Arb.) - als fundiert anzusehen.
Wie weit nun diese **inhaltlichen Modifikationen**, wie z.B. die von Parin als "Anpassungsmechanismen" bezeichneten Phänomene "Gruppen-Ich", "Clangewissen", "Identifikation mit der Rolle", allerdings für die Allgemeinheit der Vertreter der Psychoanalyse akzeptabel sein können, muß einer internen Theoriediskussion vorbehalten sein.
Vermehrt jedoch verwenden deutschsprachige Psychoanalytiker und Analytikerinnen in ihren Abhandlungen die von Parin u.a. eingeführten Modifikationen im theoretisch-psychoanalytischen Diskurs (z.B. Becker 1991). Dennoch bleiben die Thesen der "neueren" Ethnopsychoanalyse insgesamt, speziell aber die von ihren Repräsentanten durchgängig erhobene (wenn auch nicht immer realisierte) Forderung nach Einbezug einer kritischen, ja marxistisch orientierten sozialwissenschaftlichen Perspektive eine große Herausforderung insbesondere für ihre rein therapeutisch-praktisch tätigen psychoanalytischen Kolleginnen und Kollegen.
In jedem Fall scheint die interne Debatte mittlerweise in Gang gekommen zu sein (Parin, Morgenthaler und Parin-Matthèy 1983, S. 17): Mit dem Aufkommen der Ethnopsychoanalyse steht der - auch - kulturwissenschaftlich-theoretisch ausgerichteten Strömung erneut und zunehmend deutlich diejenige Gruppierung in der Psychoanalyse gegenüber, die sich überwiegend als therapeutisch arbeitend begreift und Forschung oder Theorie auf den therapeutischen Kontext begrenzt sehen möchte. Sehr aufschlußreich ist hier eine Replik Parins an Repräsentanten der letztgenannten Richtung (Parin 1989).
Damit hat die grundsätzliche Diskussion innerhalb der Psychoanalyse, die mit der "Frage der Laienanalyse" ihren Anfang genommen, in der Auseinandersetzung mit (und unter! - vgl. Anm. 140) den Freudomarxisten eine Art Fortgang gefunden hatte, ihr vorläufig letztes Stadium erreicht. Solange die Repräsentanten der "neueren" Ethnopsychoanalyse (bzw. die von ihr beeinflußten Analytiker/-innen) der Versuchung widerstehen, in übereilter Weise "kulturwissenschaftliche Supertheorie" zu produzieren, werden sie in dieser Diskussion einen guten Stand haben.

Zu fragen wäre schließlich, welchen Einfluß die "neuere" Ethnopsychoanalyse auf die allgemeine Ethnologie haben kann, inwiefern psychoanalytisches Vorgehen grundsätzlich in die ethnologische Forschung eingegliedert werden sollte: Beispielsweise hatten ja schon Vertreter der Kultur- und Persönlichkeitsforschung eine psychologische bzw. psychoanalytische Aus- bzw. Weiterbildung für Ethnologen verlangt.[141]

---

141 Z.B. Kluckhohn (vgl. Bock 1980, S. 4) oder auch Mead (1952, S. 345).

Sicherlich bietet die "neuere" Ethnopsychoanalyse für die Ethnologie insgesamt entscheidende Anstöße, indem sie das von Devereux begonnene "Projekt", die systematische Beachtung und Nutzbarmachung von "Gegenübertragung", in der Analyse der Beziehung von Forscher und Erforschtem, Informant und Ethnologen, weitergeführt und zum Abschluß gebracht hat; damit ist es ihr gelungen, solche für die Ethnologie klassischen Abwehrmechanismen wie Abwertung einerseits und "exotistische Verklärung" (Brauner 1986, S. 12) andererseits aufzuzeigen und an ihrer Überwindung mitzuarbeiten (vgl. Kohl 1987). Daß derartige Abwehrmechanismen nicht nur in der allgemeinen Ethnologie häufig sind, sondern sich ohne große Mühe auch in der (neo-) psychoanalytisch orientierten Anthropologie der Kultur- und Persönlichkeitsforschung, ja sogar im Ansatz bei Devereux, dem Begründer der Ethnopsychoanalyse selbst, finden lassen (vgl. Anm. 90), bezeugt nur um so mehr die diesbezügliche Qualität gerade der "neueren" Ethnopsychoanalyse.
Allerdings steht die "neuere" Ethnopsychoanalyse in dieser Unternehmung - der konsequenten Aufarbeitung der Beziehung zwischen Untersucher und Untersuchtem, deren Analyse im historischen und gesellschaftspolitischen Kontext, nicht mehr alleine: So hat z.B. Bourdieu - allerdings aus einer anderen Richtung kommend - diese für die Ethnologie zentrale, ja die Disziplin erst konstituierende Begegnungssitation im Rahmen seiner Überlegungen behandelt: Nach ihm ist es die Analyse von Sprach-, Denk- und Handlungsgewohnheiten der beteiligten Partner, das Bewußtsein um die Determiniertheit von Erkenntnis, welche erst einen weiteren Fortschritt im ethnologischen Erkenntnisprozeß zuließen (1980/1987, insbesondere S. 40f.).[142]
Mit der Einführung regelmäßig stattfindender psychoanalytischer (oder psychoanalytische Elemente beinhaltender) Gespräche, daneben in der "kritischen" Analyse des historischen ebenso wie des soziokulturellen Bedingungsgefüges ist die "neuere" Ethnopsychoanalyse im Verstehen "des Anderen" und seiner Lebenswelt zu einer Dimension vorgedrungen, wie sie m.E. kein anderes ethnologisches Verfahren bisher erreicht hat; dieses Vorgehen hat offensichtlich besonders gut ermöglicht, in Erfahrung zu bringen, was "in den Köpfen", speziell im Unbewußten der Menschen - d.h. der Untersuchten, aber auch der Untersucher - wirklich vorgeht, welche verdeckten Gefühle und psychischen Prozesse sie in ihren Handlungen und Haltungen beeinflussen, schließlich an der Strukturierung ihres kulturellen und lebensweltlichen Erfahrungsbereichs beteiligt sind.
Indem sie diese subjektive Seite, im Marx'schen Modell Teil des "Überbaus", transparenter werden läßt, kann die "neuere" Ethnopsychoanalyse ihren Beitrag leisten im Rahmen einer politisch reflektierten und argumentierenden Ethnologie. Deutlich zu spüren, wenn auch überwiegend nicht in vordergründiger Breite ausformuliert, ist bei allen Autorinnen und Autoren der Wunsch nach politischer Veränderung, nach gesellschaftlicher Umwälzung mit dem Ziel der Verbesserung der

---

142 Bourdieus Positionen erinnern z.T. an die der "Frankfurter Schule" (die jedoch bei ihm keine Erwähnung findet).

Lebensverhältnisse für die "Anderen", die Menschen der "Dritten Welt" (z.B. Bosse 1984 oder Rodríguez-Rabanal 1990, insbes. S. 8f.). Mit zunehmender Kenntnis nun dessen, was diese Menschen tatsächlich bewegt, in ihrem "tiefsten Innern" von Bedeutung ist, wie sie "ihre Welt" auffassen, hat die "neuere" Ethnopsychoanalyse der Diskussion um politische Einflußmöglichkeiten eine theoretische Grundlage geliefert in Hinblick auf ein besseres Verständnis des "subjektiven Faktors" im gesellschaftlichen Prozeß. Auf dieser Ebene der Analyse, des Bemühens um ein inneres Nachvollziehen der Reaktionsweisen von Menschen, die durch ungerechte (Welt-) Wirtschaftsstrukturen immer stärker an die soziale und ökonomische Peripherie gedrängt werden, ergeben sich gewisse Berührungspunkte zu solchen Richtungen wie der "action anthropology" (vgl. jedoch Parin in Parin, Parin-Matthèy und Morgenthaler 1985, S. 40).
Nicht zuletzt in diesem Zusammenhang einer sich demokratisch verstehenden Ethnologie hat die "neuere" Ethnopsychoanalyse zu einer Relativierung der Dichotomie von "Forschungsobjekt" und "Forschungssubjekt" geführt; gerade den Frauen - als einer vielfach "doppelt marginalisierten" Gruppe (d.h. von seiten ihrer Kultur wie in bezug auf ihre Beachtung in der klassischen Ethnologie) - konnte damit angemessene Berücksichtigung zuteil werden: Sie haben in der "neueren" Ethnopsychoanalyse ihre Würde als handelnde Subjekte wiedererlangt. Zu dieser Veränderung haben der gegenseitige Austausch der egalitär strukturierten psychoanalytischen Begegnung ebenso beigetragen wie das hieran gebundene kasuistische, an der Biographie einzelner Individuen ausgerichtete Vorgehen.
Parin, Morgenthaler und Parin-Matthèy schreiben:

> *"In der bis dahin über 150 Publikationen umfassenden wissenschaftlichen Literatur über die Dogon, die wir gelesen hatten, war mit keinem Wort gesagt worden, was für Menschen sie waren. ... Nicht eine einzige Person war als handelndes, denkendes oder fühlendes Subjekt auch nur erwähnt. Eine neuere Entwicklung der Ethnologie versucht, die Menschen fremder Kulturen als Subjekte, in ihrer sozialen und historischen Rolle, als gleichwertige, in ihrer Psychologie und Biographie eigenständige Personen zu sehen. Die Unsichtbarkeit der Frau, ('invisibility of women'), die die Ethnologie übel auszeichnete, hat einer neuen Aufmerksamkeit für das Leben der Frauen fremder Völker Platz gemacht. Zu dieser Entwicklung der Ethnologie hat unser Buch zweifellos einen der ersten Beiträge geliefert." (1983, S. 17)*

Aus allen diesen Gründen wäre es wünschenswert, psychoanalytische Theorie und psychoanalytisch orientierte Methodik in einem größeren Ausmaß in die allgemeine Ethnologie und Feldforschung zu integrieren; auf diesem Weg könnten wertvolle

Informationen gewonnen werden, die auf andere Weise wahrscheinlich nicht zugänglich sind.
Allerdings ist der Aufwand für derartige Untersuchungen doch recht hoch (vgl. Zinser 1984, S. 108); zudem muß damit gerechnet werden, daß solche Vorhaben von vielen Fachvertretern überhaupt nicht gewollt würden: So fragt sich Heinrichs, ob (allein) die wissenschaftstheoretischen bzw. methodologischen **Erkenntnisse** der ("neueren") Ethnopsychoanalyse für das Fach in seiner Gesamtheit überhaupt "erträglich" sind ... (1981, S. 191).
Trotz solcher pessimistischer Einschätzungen glaubt auch Heinrichs, daß durch die "neuere" Ethnopsychoanalyse "Bewegung" in die Disziplin gekommen ist (ebda.). Auf Dauer wird es den Repräsentanten der allgemeinen Ethnologie nicht erspart bleiben, die Thesen und Anregungen der ("neueren") Ethnopsychoanalyse intensiv zu diskutieren: Sie bietet - wenn auch gewisse Schwachpunkte nicht zu verleugnen sind - in methodologischer wie inhaltlicher Hinsicht einen umfassenden Neuansatz und damit eine bleibende Herausforderung für die traditionellen Auffassungen innerhalb des Faches.

Eine der interessantesten Perspektiven liegt in dem Anspruch dieser "jungen" Wissenschaft, Psychoanalyse und Sozialwissenschaften (bzw. Marxismus) zu einer echten Synthese zu verbinden: Solange die "neuere" Ethnopsychoanalyse ihrem individuumbezogenen, an der konkreten Kultur ausgerichteten Vorgehen treu bleibt, nicht der Versuchung erliegt, die Grenze von einer Theorie "mittlerer Reichweite" zu einer Theorie "großer Reichweite" zu überschreiten, scheint mir diese Vorgabe auch erfüllt: Die psychoanalytisch strukturierte Hinwendung zur anderen Gesellschaft hat in beiden Disziplinen - auf dieser Ebene überwiegend noch im gleichen bzw. gleichermaßen fundiertem Ausmaß - zu einer Modifikation von Begrifflichkeit und analytischer Perspektive geführt; insgesamt ist damit für Aussagen von "mittlerer Reichweite" eine derartige Synthese möglich geworden und unter Beweis gestellt.[143] Doch gerade auch in der Rückwendung auf die eigene Gesellschaft, auf die Lebenswelt der Untersucher, zeigt die "neuere" Ethnopsychoanalyse das ihr immanente kulturkritische Potential:

143 Für eine Ebene "hoher Reichweite" gilt weiterhin, was Lorenzer als das "Kernproblem aller Vermittlungsbemühungen von Psychoanalyse und Marxismus" bezeichnet - auf welche Weise nämlich Triebentstehung und Trieberfordernis auf der einen Seite und gesellschaftliche Bedingungen auf der anderen Seite zueinander in ein theoretisches Verhältnis gesetzt werden können (Lorenzer in: Görlich, Lorenzer und Schmidt 1980, S. 298f.). Immerhin findet sich bei Zier (1987, S. 51f.), zum Teil auch bei Heinemann (1990) - beide Repräsentant**innen** der "neueren" Ethnopsychoanalyse - der Versuch, diese von Lorenzer formulierte Problematik in ihrer Relevanz auch für die Ethnopsychoanalyse aufzuzeigen und, unter Rückgriff auf Lorenzers eigenen symboltheoretischen Ansatz, einer Lösung näherzubringen.

Skeptisch gegenüber derartigen "Vermittlungsbemühungen" hatte sich allerdings schon Freud selbst geäußert (1969, S.605 f.)

> *"[Ethnopsychoanalyse] ... hat den Blick über die Engstirnigkeit nicht nur unserer bestehenden Verhältnisse, sondern auch über die Engstirnigkeit unserer* ***Utopien*** *hinaus erweitert. Selbst wenn wir Verbesserungen und Kritik an unserer Gesellschaft anbringen, bleiben wir immer dem verhaftet, was wir selbst erfahren haben, wie wir geworden sind ... [Ethnopsychoanalyse] ist letzten Endes eine sehr kritische Wissenschaft. Kritisch nicht für die Untersuchten, die wir ja so erfassen, wie sie* ***sind****, sondern kritisch für die Untersucher, deren Kultur und Psychologie." (Parin, Parin-Matthèy und Morgenthaler 1985, S. 50; Ergänzung M.A.)*

Résumé

Die systematische Durchführung psychoanalytischer bzw. psychoanalytisch orientierter Gespräche in der ethnologischen Feldforschung ist die konsequente Fortsetzung der Vorgaben Devereux' durch die "neuere" Ethnopsychoanalyse: Devereux hatte zwar auf die Bedeutsamkeit des "subjektiven Faktors", der "Gegenübertragung" im Bereich der sozialwissenschaftlichen und speziell ethnologischen Forschung verwiesen, selbst den Schwerpunkt aber auf die psychoanalytisch ausgerichtete, die "Gegenübertragung" des Ethnologen miteinbeziehende **Deutung** kultureller Phänomene und Vorstellungen, von Denk- und Verhaltensweisen, Begegnungssituationen und Reaktionsmustern gelegt - so, wie sie in seinen eher ethnographisch ausgerichteten Gesprächen mit "Informanten" oder, allein in Zusammenhang mit seiner Anwesenheit, deutlich wurden und sich ergaben.

Die "neuere" Ethnopsychoanalyse ist, ähnlich wie Devereux' Denken, inhaltlich gekennzeichnet durch die Rückwendung zum psychoanalytischen Instanzenmodell, zur klassischen Trieb- und Konflikttheorie Freuds; daneben geht sie allerdings in ihrer konsequenten Einbeziehung historischer und soziokultureller Faktoren, ihrer Hervorhebung der marxistischen Grundlagen ihrer Thesen, weit über Devereux hinaus: Dessen Vorstellungen eines "komplementaristischen" Verhältnisses der (gleichberechtigten) Wissenschaften Psychoanalyse und Sozialwissenschaften bzw. Ethnologie wird von der "neueren" Ethnopsychoanalyse verlassen auf der Suche nach einer Synthese dieser beiden Disziplinen. Damit steht sie im weitesten Sinne in der Tradition des kulturkritischen Auftrags der Psychoanalyse, welcher schon von Freud "seiner" Wissenschaft aufgegeben worden war.

Gegenüber einer vielfach geübten Praxis in den Sozialwissenschaften - die gerade auch die Kultur- und Persönlichkeitsforschung kennzeichnete - hat **diese** Art der Einbeziehung der psychoanalytischen Theorie (d.h. unter Wahrung ihrer triebtheoretischen Aspekte) - die Perspektive zurückgelenkt auf das Individuum und die **dialektische** Qualität des Verhältnisses zwischen diesem und seiner Kultur: Ohne die historische und sozioökonomische Perspektive außen vor zu lassen, konnte die

"neuere" Ethnopsychoanalyse mit ihren Annahmen die eindimensionalen, kulturlastigen Prägevorstellungen der Kultur- und Persönlichkeitsforschung, deren starres Kultur- und Menschenbild in Richtung auf prozeßhafte Vorstellungen erweitern; Erdheims Thesen von der "Adoleszenz als zweiter Chance" (1984, in Anlehnung an Eißler 1958) sei hier als Beispiel für solches "neues Denken" in der "neueren" Ethnopsychoanalyse angeführt.
Doch erfährt in diesem Spannungsfeld (von Individuum und Kultur) auch die kollektive Dimension der menschlichen Lebensweisen ihre Berücksichtigung: Im "gesellschaftlichen Unbewußten" (Erdheim 1984 in Abwandlung des "ethnischen Unbewußten" bei Devereux) verdichten sich diejenigen Eigenschaften und psychischen Inhalte der untersuchten Gruppe, die, im Verlauf des historischen Prozesses, aus der Dynamik von repressiver gesellschaftlicher Struktur und individuellem Triebziel entstanden sind, jedoch ins Unbewußte verdrängt werden mußten.
Nicht zuletzt hat die "neuere" Ethnopsychoanalyse durch ihre Methode (bzw. ihre methodologischen Grundauffassungen) eine derartige Dynamisierung der Betrachtungsweise ermöglicht: Durch ihr bewußtes und reflektiertes emotionales "Sich-Einlassen", daneben in ihrer Hervorhebung der Eigenschaft der Untersuchten, handelnde Subjekte zu sein, haben ihre Vertreter zur Demokratisierung des vielfach hierarchischen Verhältnisses von Forschungsobjekt und Forschungssubjekt beigetragen, dem Subjekt zur "Wiedereinsetzung in seine Rechte" verhelfen können. Diese Verringerung der Distanz zwischen Untersucher und Untersuchtem bedeutete auch die Umkehrung solcher Abwehr- und Distanzierungsprozesse, wie sie für die allgemeine Ethnologie, speziell aber auch die Kultur- und Persönlichkeitsforschung nur allzu häufig gefunden werden konnten: Abwertung oder aber "exotistische Verklärung" (Brauner 1986) stellen für die "neuere" Ethnopsychoanalyse (überwiegend!) keine Versuchung mehr dar. Damit hat die - nach psychoanalytischen Vorgaben strukturierte - größere methodische Nähe zum Individuum Wege aufgezeigt, wie die "verdeckten Seiten" der Kultur ebenso wie die des Individuums angemessen herausgearbeitet und zur Geschichte und Entwicklung dieser Gesellschaft in Bezug gesetzt werden können (vgl. "gesellschaftliches Unbewußtes"). Dies ist eine allemal bessere Zugangsmöglichkeit - beispielsweise zum "emotionalen Milieu" als einer entscheidenden Dimension für die frühe Kindheitsentwicklung - als die Beobachtung und Aufzeichnung äußerer Sozialisationspraktiken durch die klassische Kultur- und Persönlichkeitsforschung.
Über die Begrenztheiten der zunehmend empirisch ausgerichteten Kultur- und Persönlichkeitsforschung hinausgehend, überzeugt die "neuere" Ethnopsychoanalyse als neuer paradigmatischer Entwurf. Sie ist kritische Sozialwissenschaft, konnte aber gerade durch die starke Individuumsbezogenheit ihres Vorgehens dem Gesamtgegenstand ("Kultur und Persönlichkeit") zu neuem Leben verhelfen. Mit diesem Ansatz hat die "neuere" Ethnopsychoanalyse darüber hinaus vorgeführt, wie der Versuch einer Synthese zwischen Psychoanalyse und kritischen Sozialwissenschaften (bzw. Marxismus) auf der Ebene einer "mittleren Reichweite" aussehen könnte, wofür - neben den "klassischen Monographien" der Arbeitsgruppe um Parin - be-

sonders die in den letzten Jahren erschienenen, mehr oder weniger feministisch ausgerichteten Beiträge ethnopsychoanalytisch arbeitender (oder zumindest inspirierter) Autorinnen einstehen.
Hier aber bleiben, was die Frage einer solchen Synthese betrifft, noch einige Vorbehalte: Solange nämlich die "neuere" Ethnopsychoanalyse der konkreten Kultur, dem lebendigen Individuum - d.h. einer Ebene "mittlerer Reichweite" - verbunden bleibt, scheint mir diese Vorgabe einer Synthese weitgehend erfüllt. Andererseits ist dort, wo Männer - insbesondere Erdheim, im Ansatz auch Parin, die "neuere" Ethnopsychoanalyse von einer Theorie "mittlerer Reichweite" zu einer Theorie "großer Reichweite", zu einer Art neuer "kulturwissenschaftlicher Supertheorie" erheben möchten, diese Synthesefunktion der "neueren" Ethnopsychoanalyse nicht mehr gegeben: Wenn auch auf psychoanalytischer Ebene die Voraussetzungen zu Ende diskutiert, ja sogar im Rahmen einer gewissen Modifikation der psychoanalytischen Metatheorie zum Teil neu geschaffen wurden, entbehrt mit steigendem Allgemeinheitsgrad der ethnopsychoanalytischen Aussagen der Bezug zur kritisch-sozialwissenschaftlichen (marxistischen) Theorie der theoretisch-methodischen Reflektion und geht schließlich ganz verloren. Erdheims These zum "Antagonismus von Kultur und Familie" (Erdheim 1984) - eine These, die von ihrem Begründer fast schon als Achse einer neuen Welterklärung in Vorstellung gebracht wird - wurde im "kritischen Exkurs" als Beispiel für einen derartigen Mechanismus herangezogen. Solche Vereinfachungen und Hypostasierungen tragen keineswegs dazu bei, die Grundproblematik einer Synthese von Psychoanalyse und Sozialwissenschaften auf der Ebene einer "hohen Reichweite" zu lösen (vgl. Anm. 143).
Dennoch hat die "neuere" Ethnopsychoanalyse als ein fundierter Neuansatz einer psychoanalytisch orientierten Ethnologie zu gelten. In der ausgewogenen Verbindung von individuell-psychoanalytischem (bzw. psychoanalytisch orientiertem), konkret-ethnographischem Vorgehen und vorsichtig gehaltenen (!) kulturkritischen Aussagen von größerer Allgemeingültigkeit ist sie eine angemessene Antwort auf die "empirische Sackgasse", in die die jüngere Kultur- und Persönlichkeitsforschung in den letzten Jahrzehnten geraten ist. In einer derartigen Verbindung - der selbstredend immer die Eigenschaft einer Gratwanderung zukommen wird - liegt ihre größte Herausforderung, zeigen sich jedoch auch ihre besten Möglichkeiten; daneben wird die "neuere" Ethnopsychoanalyse dem selbstgestellten Auftrag, eine - im allgemeinen Sinne - **politische** Theorie zu sein, durch ein solches "Oszillieren" am ehesten gerecht.

III. Abschließende Betrachtung

Diese Arbeit handelt von den Bemühungen, eine psychologisch-psychoanalytisch orientierte Ethnologie zu begründen. Sowohl in theoretischer wie in praktischer Hinsicht wurden von den beteiligten Wissenschaftlern verschiedene Wege eingeschlagen.
Vereinfachend lassen sich jedoch alle diesbezüglichen Ansätze zwei Hauptströmungen zuordnen:
Es ist dies einerseits die Kultur- und Persönlichkeitsforschung, die sich in den USA ab etwa Mitte der 20er Jahre dieses Jahrhunderts konstituiert hat, in der Zeit von 1935 - Ende der 50er Jahre ihre Hochphase erlebte und seit etwa 1965 einen ständigen Rückgang erfahren hat (vgl. Beuchelt 1988a, S. 275).
Andererseits handelt es sich um die Ethnopsychoanalyse, eine noch "junge" Wissenschaft, die etwa zu Beginn der 60er Jahre überwiegend von einer kleinen Zahl europäischer Wissenschaftler ins Leben gerufen wurde.

Es wurde nun in der vorliegenden Arbeit versucht, einige gemeinsame Grundthesen der verschiedenen Unterströmungen der Kultur- und Persönlichkeitsforschung herauszuarbeiten und einer Kritik zu unterziehen; im Anschluß daran kamen die Arbeiten Devereux', des ersten Ethnopsychoanalytikers im engeren Sinne (vgl. Anm. 64), schließlich die der "neueren" Ethnopsychoanalyse zur Darstellung und Bewertung.
Diesem Vorgehen lag zugrunde die Auffassung, daß die Ethnopsychoanalyse - thematisch wie methodisch - innerhalb einer wissenschaftstheoretischen Entwicklungsreihe als Fortsetzung der Kultur- und Persönlichkeitsforschung aufgefaßt werden kann, ohne deren Erkenntnisse die Thesen der Ethnopsychoanalyse in dieser Form nicht denkbar wären; gleichzeitig gab letztere jedoch Argumente in die Hand, die zu einem Gutteil für die hier aufgeführte Kritik an der Kultur- und Persönlichkeitsforschung bestimmend waren - Argumente und Anregungen, die einen Ausweg aus der Sackgasse aufzeigen können, in die die Kultur- und Persönlichkeitsforschung sich zusehends hineinmanövriert hat.
In Schlagworten sollen hier nochmals die Hauptthesen, daneben - in geraffter Form - die hauptsächlichen Schwachstellen sowie die grobe Richtung der (weiteren) Entwicklung der Kultur- und Persönlichkeitsforschung aufgeführt werden; hiernach wird, speziell in Absetzung zu denen der Kultur- und Persönlichkeitsforschung, kursorisch auf die Positionen der Ethnopsychoanalyse einzugehen sein. Zum Ende wird die Frage nach den Möglichkeiten einer psychoanalytisch orientierten Ethnologie, dem künftigen Verhältnis zwischen einer solchen "Subdisziplin" und der allgemeinen Ethnologie, zusammenfassend zur Diskussion gestellt. Ein kurzes Plädoyer für eine verstärkte psychoanalytische Ausrichtung der allgemeinen Sozialwissenschaften bildet den endgültigen Abschluß.

Kennzeichnend für die Kultur- und Persönlichkeitsforschung sind: (Zunehmender) kultureller Determinismus; ahistorische und statische, meist konfliktarme Gesellschaftsauffassung; Ausblendung kulturübergreifender Zusammenhänge; Überbetonung von Erziehungspraktiken im Kleinkindalter für die Genese der "Persönlichkeit"; Annahme eines (mehr oder minder häufigen) uniformen Persönlichkeitstyps aufgrund der (scheinbar) ähnlichen "Prägemechanismen" innerhalb einer Kultur; tendenzielle Negierung von die "Plastizität" des Menschen begrenzenden, universalmenschlichen Grundstrukturen.
Die meisten der genannten Eigenschaften stehen indirekt mit dem Grundpostulat des **kulturellen Relativismus** in Zusammenhang, dem sich die große Mehrzahl der Vertreter der Kultur- und Persönlichkeitsforschung verpflichtet fühlt. Weiterhin, meist jedoch nicht unabhängig davon, scheint sich ein Teil der beschriebenen Charakteristiken auf die ungenügende Reflektion des Forschers über seine Motivationen, seinen unbewußten Einfluß auf die Untersuchungssituation, zurückführen zu lassen: so kann beispielsweise der Eindruck von Uniformität (bzw. die Forderung nach einer Basispersönlichkeit) allein dadurch zustande kommen, daß alles Fremde primär nach den Kriterien der Fremdartigkeit erfaßt wird und somit die Ethnologen diesem tendenziell homogenen Charakter zuschreiben (vgl. Narroll 1970).[144] Die Angst vor dem Fremden - nicht zu trennen von der Verlockung, die es gleichzeitig ausübt! -, damit einhergehend der Abwehr dienende Bedürfnisse nach Herabsetzung einerseits oder aber "exotistischer Verklärung" (Brauner 1986, S. 12) andererseits, konnten, unter Kenntnis der Schriften von Devereux, als verantwortliche Grundmotive gefunden werden, die zu solch homogen strukturierter Wahrnehmung des Fremden verleiten (vgl. auch Kohl 1987: "Abwehr und Verlangen").
Von den genannten inhaltlichen Charakteristiken, die meines Erachtens auf eher indirektem Weg zum Scheitern der Kultur- und Persönlichkeitsforschung geführt haben, müssen nun solche Eigenschaften dieses Forschungszweiges unterschieden werden, die auf methodisch-konzeptioneller Ebene liegen; diese tragen aus wissenschaftsgeschichtlich-realer Perspektive die Verantwortung dafür, daß die (klassische) Kultur- und Persönlichkeitsforschung von einer erstarkenden empirisch ausgerichteten Sozialwissenschaft in den USA unaufhaltsam in die Defensive gedrängt wurde.
Natürlich lassen sich solche methodisch-konzeptionellen nicht gänzlich von den vorbeschriebenen inhaltlichen Merkmalen trennen:
So kritisieren empirisch-positivistisch argumentierende Sozialwissenschaftler die zu globalen Aussagen, zu denen speziell die "idiographischen" Studien in der "Glanzzeit" der Kultur- und Persönlichkeitsforschung gelangt sind: Die Daten seien zu "soft", auf häufig intuitivem Weg erstellt, kaum nachprüfbar usw. (exemplar. Lindesmith und Strauß 1950/1968).

---

144 Etwa nach dem landläufigen Motto: "Die Schwarzen (Chinesen, Japaner etc.) sehen ja alle gleich aus, man kann sie gar nicht voneinander unterscheiden" ...

Als Reaktion auf solche Kritiken haben sich jüngere Vertreter der Kultur- und Persönlichkeitsforschung verstärkt Teilbereichen des Gebiets zugewandt; für diese versuchen sie, "verläßlicheres" Datenmaterial zu erhalten und ggf. im interkulturellen Vergleich auszuwerten ("hologeistic", "nomothetic" method). Den Wendepunkt in dieser Entwicklung stellen die Arbeiten der Whiting-Schule dar.
Offensichtlich aus solcher Defensive heraus sieht beispielsweise Honigmann, der selbst in früheren Jahren bevorzugt "idiographische" Studien betrieben hat und diese an anderer Stelle legitimiert (vgl. S. 65), als **künftige** Aufgabe der Kultur- und Persönlichkeitsforschung (jetzt zunehmend "psychological anthropology"; s.u.):

> *"Die Effektivität von Psychotherapieformen in anderen Kulturen zu untersuchen, ... intensivere Studien über Individuen durchzuführen, die sich für gesellschaftliche Veränderungen einsetzen, ... verschiedene, evtl. miteinander konkurrierende Theorien über exzessives Trinken und andere Formen des Alkoholkonsums zur Anwendung zu bringen, ... den Einfluß [kultur-] ökologischer Faktoren auf die Persönlichkeitsformation und -sozialisation zu erforschen." (Honigmann 1975, S. 618; Ergänzung M.A.)*

Weitere Forschungsschwerpunkte in diesem Sinne sind beispielsweise "Devianz" oder Zustände veränderter Wahrnehmung und Bewußtseins (Edgerton 1978; Bourguignon 1978).
Das Ehepaar Graves untersucht soziale Disorganisation im Rahmen von Akkulturationsprozessen anhand kulturvergleichender Erhebungen über Trinkgewohnheiten und Alkoholismus (Graves, Th. und N. 1978).
Die große inhaltliche Heterogenität der jüngeren "psychological anthropology" betont Spindler:

> *"Die moderne psychologische Anthropologie hat einige der Strategien der älteren Kultur- und Persönlichkeitsforschung übernommen, hat aber viele Dimensionen, Schwerpunkte, Strategien und Fragestellungen, die sich innerhalb des älteren Bezugsrahmens [der Kultur- und Persönlichkeitsforschung] noch nicht klar abgezeichnet hatten." (Spindler 1978, S. 3; Ergänzung M.A.)*

Fast ausnahmslos kann für diese Studien eine jeweils sehr selektive Themenstellung ausgemacht werden. Die innere Verpflichtung ihrer Verfasser gegenüber dem nomothetisch-empirischen Wissenschaftsideal einer kulturvergleichenden ("Cross-Culture") Psychologie ist, trotz der Mannigfaltigkeit der Themen, die gemeinsame Basis. Bei einer Durchsicht aller unter der Rubrik "psychological anthropology" in der US-amerikanischen Bibliographie zur Anthropologie aufgeführten Veröffent-

lichungen der letzten fünf Jahre ließ allein der Titel in mehr als 90% der Fälle auf ein solches Vorgehen schließen.
Psychoanalytische Elemente im engeren Sinne können in diesen neueren Ansätzen kaum mehr gefunden werden. Dagegen haben behavioristische Auffassungen (vgl. die Entwicklung der Whiting-Schule, Kap. I.4.), oder, in jüngster Zeit, auch Theorien der Wahrnehmungs- und Bewußtseinspsychologie (des "mental life", vgl. Einleitung), wie sie auf Piaget zurückgehen und auch einen Teilbereich der kognitiven Anthropologie kennzeichnen, zunehmend Eingang in die "psychological anthropology" der USA gefunden. Ebenfalls, wenn auch vereinzelt, sind Bemühungen erkenntlich, sprach- und symboltheoretische Ansätze - im Rahmen der kognitiven Anthropologie - mit solchen der "psychological anthropology" zu verbinden (Bock 1980; vgl. auch Ewing im folgenden).

Fast gegenteilig haben Devereux und einige andere Ethnopsychoanalytiker, d.h. nach psychoanalytischen Vorgaben ethnologische Forschung betreibende Psychoanalytiker in **Europa** auf die offensichtlichen Schwachstellen der klassischen Kultur- und Persönlichkeitsforschung reagiert; so kommen sie zwar, ähnlich wie deren empirisch-positivistisch argumentierende Kritiker, zur Ablehnung einiger der zentralen Thesen der Kultur- und Persönlichkeitsforschung: Insbesondere die Auffassung von der (überwiegend) kulturellen Determiniertheit der Persönlichkeit, ebenso wie die von der mehr oder weniger uniformen Prägung der "in einer Kultur" lebenden Menschen werden relativiert bzw. nicht mehr übernommen; darüber hinaus richtet sich auch die Position der Ethnopsychoanalyse gegen die nur sehr marginale Berücksichtigung historisch-dynamischer Prozesse des soziokulturellen Wandels durch die (klassische) Kultur- und Persönlichkeitsforschung.
Doch wird das neue ethnopsychoanalytische Theorem - ganz im Gegensatz zum Standpunkt der empirisch orientierten Kritiker der Kultur- und Persönlichkeitsforschung - erst möglich mit der erneuten Hinwendung zu den von Freud vorgegebenen, klassisch-psychoanalytischen Einsichten:
In erster Linie die Rückbesinnung auf dessen **konflikthafte** Auffassung der intrapsychischen wie interindividuellen Prozesse, auf dessen These von der Triebbestimmtheit der menschlichen Existenz, erlaubt den genannten Vertretern der Ethnopsychoanalyse, die häufig harmonisierende bzw. statische Gesellschaftsauffassung der Kultur- und Persönlichkeitsforschung zu durchbrechen. Gleichzeitig vermeiden sie konsequent jeglichen psychologischen Reduktionismus, dem die Verfechter einer **orthodox**-psychoanalytisch ausgerichteten Anthropologie in ihrer Opposition gegen die Kultur- und Persönlichkeitsforschung immer wieder aufsaßen und aufsitzen (z.B. Róheim, in neuerer Zeit zunehmend Spiro): Devereux fordert hier ein **komplementaristisches** Verhältnis (zwischen Ethnologie und Psychoanalyse), und die Repräsentanten der "neueren" Ethnopsychoanalyse stellen in ihrem **Versuch** einer Synthese den dialektischen und historischen Materialismus zur Analyse der gesellschaftlichen (Makro-) Strukturen - zumindest verbal - der Psychoanalyse gleichberechtigt zur Seite.

Gerade in methodisch-erkenntnistheoretischer Hinsicht kann die Ethnopsychoanalyse die Kultur- und Persönlichkeitsforschung einer weiteren ernstzunehmenden Kritik unterziehen:
Beginnend mit Devereux wirft sie, in Fortführung der hermeneutischen Tradition der europäischen Geisteswissenschaften[145], die Frage auf nach der Bedingtheit von Erkenntnis, nach dem Verhältnis von erkennendem Subjekt und Erkenntnisobjekt, nach dem Einfluß des Beobachters auf den Erkenntnisprozeß selbst.
Derartige (Stör-) Einflüsse im ethnologischen Prozeß nicht auszuschalten, sondern vielmehr sich ihrer bewußt zu werden bis hin zu ihrer Einsetzung als "Erkenntnisinstrument", ist das Anliegen Devereux' und der "neueren" Ethnopsychoanalytiker.[146]
So haben sich viele - vermeintlich objektive - Resultate der Kultur- und Persönlichkeitsforschung bei näherem Hinsehen ja als nicht haltbar erwiesen. Nicht jedoch verfeinerte Methodik, sondern erst die Einbeziehung der Subjektivität des Forschers, die selbstreflexive Überprüfung seiner Motivationslage, können hier, nach Devereux, helfen, derartige Fehleinschätzungen zu vermeiden.
Mit solcher Instrumentalisierung der subjektiven Reaktionen (des Beobachters) für den Erkenntnisprozeß befindet sich die Ethnopsychoanalyse auch methodisch in der Nähe zu Freuds Vorgehen, der "Gegenübertragung" als wichtiges Arbeitsinstrument propagiert hat.
Verstärkt haben sich nun Vertreter der "neueren" Ethnopsychoanalyse darum bemüht, die Feldforschungssituation selbst, speziell das Gespräch mit "Informanten", nach den Vorgaben des psychoanalytischen "setting" zu strukturieren. Mit ihren Arbeiten können sie sich gleichzeitig auf den **kulturkritischen** Anspruch der Psychoanalyse berufen, den Freud immer wieder - in Absetzung zu ihren **therapeutischen** Aufgaben - für "seine" Wissenschaft hervorgehoben hat.
Natürlich wird in der erkenntniskritischen Position der "neueren" Ethnopsychoanalyse **auch** die Nähe zu den Thesen Adornos und der Frankfurter Schule deutlich; leider gelingt nicht allen Autoren gleichermaßen überzeugend die Verknüpfung des historischen und dialektischen Materialismus mit ihren psychoanalytischen Positionen: Gerade nämlich die bei einigen Verfassern sich abzeichnende Tendenz, mit Hilfe der "neueren" Ethnopsychoanalyse allumfassende "kulturwissenschaftliche Supertheorien" zu konstruieren, einzelne - fragwürdige - Thesen zum Fundament einer neuen Welterklärung zu erheben, haben sich in dieser Hinsicht als nicht dienlich erwiesen. Auf der Ebene einer "hohen Reichweite" konnte die "neuere" Ethnopsychoanalyse diesem selbstgestellten Auftrag (einer Synthese aus Psychoanalyse und kritischer Sozialwissenschaft) damit nur punktuell gerecht werden.
Dennoch scheint in der **konkreten** Hinwendung zu anderen Gesellschaften, im Verlassen des eigenen Kulturkreises, eine größere Chance zur Relativierung bisheriger - kritisch-sozialwissenschaftlicher wie psychoanalytischer - Thesen zu liegen,

---

145 Daneben beruft sich Devereux, wie gezeigt, auf die neueren Thesen der theoretischen und Atomphysik.

146 Im übrigen verneint Devereux die Möglichkeit, die genannten Einflüsse überhaupt ausschalten zu **können**.

womit sich die Möglichkeit der Synthese beider Theorien - vorwiegend auf der Ebene einer "mittleren Reichweite" - unter neuen Bedingungen eröffnet.

In praktischer Hinsicht werden "klassische" **Ethnologen** sich natürlich fragen, bis zu welchem Ausmaß es sinnvoll und wünschenswert ist, **ethnopsychoanalytische** Erkenntnisse und Anregungen zur Methodik generell in der Feldforschungssituation zu berücksichtigen:
Ich hoffe, gezeigt zu haben, wie unerwartet stark die Resultate ethnologischer Forschung abhängig sind von den subjektiven Prozessen auf seiten des "Informanten" und des Ethnologen, sowie von der sich einstellenden Beziehungsdynamik zwischen beiden. Aus diesem Grund plädiere ich für eine solche begrenzte "Hereinnahme" (ethno-) psychoanalytischer Erkenntnisse und ebensolcher methodischer Elemente in den Feldforschungsprozeß (ähnlich: Erdheim 1992).
Allerdings kann und soll dies keineswegs Analyse oder gar psychoanalytische Ausbildung des Ethnologen bedeuten (vgl. S. 180). Doch böte sich beispielsweise an, in einem Team von Ethnologen einen Wissenschaftler mit psychoanalytischer Ausbildung mitarbeiten zu lassen, der in einer Art "Supervision" die Feldforschung begleitet; dies war beispielsweise der Fall bei der Studie von Morgenthaler, Weiss und Morgenthaler (1984). Eine andere Möglichkeit bestünde in nachträglicher "Supervision", d.h. der tiefenpsychologischen Aufarbeitung der in der Feldforschung auftretenden Situationen, Interaktionen und emotionalen Prozesse im Intervall oder nach der Rückkehr des Ethnologen.[147] Recht eindrucksvoll beschreibt Herdt, wie er per **Briefkontakt** seine Erlebnisse "im Feld" durch seinen Mentor Stoller supervidieren ließ (Herdt und Stoller 1987).
Doch auch, wenn derartige Supervisionsmöglichkeiten von einem größeren Teil der ethnologischen "Praktiker" gewünscht würden - was im übrigen selbst für Europa bzw. für Deutschland nicht vorbehaltlos vermutet werden kann (vgl. die Einschätzung Heinrichs, zit. auf S. 181 d. vorl. Arb.) -, werden sie aller Wahrscheinlichkeit nach die Ausnahme darstellen: Zum einen würden sich die wohl zu erwartenden zusätzlichen Kosten als Erschwernis erweisen; zum anderen wird, jedenfalls in Deutschland, interdisziplinäre Zusammenarbeit, vor allem aber eine solche mit psychoanalytischen Institutionen, im akademischen "Routinebetrieb" der Sozialwissenschaften generell nicht in nennenswertem Umfang praktiziert.
So verbleibt die minimale Forderung, daß die Ethnologen ihre subjektiven Beweggründe, ihr jeweiliges Erkenntnisinteresse sich und anderen gegenüber offenlegen und nicht zuletzt ihre emotionalen Reaktionen "im Feld" als möglicherweise bedeutsame Quelle von Informationen akzeptieren.
Die letztgenannte Position wird von einem zunehmend größeren Anteil europäischer Ethnologen mittlerweile auch vertreten (vgl. S. 107 d. vorl. Arb.).

---

147 Mit vielen Einschränkungen realisiert solches Vorgehen allerdings schon Kardiner (als Vertreter der Kultur- und Persönlichkeitsforschung) in den von ihm geleiteten Seminaren.

Anders in den USA, wo derartige Standpunkte nicht einmal in der Kultur- und Persönlichkeitsforschung der jüngeren Zeit (bzw. der "psychological anthropology") eine größere Verbreitung erfahren haben (Herdt und Stoller 1987, S. 178).
Natürlich gibt es auch hier **Einzelpersönlichkeiten** bzw. einzelne Gruppen, die mit ihren Arbeiten gegen den empirisch-positivistischen Strom der Mehrheit (entspr. der "akademischen Psychologie", vgl. LaBarre, 1978) schwimmen und psychoanalytisch-kasuistisch orientierte, z.T. die eigene Subjektivität miteinbeziehende Forschung betreiben:
Hier wären zu nennen z.B. Arbeiten des Ehepaares Boyer, LaBarres, Obeyesekeres, neuere Abhandlungen Spiros oder auch eine 1980 erschienen Monographie Crapanzanos.[148]
Insgesamt scheint sich jedoch in der "pyschological anthropology" ein zunehmendes Gefühl von Ratlosigkeit breit zu machen; viele und wiederholte Versicherungen, wie "die psychologische Anthropologie ist derzeit voller Leben und in einer guten gesundheitlichen Verfassung, aber ..." (Bock 1980, S. 245; ähnl. Spindler 1978, S. 3 u. S. 9f.) erscheinen wie Beschwörungsformeln, die eher auf einen gegenteiligen Zustand schließen lassen. Bock fragt erwartungsvoll: "Aus welcher Richtung wird die neue Synthese kommen?" (Bock 1980, S. 245). Leider blickt er nur nach USA; trotz seiner im Prinzip umfassenden und liberalen wissenschaftsgeschichtlichen Darstellung werden die Arbeiten Devereux' nur gestreift, die der Parin-Morgenthaler-Gruppe weder von ihm noch von Williams (1975) oder Spindler (1978) erwähnt.
Hier täte ein Blick nach Europa gut, könnte doch die Ethnopsychoanalyse der Kultur- und Persönlichkeitsforschung (bzw. der "psychological anthropology") einen Ausweg aus der festgefahrenen Situation bieten, in die diese sich durch ihre zunehmend ausschließliche empirisch-positivistische Orientiertung gebracht hat.
Doch selbst, wenn der Ansatz der Ethnopsychoanalyse in den USA in größerem Maße bekannt werden sollte, wird diese Wissenschaft kaum mit breiterer Aufnahme zu rechnen haben (vgl. Boyer 1989, S. XIII): Zum einen erscheinen die wissenschaftlichen und erkenntnistheoretischen Positionen inzwischen sehr weit voneinander entfernt - nicht zu sprechen von den Abwehrreaktionen, mit denen die Vertreter der empirisch-positivistischen Verfahren bekanntermaßen auf derartige "Ansinnen" reagieren, wie sie von einer psychoanalytisch-hermeneutischen Richtung vorgebracht werden; darüber hinaus träfe die marxistische bzw. kritisch-sozialwissenschaftliche Orientierung der "neueren" Ethnopsychoanalyse mit ihrer impliziten Imperialismuskritik bei den in diesem Punkt sehr sensiblen US-Amerikanern wahrscheinlich nicht auf besondere Gegenliebe.[149]

---

148 Eine ausführliche Auflistung solcher Arbeiten geben z.B. Marcus und Fisher (1986); kritisch-bissig zu den genannten Tendenzen äußert sich Geertz (1990, S. 91f.).

149 Hier ist sehr aufschlußreich **Harris**' Vorwort zu seinem Werk (1968): an den Stellen, wo er **seine** materialistische Geschichtskonzeption vorstellt, windet er sich immer wieder wie ein Aal, wenn er deren

Interessant ist, wie **Turner** - als ein herausragender Vertreter der "symbolischen Anthropologie" - seine erneute "Begegnung mit Freud" ("Encounter with Freud": 1978, S. 558) beschreibt: nach "zwanzigjähriger Latenzzeit" (Turner 1978, S. 573) habe er in der Wiederentdeckung psychoanalytischer Interpretationsmöglichkeiten der symbolischen Anthropologie ein breiteres theoretisches Fundament verschaffen können.
Ebenfalls sehr aufschlußreich ist ein 1987 erschienener Aufsatz von Katherine Ewing: sie versucht in einer breitest angelegten Synthese, den (symbolisch-) interaktionistischen Ansatz, linguistisch-kognitive, Symbol- und Handlungstheorie[150] auf die psychoanalytische (Therapie wie Feldforschungs-) Situation zu beziehen (vgl. auch Weiß 1988). Ihre Arbeit ist möglicherweise ein erstes Anzeichen dafür, wie sich **ein Teil** der neueren amerikanischen Ethnologie über den Umweg von (symbolisch-) interaktionistischer, kognitiv-linguistischer und Symboltheorie doch noch der Ethnopsychoanalyse ähnlichen Positionen nähert (vgl. Paul 1987). Damit wäre der Bogen geschlossen zu solchen symboltheoretisch-psychoanalytischen, szenisch orientierten Ansätzen, wie sie in Deutschland in den letzten Jahren von Lorenzer entwickelt wurden und z.T. Eingang in jüngste Publikationen der "neueren" Ethnopsychoanalyse gefunden haben (z.B. Zier 1987).

Nicht zuletzt ist die vorliegende Arbeit ein weiteres Plädoyer für eine am Subjekt orientierte, die Perspektive des Unbewußten miteinbeziehende Sozialwissenschaft. Gerade in der Ethnologie, die die Begegnung mit dem Fremden (und uns doch so Ähnlichen!) zu einem ihrer herausragendsten Themen hat werden lassen, ist die Notwendigkeit eines solchen Vorgehens in exemplarischer, ja geradezu idealtypischer Weise deutlich geworden: Ethnopsychoanalyse bietet die Chance, die subjektiven Reaktionen des Forschers wie des Erforschten, die sich zwangsläufig einstellende Beziehungsdynamik zwischen diesen, aufzuarbeiten und gewinnbringend für den Erkenntnisprozeß einzusetzen; damit ist sie zu einem neuen Paradigma innerhalb der allgemeinen Sozialwissenschaften, besonders aber jener mit kritisch-hermeneutischer Ausrichtung, geworden.

---

totale Verschiedenheit vom historischen und dialektischen Materialismus (marxistischer Prägung) herausheben möchte.

Auch die Tatsache, daß in dem Parin gewidmeten Sonderband von "The psychoanalytic study of society" (vgl. Boyer 1989) kein einziger der Autoren auf Parins marxistische Positionen eingeht, spricht in diesem Sinne Bände.

150 So spricht sie beispielsweise von "Sprache als Handlung" ("speech as action"), welcher etwas dubiose - Wittgenstein'sche - Kunstgriff ihr dazu verhilft, aus der psychoanalytischen Situation wie dem Alltagsgespräch eine Handlungsszenerie entstehen zu lassen (Ewing 1987, S. 18 und Wittgenstein 1977).

Anmerkung zum Sprachgebrauch

Das in der deutschen Sprache nicht unerhebliche Problem, das sich in bezug auf die Nennung männlicher und weiblicher Bezeichnungen stellt, konnte auch in dieser Arbeit nicht befriedigend gelöst werden:
So wurde denn aus pragmatischen Erwägungen eine Regelung gewählt, die das Verständnis und den Lesefluß möglichst wenig beeinflußt: War von einer Gruppe (männlicher und weiblicher Personen) die Rede, wurde im allgemeinen der männlichen Bezeichnung der Vorzug gegeben (z.B. die Autoren, die Wissenschaftler usw.). Dort, wo es sich um konkrete Personen handelte, und insbesondere auch da, wo Sprachduktus und Formulierungsmöglichkeiten solches zuließen, wurden beide Formen nebeneinander aufgeführt. Wenn jedoch in abstrakter Weise von bestimmten Rollenträgern gesprochen wurde, kam wiederum überwiegend die männliche Form zur Anwendung (der Leser, der Ethnologe, der Einheimische usw.).
All dies wurde nicht in streng systematischer Weise durchgehalten; solches - häufig flexibles Vorgehen - ist zwar nun keine "reine Linie", als Mittelweg zwischen den Anforderungen an einen flüssigen und verständlichen Stil und dem legitimen Anliegen, weibliche Sprachformen gleichberechtigt und explizit aufzuführen, hoffentlich aber konsensfähig.

Anmerkung zur Übersetzung fremdsprachiger Zitate

Alle fremdsprachigen Zitate wurden, soweit nicht in den Quellenangaben eine deutsche Übersetzung genannt ist, von mir übersetzt.

Literaturverzeichnis

Hinweis

Die im Text aufgeführten Quellenangaben sind mit zwei Jahreszahlen versehen, sofern sie das erste Mal zur Erwähnung kommen: Jahr des ersten Erscheinens der betreffenden Veröffentlichung sowie Jahr der Ausgabe (bzw. Übersetzung), nach der zitiert wurde. Bei wiederholter Nennung der gleichen Veröffentlichung wurde im weiteren Text nur noch auf die für die Zitierung relevante Jahreszahl Bezug genommen.

Adorno Th W. The Authoritarian Personality. New York 1950.

Adorno Th W. Die revidierte Psychoanalyse. 1952. Zit. nach: G.W. Bd. 8. S. 20-41. Frankfurt a.M,

Adorno Th W. Soziologie und empirische Forschung. In: Ziegler K (Hrsg).Wesen und Wirklichkeit des Menschen : Festschrift für Helmuth Plessner. Göttingen, 1957; 245-60.

Adorno Th W. Vorlesungen zur Einführung in die Erkenntnistheorie. Frankfurt a.M., 1957-1958

Allport GW. Personality. New York, 1937

Angermann E. Pearl Harbour. In: Lexikon zur Geschichte und Politik im 20. Jahrhundert. 2 Bde. Stern C, et al. (Hrsg). Band 2. Köln, 1971; S. 260.

Ariès P. Geschichte der Kindheit. 1960. Zit. nach 4. Aufl. München, 1978

Axelrad S. Comments on anthropology and the study of complex cultures. In: Muensterberger W (Hrsg). Man and his Culture. London, 1955/1969; S. 273-93.

Baeyer W v. Zur Statistik und Form der abnormen Erlebnisreaktionen in der Gegenwart. Nervenarzt 1948; 19: 402-08.

Barnouw V. Culture and Personality. Rev. ed. Homewood, Ill., 1973

Barnouw V. An interpretation of Wisconsin Ojibwa culture and personality: A review. In: Spindler G (ed).The Making of Psychological Anthropology. Berkeley (u.a.), 1978; S. 63-86.

Bastide R. Soziologie der Geisteskrankheiten. 1956. Zit. nach: Köln, 1973.

Bastide R. Soziologie und Psychoanalyse. In: Wehler H-U (Hrsg). Soziologie und Psychoanalyse. Stuttgart, 1972; S. 42-61.

Bateson G. Schizophrenie und Familie.1956. Zit. nach: Frankfurt a.M., 1967.

Bechstedt Th. Ansätze zu einer ethnopsychoanalytischen Theorie des soziokulturellen Wandels. Bielefeld, 1982.

Beck U, Beck-Gernsheim E. Das ganz normale Chaos der Liebe. Frankfurt a.M., 1990.

Becker H. Balint-Gruppen: eine psychoanalytische Kritik. Psyche 1991; 45, 1: 38-60.

Beloff H. The structure and origin of the anal character. Genet. Psychol Monogr 1957; 55: 145-72.

Benedict R. Patterns of Culture. 1934. Zit. nach: New York, 1946(a).

Benedict R. The Chrysanthemum and the Sword. Boston, 1946(b).

Berg E. Johann Gottfried Herder. In: Marschall W (Hrsg). Klassiker der Kulturanthropologie. München, 1990; S. 51-68.

Bernfeld S. Über eine typische Form der männlichen Pubertät. 1923. Zit. nach: Werder L v, Wolff R (Hrsg). Antiautoritäre Erziehung und Psychoanalyse: Ausgewählte Schriften von Siegfried Bernfeld. Bd. 3. Frankfurt a.M., 1969-70. S. 750-67.

Bernfeld S (Hrsg). Vom Gemeinschaftsleben der Jugend: Beiträge zur Jugendforschung. Leipzig (u.a.), 1922.

Berstecher D. Zur Theorie und Technik des internationalen Vergleichs: Das Beispiel der Bildungsforschung. Stuttgart, 1970.

Bettelheim B. Individual and mass behavior in extreme situations. J Abnorm Social Psychology 1943; 38: 417-52.
Bettelheim B. The Informed Heart. New York, 1960.
Beuchelt E.Ideengeschichte der Völkerpsychologie. Meisenheim am Glan, 1974
Beuchelt E. Psychologische Anthropologie. In: Fischer H (Hrsg). Ethnologie: eine Einführung. S. 345-62.
Beuchelt E. Kultur- und Persönlichkeitsschule. In: Hirschberg W (Hrsg). Neues Wörterbuch der Völkerkunde. Berlin, 1988(a); S. 275.
Beuchelt E. Kulturschock. In: Hirschberg W (Hrsg). Neues Wörterbuch der Völkerkunde. Berlin, 1988(b). S. 274-75.
Bleibtreu-Ehrenberg G. Die Schamanismuskonzeption bei G. Devereux. In: Duerr HP (Hrsg). Die wilde Seele. Zur Ethnopsychoanalyse von Georges Devereux. Frankfurt a.M., 1987; S. 200-19.
Blos P. Adoleszenz : eine psychoanalytische Interpretation.1962. Zit. nach: Stuttgart, 1978.
Blumer H. Symbolic Interactionism: Perspective and Method. Englewood Cliffs, N.J., 1969.
Boas F. The Mind of Primitive Man. New York, 1911.
Boas F. Foreword. In: Margret Mead. Coming of age in Samoa. 1928. Zit. nach: New York, 1949; S. VII-VIII.
Boas F. Recent anthropology. Science 1943; 98.
Bock Ph K. Continuities in Psychological Anthropology. San Francisco, 1980
Bohr N. Atomphysik und menschliche Erkenntnis. Braunschweig, 1958.
Bokelmann U. Georges Devereux. In: Duerr HP (Hrsg). Die wilde Seele: zur Ethnopsychoanalyse von Georges Devereux. Frankfurt a.M., 1987; S. 9-31.
Bolton R. Aggression and hypoglycemia among the Quolla: a study in psychological anthropology. Ethnology 1973; 12: 227-57.
Bolton R. Susto, hostility and hypoglycemia. Ethnology 20: 261-76.
Bosse H. Diebe, Lügner, Faulenzer: zur Ethno-Hermeneutik von Abhängigkeit und Verweigerung in der 3. Welt. 1979. Zit. nach: Frankfurt a.M., 1984.
Bosse H. Die Chancen von Subkultur und Gegenkultur in der Dritten Welt: Gespräch mit Hans Bosse. In: Heinrichs HJ (Hrsg). Das Fremde verstehen: Gespräche über Alltag, Normalität und Anormalität. Frankfurt a.M., 1985; S. 71-84.
Bosse H. Geschlecht und ethnoanalytische Methode, oder: Der Forscher im Kulturschock: Die Wiederholung frühkindlicher Muster der Begegnung mit dem Vater als Vermittler des Fremden und des Eigenen. In: Heinemann E, Krauss G (Hrsg). Beiträge zur Ethnopsychoanalyse: Der Spiegel des Fremden. Nürnberg, 1992; S.95 - 114.
Bosse H, Knauss W. Erfahrungen mit Jugendlichen in Neu-Guinea. Psycho-Sozial 1984; 23: 68-90.
Bourdieu P. Sozialer Sinn. 1980. Zit. nach: Frankfurt a.M., 1987.
Bourguignon E. Spirit possession and altered states of consciousness : the evolution of an inquiry. In: Spindler G (ed). The Making of Psychological Anthropology. Berkeley (u.a.), 1978; S.479-515.
Bourguignon E. Institutionalisierte Ausnahmezustände. In: Pfeiffer W, Schoene W (Hrsg). Psychopathologie im Kulturvergleich. 1980; S. 102-115.
Boyer BL. Kindheit und Mythos: eine ethnopsychoanalytische Studie der Apachen. 1979. Zit. nach: Stuttgart, 1982.
Boyer BL. Preface. In: The Psychoanalytic Study of Society: Essays in Honour of P. Parin. Vol. 14. 1989; p. XIII-XXI.
Boyer BL Boyer RM. DeVos GA. Der Erwerb der Schamanenwürde. In: Duerr HP (Hrsg). Die wilde Seele : zur Ethnopsychoanalyse von Georges Devereux. Frankfurt a.M., 1987; S. 220-73.

Bräutigam W. Reaktionen, Neurosen, Psychopathien: ein Grundriß der Kleinen Psychiatrie. Stuttgart, 1969.
Brauner KD. Kultur und Symptom: über wissenschaftstheoretische und methodologische Grundlagen von G. Devereux' Konzeption einer Ethnopsychiatrie und Ethnopsychoanalyse. Berlin, 1986.
Brede K. Zum Verhältnis von gesellschaftlicher Arbeit und Trieb : Marx und Freud im Vergleich. In: Lohmann HM (Hrsg). Die Psychoanalyse auf der Couch. Frankfurt a.M. (u.a.), 1984; S. 47-59.
Britische Politik: seid nett zu den Deutschen. TAZ ("die tageszeitung") vom 16.07.1990.
Brody BE. The clinician as an ethnographer: a psychoanalytic perspective on the epistemology of fieldwork. Cult Med Psychiatry 1981; 5: 273-301.
Campbell D T. The mutual methodological relevance of anthropology and psychology. In: Hsu F (ed). Psychological Anthropology. Homewood, Ill., 1961; p. 333-52.
Carstensen Th. Dämon auf dem Käsethron : Zu Simon Schamas Psychogramm der niederländischen Kultur. [Buchbesprechung]. Simon Schama. Überfluß und schöner Schein: zur Kultur der Niederlande im Goldenen Zeitalter. München, 1988. TAZ ("die tageszeitung") vom 10.09.1990.
Caruso IA. Die psychosoziale Situation als mikrosoziales Modell. In: Fortschritte der Psychoanalyse. Bd. 2. Göttingen, 1966.
Crapanzano V. Tuhami: Portrait of a Moroccan. Chicago, 1980.
Davidson R H. Transference and counter-transference phenomena : the problem of the observer in the behavioral sciences. J Psychoanalytic Anthropology (New York) 1986; 9, 3: 269-83.
Devereux G. The logical foundations of culture and personality studies. Transactions of the New York Academy of Sciences 1945; 2, 7: 110-30. Zit. nach: Devereux G. Ethnopsychoanalyse. Frankfurt a.M., 1978; S. 85-108.
Devereux G. Reality and Dream : the Psychotherapy of a Plains Indian. 1951. Zit. nach: New York, 1969.
Devereux G. Normal and anormal : the key problem of psychiatric anthropology. In: Some Use of Anthropology, Theoretical and Applied. The Washington Anthropological Society (ed). Washington, D.C., 1956. Zit. nach: Devereux G. Normal und Anormal. Frankfurt a.M., 1974; S. 7-118.
Devereux G. The anthropological roots of psychoanalysis. In: Massermann JH (ed). Science and Pychoanalysis. Vol. I: Integrative Studies. New York:, 1958; S. 73-84.
Devereux G. Two types of modal personality. Zit. nach: Devereux G. Ethnopsychoanalyse. Frankfurt a.M., 1978; . 109-30.
Devereux G. Angst und Methode in den Verhaltenswissenschaften. 1967. Zit. nach: München, 1973.
Devereux G. Normal und anormal. 1970. Zit. nach: Frankfurt a.M., 1974.
Devereux G. Ethnopsychoanalyse.1972. Zit. nach: Frankfurt a.M., 1978.
Devereux G. The works of Georges Devereux. In: Spindler G (ed). The Making of Psychological Anthropology. Berkeley (u.a.), 1978(b); S. 364-406.
Devereux G, Loeb EM. Antagonistic acculturation. American Sociological Review 1943; 7: 133-17.
Dicks H. Personality traits and national socialist ideology : a war time study of German prisoners of war. Human Relations 1950; 3: 111-54.
Dilthey W. Die geistige Welt: Einleitung in die Philosophie des Lebens. Bd. 5. 1924.
Dollard J, Miller N. Personality & Psychotherapy. New York, 1950.
Drews S, Brecht K. Psychoanalytische Ich-Psychologie : Grundlagen und Entwicklung. Frankfurt a.M., 1982.
DuBois C. The people of Alor. 1944. Zit. nach: Minneapolis, 1961.
Dubreuil G, Wittkower ED. Psychiatric anthropology: a historical perspective. Psychiatry 1976; 39,

2: 130-41.
Duerr H P. Traumzeit: über die Grenzen zwischen Wildnis und Zivilisation. Frankfurt a.M., 1978.
Duerr HP (Hrsg). Die wilde Seele : zur Ethnopsychoanalyse von Georges Devereux. Frankfurt a.M., 1978(a).
Duerr HP (Hrsg). Authentizität und Betrug in der Ethnologie. Frankfurt a.M., 1987(b).
Dundes A. Life is Like a Chicken Coop Ladder: a Portrait of German Culture Through Folklore. New York, 1984.
Durkheim E. De la division du travail social. Paris, 1893.
Durkheim E. Les règles de la méthode sociologique. Paris, 1895.
Eckensberger L Methodenprobleme der kulturvergleichenden Psychologie. Saarbrücken, 1970.
Eckensberger L, Krewer B. Die kulturvergleichende Perspektive. In: Herrmann Th, Lantermann E (Hrsg). Persönlichkeitspsychologie: ein Handbuch in Schlüsselbegriffen. München (u.a.), 1985; S. 116-24.
Edgerton RB.The study of deviance. In: Spindler G (ed). The Making of Psychological Anthropology. Berkeley (u.a.), 1978; S. 443-76.
Edmunds L, Ingber R. Psychological writings on the Oedipus legend : a bibliography. American Imago 1977; 34: 374-87.
Eigner D. Gyani Dolma - Begegnung mit einer Schamanin in Nepal. In: Kossek B, Langer D, Seiber G (Hrsg). Verkehren der Geschlechter : Reflexionen und Analysen von Ethnologinnen. (Frauenforschung 10). Wien, 1989; S. 281-98.
Eißler KR. Bemerkungen zur Technik der psychoanalytischen Behandlung Pubertierender nebst einigen Überlegungen zum Problem der Perversion.1958. Zit. nach: Psyche 1966; 20: 837-72.
Eißler KR. Medical orthodoxy and the future of psychoanalysis. New York, 1965.
Ekman P. Cross-cultural studies of facial expression. In: Ekman P (ed). Darwin and Facial Expression. New York, 1965; p. 169-222.
Ekman P, Friesen W. Unmasking the Face. Englewood Cliffs, N.J., 1975.
Eliade M. Schamanismus und archaische Ekstasetechnik.1951. Zit. nach: Zürich, 1957.
Elias N. Über den Prozeß der Zivilisation.1938. Zit. nach: Bern (u.a.), 1969.
Ellenberger H. Die Entdeckung des Unbewußten. 2 Bde. Bern, 1973.
Erdheim M. Prestige und Kulturwandel: eine Studie zum Verhältnis subjektiver und objektiver Faktoren des kulturellen Wandels zur Klassengesellschaft bei den Azteken. Wiesbaden, 1973.
Erdheim M. Die gesellschaftliche Produktion von Unbewußtheit : eine Einführung in den ethnopsychoanalytischen Prozeß. 1982. Zit. nach: Frankfurt a.M., 1984.
Erdheim M. Die Wissenschaft, das Irrationale und die Aggression. In: Duerr H-P (Hrsg). Der Wissenschaftler und das Irrationale. Bd. IV. 1985; S. 23-35.
Erdheim M. Die Psychoanalyse und das Unbewußte in der Kultur. Frankfurt a.M., 1988
Erdheim M. Fremdeln: Kulturelle Unverträglichkeit und Anziehung. In: Michel KM, Spengler T (Hrsg). Kursbuch 107. Berlin, 1992; S. 19 - 32.
Erdheim M, Nadig M. Wissenschaft, Unbewußtheit und Herrschaft. In: Duerr HP (Hrsg). Die wilde Seele: zur Ethnopsychoanalyse von Georges Devereux.. Frankfurt a.M., S. 163-76.
Erikson EH. Kindheit und Gesellschaft. 1950. Zit. nach: Stuttgart, 1965.
Erikson EH. Identität und Lebenszyklus. 1959. Zit. nach: Frankfurt a.M., 1966.
Erikson EH. Jugend und Krise. 1968. Zit. nach: München, 1988.
Ewing K. Clinical psychoanalysis as an ethnographic tool. Ethos (Washington, D.C.) 1987; 15, 1: 16-39.
Fages J B. Geschichte der Psychoanalyse nach Freud. Frankfurt a.M. (u.a.), 1981.
Favre H. Changement et continuité chez les Mayas du Méxique. Paris, 1971.
Federn P. Zur Unterscheidung des gesunden und krankhaften Narzißmus. In: Federn P (Hrsg).

Ich-Psychologie und die Psychosen. Kap. XVI. 1936. Zit. nach: Bern, 1956.
Fischer H. Zur Theorie der Feldforschung. In: Schmied-Kowarzik, Stagl J (Hrsg). Grundfragen der Ethnologie. Berlin, 1981; S. 63-78.
Fischer H. Feldforschung. In: Fischer H (Hrsg). Ethnologie: eine Einführung. Berlin, 1983; S. 69-88.
Fortune RF. Omaha Secret Societies. (Columbia University Contributions to Anthropology; 14). New York, 1932.
Freeman D. Liebe ohne Aggression: Margret Meads Legende von der Friedfertigkeit der Naturvölker. München, 1983.
Freud A. Probleme der Pubertät. 1958. Zit. nach: Anna Freud. Die Schriften der Anna Freud. Bd. 6. München, 1980; S. 1738-69.
Freud S. Die zukünftigen Chancen der psychoanalytischen Theorie. 1910. Zit. nach: Stud. Ausg. Ergänzungsband. Frankfurt a.M., 1975; S. 122 -32.
Freud S. Ratschläge für den Arzt bei der psychoanalytischen Behandlung. 1912. Zit. nach: Stud. Ausg. Ergänzungsband. Frankfurt a.M, 1975; S. 169-80.
Freud S. Totem und Tabu. Leipzig (u.a.); 1913(a).
Freud S. Einige Übereinstimmungen im Seelenleben der Wilden und der Neurotiker. In: Imago 1: Das Tabu und die Ambivalenz der Gefühlsregungen.1913(b).
Freud S. Das Unbewußte.1915. Zit. nach: Stud. Ausg. Bd. 3. Frankfurt a.M., 1975; S. 119-73.
Freud S. Vorlesungen zur Einführung in die Psychoanalyse. 1916-1917. Zit. nach: Stud. Ausg. Bd. 1. Frankfurt a.M., 1969; S. 37-445.
Freud S. Aus der Geschichte einer infantilen Neurose (Der Wolfsmann).1918. Zit. nach: Stud. Ausg. Bd. 8. Frankfurt a.M., 1969; S. 129-231.
Freud S. Massenpsychologie und Ich-Analyse. Leipzig (u.a.), 1921.
Freud S. Die Frage der Laienanalyse: Unterredung mit einem Unparteiischen.1926. Zit. nach: Stud. Ausg. Ergänzungsband. Frankfurt a.M, 1975; S. 271-342.
Freud S. Die Zukunft einer Illusion. Leipzig (u.a.), 1927.
Freud S. Das Unbehagen in der Kultur. Leipzig (u.a.), 1930.
Freud S. Neue Folge der Vorlesungen zur Einführung in die Psychoanalyse.1933. Zit. nach: Stud. Ausg. Bd. 1. Frankfurt a.M., 1969; S. 449-608.
Fromm E. Escape From Freedom. New York., 1941.
Geertz C. Die künstlichen Wilden: der Anthropologe als Schriftsteller.1988. Zit. nach: München (u.a.), 1990.
Giel R. Grundsätzliche Überlegungen zum epidemiologischen Bereich: sind Psychosen anderswo anders? In: Pfeiffer W, Schoene W (Hrsg). Psychopathologie im Kulturvergleich. Stuttgart, 1980; S. 13-33.
Girtler R. Kulturanthropologie. München, 1979.
Gladwin Th, Sarason S. Truk : Man in Paradise. (Viking Fund Publications in Athropology; 20). Chicago, 1953.
Görlich B, Lorenzer A, Schmidt A. Der Stachel Freud : Beiträge und Dokumente zur Kulturismus-Kritik. Görlich B (Hrsg). Frankfurt, 1980.
Goffman E. The Presentation of Self in Everyday Life. Garden City, N.Y., 1959.
Goffman E. Asylums. Chicago, 1961.
Goldfrank E. Socialization and personality and the structure of the Pueblo society. American Anthropologist 1945; 47: 516-39.
Goodenough WH. Introduction. In: Goodenough WH (ed). Explorations in Cultural Anthropology. New York (u.a.), 1964; S. 1-24.
Gorer G. Themes in Japanese culture. Transactions of the New York Academy of Sciences 1943; 2, 5: 106-24.
Gorer G. The American People. New York, 1948.

Gorer G, Rickman J. The People of Great Russia. Boston, 1949.
Graves Th, Graves N. Evolving strategies in the study of culture change. In: Spindler G (ed). The Making of Psychological Anthropology. Berkeley (u.a.), 1978; S. 518-55.
Gstettner P. Störungs-Analysen : zur Reinterpretation entwicklungspsychologisch relevanter Tagebuchaufzeichnungen.In: Baacke D (Hrsg). Aus Geschichten lernen: zur Einübung pädagogischen Verstehens. München, 1979; S. 146-82.
Haeckel E.Natürliche Schöpfungsgeschichte. Berlin, 1868.
Häcker H. Persönlichkeit. In: Asanger R, Wenninger G (Hrsg). Handwörterbuch Psychologie. München (u.a.), 1988; S. 530-35.
Haring D (ed). Personal Character and Cultural Milieu. 3. ed. Syracruse, N.Y., 1956.
Harrington C, Whiting JW. Socialization process and personality.1961. Zit. nach: Hsu F (ed). Psychological Anthropology. 2. ed. Cambridge, 1972.
Harris M. The Rise of Anthropological Theory. New York, 1968.
Hartfiel G, Hillmann K-H. Wörterbuch der Soziologie. 3. Aufl. Stuttgart, 1982.
Hartmann H. Ich-Psychologie und Anpassungsproblem. Internationale Zeitschrift für Psychoanalyse 1939; 24: 62-135.
Hartmann H, Kris E, Loewenstein R. Some psychoanalytical comments on culture and personality. 1951. Zit. nach: Muensterberger W (ed). Man and his Culture. London, 1969; p. 239-70. London,1969.
Hauschild Th. Ethno-Psychoanalyse: Symboltheorien an der Grenze zweier Wissenschaften. In: Schmied-Kowarzik W-D, Stagl J (Hrsg). Grundfragen der Ethnologie. Berlin, 1981. S.151-68.
Hausen K (Hrsg). Frauen suchen ihre Geschichte. München, 1983.
Heinemann E. Mama Africa: das Trauma der Versklavung. Frankfurt a.M., 1990.
Heinrichs HJ. Über Ethnopsychoanalyse, Ethnopsychiatrie und Ethno-Hermeneutik. In: Schmied-Kowarzik W-D, Stagl J (Hrsg). Grundfragen der Ethnologie. Berlin, 1981; S. 169-92.
Heinrichs HJ (Hrsg). Das Fremde verstehen: Gespräche über Alltag, Normalität und Anormalität. Frankfurt a.M., 1985.
Heisenberg W. Physik und Philosophie. Frankfurt a.M., 1959.
Henry J. Rorschach technique in primitive cultures. American Journal of Orthopsychiatry 1941; 11: 230-34.
Herdt G, Stoller. Der Einfluß der Supervision auf die ethnographische Praxis. In: Duerr HP (Hrsg). Die wilde Seele: zur Ethnopsychoanalyse von Georges Devereux. Frankfurt a.M., 1987; S. 177-99.
Hertweck E, Pfundt Ch. Ergänzende Bibliographie zum Schamanismus. In: Quekelberghe R van (Hrsg). Ethnopsychologische Mitteilungen 1992; 1, 2: 161-77.
Hildebrandt H-J. Kritische Bemerkungen zum Kulturrelativismus und seiner Rezeption in der deutschen Ethnologie. Kölner Zeitschrift für Soziologie und Sozialpsychologie 1978; 30: 135-57. (H_1-Sonderdruck)
Hirschberg W (Hrsg). Neues Wörterbuch der Völkerkunde. Berlin, 1988.
Hoebel AE. The Law of Primitive Man. Cambridge, Mass., 1954.
Horkheimer M. Autorität und Familie. 1936. Zit. nach: Schmidt A (Hrsg). Kritische Theorie: eine Dokumentation. Frankfurt a.M., 1968; S. 277-360.
Horn K. Insgeheime kulturistische Tendenzen der modernen psychoanalytischen Orthodoxie. In:
Horn K u.a. (Hrsg). Psychoanalyse und Sozialwissenschaft. Frankfurt a.M., 1971; S. 93-151.
Hoffmann SO. Charakter und Neurose. 1979. Zit. nach: Frankfurt a.M., 1984.
Holmes L. Über Sinn und Unsinn von restudies. In: Duerr HP (Hrsg). Authentizität und Betrug in der Ethnologie. Frankfurt a.M., 1987: S. 225-51.
Honigmann J. Personality in Culture. New York, 1967.

Honigmann J. Psychological anthropology: trends, accomplishments, and future tasks. In: Williams Th (ed). Psychological Anthropology. P. 601-26.
Honigmann J. The Development of Anthropological Ideas. Homewood, Ill., 1976.
Horowitz D. Kalter Krieg: Hintergründe der US-Außenpolitik von Jalta bis Vietnam. Berlin, 1969.
Hsu F. American and Chinese : Two Ways of Life. New York, 1953.
Hsu F. Psychological anthropology in the behavioral sciences. In: Hsu F (ed). Psychological Anthropology. Homewood, Ill., 1961; p. 1-15.
Inkeles A. National character and modern political systems. In: Hsu F (ed). Psychological Anthropology. Homewood, Ill., S. 172-208.
Inkeles A, Levinson D. National character.1954. Zit. nach: Lindzey G, Aronson E (eds). Handbook of Social Psychology. Vol. 4. Cambridge/Mass., 1969; p. 418-506.
Jacoby R. Die Verdrängung der Psychoanalyse: der Triumph des Konformismus. Frankfurt a.M. 1990.
Jahoda G. Psychology and Anthropology: a Psychological Perspective. London, 1982.
Jervis G. Kritisches Handbuch der Psychiatrie. Frankfurt a.M., 1978.
Jilek W. Culture-"Pathoplastic" or "Pathogenic": a key question of comparative psychiatry. Curare 1982; 5: 57-68.
Jordan P. Verdrängung und Komplementarität: eine philosophische Untersuchung. Hamburg-Bergdorf, 1947(a).
Jordan P. Das Bild der modernen Physik. Hamburg-Bergdorf, 1947(b).
Kaplan B. A Study of Rorschach Responses in Four Cultures. (Papers of Peabody Museum). Harvard University, 1954.
Kaplan B. Cross-cultural use of projective techniques. In: Hsu F (ed). Psychological Anthropology. Homewood, Ill., 1961; p. 235-54.
Kardiner A. The Individual and His Society. New York, 1939.
Kardiner A. The Psychological Frontiers of Society. New York, 1945.
Kardiner A, Preble E. Wegbereiter der modernen Anthropologie. 1961. Zit. nach: Frankfurt a.M., 1974.
Kaufman Ch. Learning what comes naturally: the role of life experience in the establishment of species typical behavior. Ethos 1975 3: 129-42.
Kennel K. Überlegungen zur Frage der Laienanalyse. In: Lohmann H-M (Hrsg). Die Psychoanalyse auf der Couch. Frankfurt a.M., 1986; S. 208-20.
Kilborne B. Georges Devereux: in memoriam.In: Boyer B, Grolnick S (eds). Essays in Honour of Georges Devereux. The Psychoanalytic Study of Society, Sonderband 12. Hillsdale (u.a.), 1988, p. XI-XXXIX.
Kline P. The anal character : a cross-cultural study in Ghana. Brit J Soc Clin.Psychol 1977; 8: 201-10.
Kline P. Cross cultural studies and Freudian theory. In: Warren N (ed). Studies in Cross Cultural Theory. Vol. 1. London (u.a.), 1977.
Kluckhohn C. Covert culture and administrative problems. American Anthropologist 1947; 45: 213-27.
Kluckhohn C. Some aspects of Navaho Infancy and early childhood. Sociometry 1947; 9: 46-128.
Kluckhohn C (ed). Culture and Behavior. New York, 1962.
Kluckhohn C, Morgan W. Some notes on Navaho dreams. In: Wilburg GB, Muensterberger W (ed). Psychoanalysis and Culture. New York: 1951; S. 120-31.
Kluckhohn C, Mowrer OH. Culture and personality: a conceptual scheme. American Anthropologist 1944; 46: 1-29.
Koepping KP. Probleme der Ethik der Ethnographie in Theorie und Methode. In: Schmied-Kowarzik W-D, Stagl J (Hrsg). Grundfragen der Ethnologie. Berlin, 1981; S. 93-105.
Koepping KP. Feldforschung als emanzipatorischer Akt? : der Ethnologe als Vermittler von Innen-

und Außensicht. In: Müller EW, König R, Koepping K-P, Drechsel P (Hrsg). Ethnologie als Sozialwissenschaft. Kölner Zeitschrift für Soziologie und Sozialpsychologie; Sonderheft 26. S. 216-39.
Koepping KP. Authentizität als Selbstfindung durch den anderen : Ethnologie zwischen Engagement und Reflexion, zwischen Leben und Wissenschaft. In: Duerr HP (Hrsg). Authentizität und Betrug in der Ethnologie. Frankfurt a.M., 1987; S. 7-37.
Koepping KP. Edward Sapir (1884-1939) und Benjamin Lee Whorf (1897-1941). In: Marschall W (Hrsg). Klassiker der Kulturanthropologie. München, 1990; S.198-225.
Kohl KH. Entzauberter Blick. Berlin, 1981.
Kohl KH. Exotik als Beruf: Erfahrung und Trauma der Ethnographie. 1979. Zit. nach: Frankfurt a.M., 1986.
Kohl KH. Abwehr und Verlangen. Frankfurt a.M., 1987.
Kohút H. Narzißmus. Frankfurt a.M., 1973.
Kohút H. Die Zukunft der Psychoanalyse. Frankfurt a.M., 1975.
Kraepelin E. Psychiatrie. Bd. 4. Leipzig, 1915.
Krafczyk P. Psychoanalyse und Ethnologie : eine wissenschaftshistorische und methodologische Analyse. Berlin, 1978.
Kramer F. Verkehrte Welten: zur imaginären Ethnographie des 19. Jahrhunderts. Frankfurt a.M., 1977.
Kroeber AL. The superorganic. American Anthropologist 1917; 19: 208-16.
Kroeber ALThe Nature of Culture. Chicago, 1952.
Kroeber AL, Kluckhohn C. Culture: a Critical Review of Concepts and Definitions. Cambridge/Mass., 1963.
Kutter P, Roskamp H (Hrsg) Psychologie des Ich. Darmstadt, 1974.
LaBarre W. Vorwort. In: Georges Devereux. Angst und Methode in den Verhaltenswissenschaften. München, 1973; S. 9-12.
LaBarre W. The clinic and the field. In: Spindler G (Hrsg). The Making of Psychological Anthropology. Berkeley (u.a.), 1978; p.259-99.
Laplanche J, Pontalis JB. Das Vokabular der Psychoanalyse. 2 Bde. 1967. Zit. nach: Frankfurt a.M., 1982.
Lasch C. Geborgenheit: Die Bedrohung der Familie in der modernen Welt. 1977. Zit. nach: München, 1987.
Lazarus M, Steinthal M. Einleitende Gedanken über Völkerpsychologie. Zeitschrift für Völkerpsychologie und Sprachwissenschaft 1860; 1.
Lehr U. Die Rolle der Mutter in der Sozialisation des Kindes. Darmstadt, 1974.
Leighton A. Kulturwandel und psychische Erkrankungen. In: Pfeiffer W, Schoene W (Hrsg). Psychopathologie im Kulturvergleich. Stuttgart, 1980; S. 247-56.
Leupold-Loewenthal H. Zur Geschichte der "Frage der Laienanalyse". Psyche 1984; 38, 2: 97-120.
LeVine R. Culture, behavior and personality.1973. Zit. nach: New York, 1980.
Lévi-Strauss C. Traurige Tropen.1955. Zit. nach: Frankfurt a.M., 1979.
Lévi-Strauss C. Die Familie. 1956. Zit. nach: Lévi-Strauss C. Der Blick aus der Ferne. München, 1978; S. 73-104.
Lévi-Strauss C. Strukturale Anthropologie.1958. Zit. nach: Frankfurt a.M., 1967.
Lévi-Strauss C. Das wilde Denken. 1962. Zit. nach: Frankfurt a.M., 1968.
Lévy-Bruhl L. La mentalité primitive. Paris, 1922.
Lewis J. Exotische Glaubensvorstellungen und die Produktionsweise der Feldforschung in der Anthropologie. In: Duerr HP (Hrsg). Der Wissenschaftler und das Irrationale. Bd. 2. S. 35-63. Frankfurt a.M., 1985.
Li An-Che. Zuni : some observations and queries. American Anthropologist 1937; 39: 62-76.
Liegle L. Kulturvergleichende Ansätze in der Sozialisationsforschung. In: Hurrelmann K, Ulrich D

(Hrsg). Handbuch der Sozialisationsforschung. Weinheim, 1980; S. 197-225.
Lindesmith A, Strauss A. Zur Kritik der "Kultur- und Persönlichkeitsforschung". 1950. Zit. nach: Topitsch E (Hrsg). Logik der Sozialwissenschaften. Köln (u.a.), 1968; S.435-53.
Linton R. The study of man.1936. Zit. nach: New York, 1964.
Linton R. The cultural background of personality. 1945. Zit. nach: London, 1952.
Lomax A, Arensberg C. A world wide evolutionary classification of cultures by subsistence systems. Current Anthropology 1977; 18: 659-708.
Lorenzer A. Über den Gegenstand der Psychoanalyse oder: Sprache und Interaktion. Frankfurt a.M., 1973.
Lorenzer A. Die Wahrheit der psychoanalytischen Erkenntnis: ein historisch-materialistischer Entwurf. Frankfurt a.M., 1976.
Lorenzer A. Das Konzil der Buchhalter: die Zerstörung der Sinnlichkeit; eine Religionskritik. Frankfurt a.M., 1981.
Lorenzer A. Verführung zur Selbstpreisgabe - Psychoanalytisch-tiefenherementeutische Analyse eines Gedichts von R. A. Schröder. Frankfurt a.M., 1982 (unveröffentlichtes Ms.).
Lorenzer A. Sprache, Lebenspraxis und szenisches Verstehen in der psychoanalytischen Therapie. Psyche 1983; 37, 2: 97-115.
Lorenzer A. Tiefenhermeneutische Kulturanalyse. In: Lorenzer A (Hrsg). Kulturanalysen. Frankfurt a.M., 1986; S. 11-98.
Lukasczyk K Vom Volksgeist zur Modalpersönlichkeit. In: Seelenleben und Menschenbild: Festschrift zum 60. Geburtstag von Philipp Lersch. Stuttgart, 1958; S. 159-70.
Magnusson D, Endler NS. Personality and person by situation, interaction. In: Endler NS, Magnussson D (eds). Interactional Psychology. New York, 1976.
Malinowski B. Mutterrechtliche Familie und Ödipuskomplex.1924. Zit. nach: B. Malinowski B. Eine wissenschaftliche Theorie der Kultur. Zürich, 1941; S. 209-63. Zürich, 1941.
Malinowski B. Ein Tagebuch im strikten Sinn des Wortes: Neuguinea 1914-1918. 4 Bde. Kramer F (Hrsg). Frankfurt a.M., 1986.
Marcus G, Fischer M. Anthropology as cultural critique : an experimental moment in the human sciences. Chicago, 1986.
Marcuse H. Eros und Kultur. Stuttgart, 1957.
Marcuse H. Triebstruktur und Gesellschaft. Frankfurt a.M., 1965.
Margetts E. The psychiatric examination of native African patients. Medical Proceedings / Mediese Bydraes 1958; 4, 20.
Marsella A. Cross-cultural studies of mental disorders. In: Marsella A, Tharp R, Ciborowski Th (eds). Perspectives on Cross-Cultural Psychology. New York (u.a.), 1979; p. 233-57.
Marx K, Engels F. Werke. Bd. 3. (MEW). Berlin
Mauss M. Entwurf zu einer allgemeinen Theorie der Magie. 1902-03. Zit. nach: Mauss M. Soziologie und Psychologie. Bd. 1. Frankfurt a.M. (u.a.), 1978; S. 43-179.
Mauss M. Eine Kategorie des menschlichen Geistes: der Begriff der Person und des "Ich". 1932. Zit. nach: Mauss M. Soziologie und Anthropologie. Bd. 2. Frankfurt a.M. (u.a.), 1978; S. 223-52.
Mayr Th. Hysterische Körpersymptomatik: eine Studie aus historischer und (inter)kultureller Sicht. Frankfurt a.M., 1989.
McClelland DG. Child rearing versus ideology and social structure as factors in personality development. In: Munroe RH, Munroe RL, Whiting BB (eds). Handbook of Cross-Cultural Human Development. New York, 1981.
Mead GH. Mind, Self and Society. Chicago, 1934.
Mead M. Coming of age in Samoa. 1928. Zit. nach: New York, 1949.
Mead M. Growing up in New Guinea.1930. Zit. nach: New York, 1953.

Mead M. Sex and Temperament in Three Primitive Societies. 1935. Zit. nach: New York, 1963.
Mead M. And Keep Your Powder Dry. New York, 1942.
Mead M. Soviet Attitudes Toward Authority. New York, 1951.
Mead M. The training of the cultural anthropologist. American Anthropologist 1952; 54: 343-46.
Mead M. National character. In: Kroeber A (ed). Anthropology Today. Chicago, 1953(b); S. 642-67.
Mead M. Brombeerblüten im Winter. 1972. Zit. nach: Reinbek bei Hamburg, 1978.
Mead M. Introduction. In: Williams Th (ed). Introduction to Socialization: Human Culture Transmitted. St. Louis, 1972; p. IX-XI.
Mead M. Ruth Benedict. New York, 1974.
Mead M. The influence of methods of observation on theory, with particular reference on the work of Georges Devereux and Margaret Lowenfeld. In: Hook RH (ed). Fantasy and Symbol: Studies in Anthropological Interpretation. London (u.a.), 1979; p. 43-54.
Mead M, Métraux R (ed.). The Study of Culture at a Distance. Chicago, 1953.
Medick H, Sabean D (Hrsg). Emotionen und materielle Interessen. Göttingen, 1984.
Mentzos S. Neurotische Konfliktverarbeitung. Frankfurt a.M., 1984.
Mertens W (Hrsg). Psychoanalyse: ein Handbuch in Schlüsselbegriffen. München, 1983.
Meyer S, Schulze E. Balancen des Glücks: Paare ohne Trauschein, Alleinerziehende und Singles. München., 1989.
Morgenthaler F. Technik: zur Dialektik der psychoanalytischen Praxis. Frankfurt a.M., 1978.
Morgenthaler F, Weiss F, Morgenthaler M. Gespräche am sterbenden Fluß: Ethnopsychoanalyse bei den Iatmul in Papua-Neuguinea. Frankfurt a.M., 1984.
Moser H. Aktionsforschung als kritische Theorie der Sozialwissenschaften. München, 1975.
Mühlmann WE. Methodik der Völkerkunde. Stuttgart, 1938.
Mühlmann WE. Die Bevölkerungsexplosion und die Zukunft der Familie. Einleitung zu: Schwägler G. Soziologie der Familie. Tübingen, 1970.
Müller KE. Grundzüge des ethnologischen Historismus. In: Schmied-Kowarzik W-D, Stagl J (Hrsg). Grundfragen der Ethnologie. Berlin, 1981; S. 193-231.
Münsterberger W. Ethnologie und Ich-Forschung. In: Federn P, Meng H (Hrsg). Die Psychohygiene. Bern, 1954.
Murdock GP. World ethnographic sample. American Anthropologist 1957; 59: 664-87.
Murray S. Die ethnoromantische Versuchung. In: Duerr HP (Hrsg). Der Wissenschaftler und das Irrationale. Bd. 1. Frankfurt a.M., 1985; S. 104-12.
Nadel S. The Foundations of Social Anthropology. London, 1951.
Nadig M. Die verborgene Kultur der Frau: ethnopsychoanalytische Gespräche mit Bäuerinnen in Mexiko. Frankfurt a.M., 1986(a).
Nadig M. Zur ethnopsychoanalytischen Erarbeitung des kulturellen Raums der Frau. Psyche 1986; 40, 3: 193-219.
Nadig M. Frauen in der Kultur - Macht und Ohnmacht : zehn ethnopsychoanalytische Thesen. In: Kossek B, Langer D, Seiber G (Hrsg). Verkehren der Geschlechter: Reflektionen und Analysen von Ethnologinnen. (Frauenforschung 10). Wien, 1989; S. 264-71.
Nadig M. Die gespaltene Frau - Mutterschaft und öffentliche Kultur. Psyche 1990; 44, 1: 53-70.
Nadig M. Frauenräume - Formen gelebter Frauenkultur. Einige ethnopsychoanalytische Untersuchungen in der eigenen Kultur. In: Ethnopsychoanalyse 2. Herrschaft, Anpassung, Widerstand. Frankfurt a.M., 1991; S.36-57.
Narroll R. Data control in cross-cultural surveys. In: Narroll R, Cohen R (eds). A Handbook of Method in Cultural Anthropology. New York, 1970; p. 927-945.
Neel A. Handbuch der psychoanalytischen Theorien. 1969. Zit. nach: München, 1974.
Nerenz K. Eine Legende vom Begriff der Gegenübertragung. In: Hoffmann SO (Hrsg). Deutung und Beziehung. Frankfurt a.M., 1983; S. 146-51.

Nietzsche F. Die Geburt der Tragödie aus dem Geist der Musik. Stuttgart., 1871.
Oppitz M. Schamanen, Hexen, Ethnographen. In: Duerr HP (Hrsg). Der Wissenschaftler und das Irrationale. Bd. 1. Frankfurt a.M., 1985; S. 35-57.
Orlansky H. Infant care and personality. Psychological Bulletin 1949; 46: 1-48.
Ortner S. Theory in anthropology since the sixties. Comparative Studies in Society and History 1984; 26: 126-66.
Panahi B. Die Beziehungen zwischen Psychoanalyse und Sozialwissenschaften. Kronberg, 1977.
Parin P. Feldanthropologische Untersuchungen in Afrika. Schweiz Z Psychoanalyse und ihre Anwendungen. 1962; 21, 1: 49-52.
Parin P. Der Beitrag ethno-psychoanalytischer Untersuchungen zur Aggressionstheorie. Psyche 1973; 27, 3: 237-48.
Parin P. Der Widerspruch im Subjekt: ethnopsychoanalytische Studien. Frankfurt a.M., 1978.
Parin P. Gesellschaftskritik im Deutungsprozeß. Psyche 1989; 43, 2: 97-119.
Parin P. Die Beschädigung der Psychoanalyse. Psyche 1990; 44, 3: 191-202.
Parin P. Der nationalen Schande zu begegnen: ein ethnopsychoanalytischer Vergleich der deutschen und der italienischen Kultur. Psyche 1990; 44, 7: 643-59.
Parin P, Morgenthaler F, Parin-Matthèy G. Die Weißen denken zuviel: psychoanalytische Untersuchungen bei den Dogon in Westafrika. Frankfurt, 1963.
Parin P. Fürchte Deinen Nächsten wie Dich selbst : Psychoanalyse und Gesellschaft am Modell der Agni in Westafrika. Frankfurt a.M., 1971.
Parin P. Die Weißen denken zuviel: psychoanalytische Untersuchungen bei den Dogon in Westafrika. 3. Aufl. Frankfurt a.M., 1983.
Parin P, Parin-Matthèy G. Subjekt im Widerspruch. Frankfurt a.M., 1986.
Parin P, Parin-Matthèy G, Morgenthaler F. Unsere Vorstellungen von normal und anormal sind nicht auf andere Kulturen übertragbar. In: Heinrichs HJ (Hrsg). Das Fremde verstehen. Frankfurt a.M., 1985; S. 33-70.
Paul R. The question of applied psychoanalysis and the interpretation of cultural symbolism. Ethos 1987; 15: 82-103.
Pelto PJ. Psychological anthropology. In: Siegel B, Bears A (eds). Biennal Review of Anthropology. Stanford, Calif., 1967; p. 140-208.
Pfeiffer W. Transkulturelle Psychiatrie. Stuttgart, 1971.
Pfeiffer W. Die Bedeutung des Kulturvergleichs für die psychiatrische Nosologie. Curare: Zeitschrift für Ethnomedizin und transkulturelle Psychiatrie 1991; 14, 1 und 2: 23-30.
Pfeiffer W, Schoene W (Hrsg.). Psychopathologie im Kulturvergleich. Stuttgart; 1980.
Powdermaker H. Review of the people of Alor. American Anthropologist 1945; 47: 155-61.
Price-Williams D. Review of: (From) anxiety to method (G. Devereux). Man NS 1968; 3: 673.
Rajkovic J. Zur Konstruktion von Weiblichkeit: ein Beitrag zur Diskussion um Natur, Kultur und Geschlecht in der feministischen Ethnologie. Mainz, 1988.
Redfield R. Relations of anthropology to the social sciences and to the humanities. In: Kroeber AL (ed). Anthropology Today. Chicago, 1953.
Reich W. The Mass Psychology of Fascism. New York, 1934.
Reiche R. Ist der Ödipus-Komplex universell? Kursbuch 1972; 29: 159-76.
Reiche R. Haben frühe Störungen zugenommen? Psyche 1991; 45, 12: 1045-66.
Reik Th. Das Ritual. Leipzig (u.a.), 1919.
Reik Th. Hören mit dem dritten Ohr. 1948. Zit. nach: Hamburg, 1976.
Renner E. Die Grundlinien der kognitiven Forschung. In: Fischer H (Hrsg). Ethnologie: eine Einführung. Berlin, 1983; S. 391-426.
Riesman D, Glazer D, Denney R. The Lonely Crowd. 1950. Zit. nach: New Haven, 1961.
Rodríguez-Rabanal C. Überleben im Slum : psychosoziale Probleme peruanischer Elendsviertel. Frankfurt a.M., 1990.

Rohde-Dachser C. Expedition in den dunklen Kontinent: Weiblichkeit im Diskurs der Psychoanalyse. Berlin (u.a.), 1991.
Róheim G. Die Psychoanalyse primitiver Kulturen. Imago 1932; 18: 297-563.
Róheim G. The Riddle of the Sphinx. London, 1934,
Róheim G. The Origin and Function of Culture. New York, 1943.
Róheim G. Psychoanalysis and Anthropology : Culture, Personality and the Unconscious. New York, 1950.
Rohner R. Parental rejection, food deprivation, and personality development : test of alternative hypotheses. Ethnology 2970; 9: 414-27.
Rohner R. Handbook of the Study of Parental Acceptance and Rejection. Storrs. 1980.
Rosenbaum H. Familie als Gegenstruktur zur Gesellschaft : Kritik grundlegender theoretischer Ansätze der westdeutschen Familiensoziologie. Stuttgart, 1973.
Rudolph W. Der kulturelle Relativismus. Berlin, 1968.
Russell P. The divided mind: a portrait of modern German culture. Wellington, 1988.
Sachs W. Black Hamlet. London, 1937.
Sack J. "Ich war gern in Vietnam": Leutnant Calley berichtet. 1970. Zit. nach: Frankfurt a.M., 1972.
Sapir E. The unconscious patterning of behavior in society. In: Dummer ES (ed). The Unconscious. New York, 1927; S. 114-42.
Sapir E. Culture, Language and Personality. Berkeley, 1949.
Schama S. Überfluß und schöner Schein : zur Kultur der Niederlande im Goldenen Zeitalter. München, 1988.
Scheff T. Das Etikett Geisteskrankheit: soziale Interaktion und psychische Störung. Frankfurt a.M., 1973.
Schmitz HW. Zum Problem der Objektivität in der völkerkundlichen Feldforschung. Z Ethnologie 1976; 101: 1-40.
Schoefthaler Th. Kultur in der Zwickmühle : zur Aktualität des Streits zwischen kulturrelativistischer und universalistischer Sozialwissenschaft. Argument 1983; 139: 333-47.
Schoene W. Über die Psychoanalyse in der Ethnologie. Dortmund, 1966.
Schwartz Th. Where is the culture?: personality as the distributive locus of culture. In: Spindler G (ed) The Making of Psychological Anthropology. Berkeley (u.a.), 1978; p. 419-41.
Segalen M. Die Familie. 1987. Zit. nach: Frankfurt (u.a.), 1990.
Shweder R. Rethinking culture and personality theory. Pt. 1-2. Ethos (Berkeley, Calif.) 1979; 7, 3/4: 255-311.
Shweder R. Rethinking culture and personality theory. Pt. 3. Ethos (Berkeley, Calif.) 1980; 8, 1: 60-94.
Siegel B. Foreword. In: Siegel B, Beals AR (eds). Biennial Review of Anthropology. Stanford, Calif. 1970.
Simenauer E. Ödipus-Konflikt und Neurosenbedingungen bei den Bantu Ostafrikas. Jahrbuch der Psychoanalyse 1961/62; 2: 41-62.
Spain D. On the use of projective tests for research in psychological anthropology. In: Hsu F (ed). Psychological Anthropology. 2nd ed. Homewood, Ill., 1972; p. 267-308.
Spindler G. Introduction to Part I. In: Spindler G (ed). The Making of Psychological Anthropology. Berkeley (u.a.), p. 7-38.
Spindler L. Researching the psychology of culture change and urbanization. In: Spindler G (ed). The Making of Psychological Anthropology. Berkeley (u.a.), 1978; p. 176-197.
Spiro M. Culture and personality: the natural history of a false dichotomy. Psychiatry 1961; 14: 19-46.
Spiro M. An overview and suggested reorientation. In: Hsu F (ed). Psychological Anthropology. Homewood, Ill., 1961; p 459-92.

Spiro M. [Book Review]. G. Devereux. (From) anxiety to method. American Anthropologist 1969; 71: 95-97.
Spiro M. Culture and human nature. In: Spindler G (ed). Spindler G (ed). The Making of Psychological Anthropology. Berkeley (u.a.), 1978; p. 331-60.
Spiro M. Oedipus in the Trobriands. Chicago (u.a.), 1982.
Spiro M. Culture and Human Nature. Chicago, 1987.
Stagl J. Szientistische, hermeneutische und phänomenologische Grundlagen der Ethnologie. In: Schmied-Kowarzik W-D, Stagel J (Hrsg). Grundfragen der Ethnologie. Berlin, 1981.
Stagl J. Die Beschreibung des Fremden in der Wissenschaft. In: Duerr HP (Hrsg). Der Wissenschaftler und das Irrationale. Bd. 2. S. 96-118.
Stagl J. Feldforschung als Ideologie. In: Fischer H (Hrsg). Feldforschungen. Berlin, 1985(b), S. 289-310.
Stagl J. Boas, (Franz). In: Hirschberg W (Hrsg). Neues Wörterbuch der Völkerkunde. Berlin, 1988; S. 65.
Streck B. Kulturanthropologie. In: Streck B (Hrsg). Wörterbuch der Ethnologie. Köln, 1987; S. 121-23.
Szalay M. Ethnologie als Geschichte. In: Schmied-Kowarzik W, Stagl J (Hrsg). Grundfragen der Ethnologie.Berlin, 1981; S. 253-64.
Thiel JF. Quellen der Ethnologie und ihre Rezeption. In: Schmied-Kowarzik W-D, Stagl J (Hrsg). Grundfragen der Ethnologie. Berlin, 1981; 79-91.
Thompson C. Die Psychoanalyse: ihre Entstehung und Entwicklung.1950. Zit. nach: Zürich, 1952.
Thurnwald R. [Book Review]. M. Mead. Sex and temperament in three primitive societies. American Anthropologist 1936; 38: 558-61.
Torrey E F. Spiritualists and shamans as psychotherapists: an account of original anthropological sin. In: Zaretsky JJ, Leone M (eds). Religious Movements in Contemporary America. Princeton, 1974; p. 330-37.
Tress W. Das Rätsel der seelischen Gesundheit. Göttingen, 1986.
Turner V. Encounter with Freud : the making of a comparative symbologist In: Spindler G (ed). The Making of Psychological Anthropology. Berkeley (u.a.), 1978; S. 558-83.
Tylor E. On a method of investigating the development of institutions applied to laws of marriages and descent. Journal of the Royal Anthropological Institute 1889; 18: 245-96.
Uexküll Th v. Freud, die Psychoanalyse und das psychosomatische Problem. Psyche 1990; 44, 5: 445-58.
Vidich A. Introduction. In: Paul Radin. The Method and Theory of Ethnology. 2nd ed. New York, 1966; p. VII-CXV.
Wallace A. The modal personality structure of the Tuscarora Indians as revealed by the Rorschach test. In: Bureau of American Ethnology Bulletin (Washington, D.C.) 1952; 150.
Wallace A. Culture and Personality. New York, 1961.
Wallace A. Mental illness, biology and culture. In: Hsu F (ed). Psychological Anthropology. 2nd ed. Cambridge/Mass., 1972; p. 363-402.
Wehler H-U. Einleitung. In: Wehler H-U (Hrsg). Soziologie und Psychoanalyse. Stuttgart, 1972; S. 7-10.
Weiß E. Symbolischer Interaktionismus und Psychoanalyse. Psyche 1988; 42, 9: 795-830.
Weiss F. Die dreisten Frauen. Frankfurt a.M., 1991.
White L. Culturological versus psychological interpretations of human behavior. American Sociological Review 1947; 12: 686-98.
Whiting J. Effects of climate on certain cultural practices. In: Goodenough WH (ed). Explorations in Cultural Anthropology. New York, 1964; p. 511-44.
Whiting J, Child I. Child Training and Personality : a Cross Cultural Study. New Haven, 1953.
Whiting J, Kluckhohn R, Anthony A. The function of male initiation ceremonies at puberty. In:

Maccoby E, Newcomb T, Hartley E (eds). Readings in Social Psychology. 3. ed. New York: 1958; p. 359-70.
Whiting J, Whiting B. Children of Six Cultures: a Psychocultural Analysis. Cambridge, Mass., 1974.
Whiting J, Whiting B. A strategy for psychocultural research. In: Spindler G (ed). The Making of Psychological Anthropology. Berkeley (u.a.), 1978; p. 40-61.
Williams Th. Foreword. In: Williams Th (ed). Psychological Anthropology. La Hague (u.a.), 1975; p. 1-41.
Windelband W. Präludien: Aufsätze und Reden zur Philosophie und ihrer Geschichte. Bd. 2. Tübingen, 1924.
Witherspoon G. Relativismus in der ethnographischen Theorie und Praxis. In: Duerr HP (Hrsg). Der Wissenschaftler und das Irrationale. Bd. 2. Frankfurt a.M., 1985; S. 7-34.
Wittgenstein L. Philosophische Untersuchungen. Frankfurt a.M., 1977.
Wittpoth J. Entwicklung durch Bewußtsein?: das Fremde als positive Verunsicherung annehmen. Entwicklung und Zusammenarbeit 1990; 11: 14-15.
Wöhrle B-E. Kamelforschung: Versuche über den deutschen Nationalcharakter. TAZ ("die tageszeitung") vom 25.07.1989.
World Health Organisation. Report of the International Pilot Study of Schizophrenia. Vol. 1: Results of the initial evaluation phase. Genf, 1973.
Wulff E. Grundfragen transkultureller Psychiatrie. Argument 1969; 50: 226-60.
Wulff E. Einleitung. In: Georges Devereux. Normal und anormal.Frankfurt a.M., 1974; S. 7-17.
Wulff E. Ethnopsychiatrie darf keine Rechtfertigungswissenschaft für psychiatrische Krankheitslehre sein. In: Heinrichs H-J (Hrsg). Das Fremde verstehen. Frankfurt, 1985; S. 51-70.
Wundt W. Völkerpsychologie. Bd. 1. Leipzig, 1900.
Young F. Initiation Ceremonies: a Cross Cultural Study of Status Dramatization. Indianapolis, 1965.
Ziegler J. La victoire des vaincus. Genf, 1988.
Zier U. Die Gewalt der Magie. Berlin, 1987.
Zinser H. Mythos und Arbeit: Studien über psychoanalytische Mytheninterpretation am Beispiel der Untersuchungen Géza Róheims. Wiesbaden, 1977.
Zinser H. Die Wiedereinsetzung des Subjekts: von der psychoanalytischen Ethnologie zur Ethnopsychoanalyse. In: Müller EW König R, Koepping K-P, Drechsel P (Hrsg). Ethnologie als Sozialwissenschaft. (Kölner Zeitschrift für Soziologie und Sozialpsychologie ; Sonderheft 26). 1984; 101-12.

Stichwortverzeichnis

C

D

E

F